垄断与自由贸易之间

BETWEEN MONOPOLY AND FREE TRADE

英国东印度公司 1600—1757

THE ENGLISH EAST INDIA COMPANY

EMILY ERIKSON
[美]埃米莉·埃里克松 著
王利莘 译

上海人民出版社

目 录

序

尽管“公司”相对人类历史是一种较新的事物——它们现在是如此普遍，以至于其存在很大程度上被视为理所当然——然而，自诞生以来，公司一直是一种重要的社会、经济和政治力量。英国东印度公司（English East India Company）是最早的公司之一，也很可能是理解现代世界发展最重要的公司之一。它在英国的商业崛起、帝国构建和全球贸易市场一体化等过程中发挥了核心作用。它最初被称为“伦敦商人在东印度贸易督管兼公司”（Governor and Company of Merchants of London trading into the East Indies），成立于伊丽莎白一世女王统治的最后几年。1600 年 12 月 31 日，伊丽莎白女王颁布了一份宪章，授予该公司与当时称为东印度群岛的地区之间的全部海外贸易垄断特权，指明囊括好望角以东和合恩角西部的整个地区。授予真正的垄断权并不在伊丽莎白女王的权力范围内，因为英国法律不能立法规定其他国家从事贸易的权利。但皇家特许书授予了该公司排除其他英格兰人——最终乃至不列颠公民——与东方进行海外贸易的可执行权利。

在接下来的两个世纪里，东印度公司令亚洲和欧洲之间的海外贸易大幅增长。然而，它并没有将洲际贸易或一种市场理念引入亚洲。在它成立之前，历史悠久的海外商贸早已将非洲、亚洲、印度尼西亚群岛和中东地区联系在一起。英格兰参与了这种贸易，不过是间接的，扮演着边缘角色。将英国与繁荣的亚洲商业世界联系起来的贸易路线穿过了地中海和波罗的海，途经富庶的布哈拉(Bukhara)和撒马尔罕(Samarkand)，又经位于喜马拉雅山脉的城镇斯利那加(Srinagar)和列城(Leh)，直抵印度和中国的黄河流域。17世纪，许多与东印度公司商船所载的相同的货物都是沿着这些路线运输的，它们有时候依靠船运，有时依靠马、骆驼、阉牛甚至人力通过漫长的陆上小道。丝绸被用来交换金银；玉、珍奇动物和鸵鸟、狮子、熊用来交易皮毛和木材；树脂、染料、瓷器和乳香换以胡椒、豆蔻和肉豆蔻。

大约是从1488年巴托洛梅乌·迪亚士(Bartolomeu Dias)绕行过好望角开始，西北欧国家的精英们就试图避开已有的贸易路线，环非洲而行，与欧亚大陆上信仰伊斯兰教的地区和远东地区繁荣的商业线路建立直接联系。迪亚士的航行带来了商业革命、贸易时代和“大航海时代”(Age of Sail)，以及不怎么恰当的“地理大发现时代”(Age of Exploration and Discovery)(毕竟只有地处偏远的欧洲人才对此有这种感受)。在这个即将持续约三个世纪的时代，海外贸易蒸蒸日上，新的金融和商业机构林立，助推市场扩张进程；大量欧洲人迁移到世界的其他地区，带去欧洲的制度和实践。而随着工业革命的开始、蒸汽机的发明，一个已基本一体化的全球贸易市场以及英国拥有世界霸权的稳定格局形成，上述时代落下帷幕。

继迪亚士的旅程后不久，就是在瓦斯科·达·伽马(Vasco da

Gama)首次成功地通过好望角路线抵达印度卡利卡特(Calicut)(现在的科日科德[Kozhikode])短短七年之后,葡属印度(Portuguese Estado da Índia)建立(1505年)。“Estado”是一个总督辖区,旨在管理和拓展葡萄牙在印度的领土。葡萄牙国王曼努埃尔一世(King Manuel I)想要赶超奥斯曼人和马穆鲁克人(Mamluks),让香料贸易从后两者的领土转移到好望角航线上。他在这两方面都没有取得多少成功,尽管葡萄牙人在亚洲确实长期存在。也许正是因为葡属印度(Estado)难以实现目标,其他欧洲国家就没有遵循这种国家直接干预的模式。相反,几乎所有其他欧洲国家与东方的常规接触,都是在由国家赞助的公司支持下进行的,这些公司在原籍国内都拥有贸易垄断权。事实上,到了17世纪,特许公司似乎已经成为欧洲商人和统治者们在美洲和亚洲建立贸易联系和扩大政治版图的首选工具。

虽然大多数特许公司在本质上是商业性的,但这并不表明它们与国家无关,或是不愿参与军事化的领土吞并——正如我们对当代世界的跨国组织的设想那样。公司形式往往只是为国家提供了一个单薄的缓冲区。种种关键案例都表明,欧洲的东印度公司都是以积极推动殖民和镇压亚洲地区来促进国家利益为目的成立的。例如,荷兰东印度公司和法国东印度公司的早期迭代就是如此。

不同于它的竞争对手们,英国东印度公司在创立之初主要是商业性质的。它背后的创始商人团体囊括了许多伦敦顶尖巨贾,他们中很大一部分人曾活跃在负责处理与东部陆路贸易的黎凡特公司(Brenner 2003:48)。英国东印度公司于1601年2月第一次启航,由詹姆斯·兰开斯特爵士(Sir James Lancaster)领衔,包括四艘船——

“龙号”(Dragon)、“赫克托耳号”(Hector)、“扬升号”(Ascension)和“苏珊号”(Susan)。1603年船队归航后,这次冒险被认定是成功的,于是英国东印度公司开始积累其贸易的权利和特权。

1606年8月9日,该公司获准销售香料,以再出口到欧洲其他国家;1609年5月31日,它对东印度群岛的垄断特权成了“永久”权利;1615年12月14日,获准向东方运送白银;1623年2月4日,被赋予依法治理居住在东方的所有英国人的权力(*East India Company*, Birdwood, and Foster 1893:xvi)。除对一切从属于英国进行贸易航行的对象所拥有的权力之外,公司还被额外授予了上述这些权力。

英国东印度公司的组织形式随着它的法定权利而演变。董事、副董事和一个每周选举产生的由24名当选股东组成的“理事会”(Court of Committees)负责管理公司事务;由全体股东组成的总理事会不常召开。最初,资金是每回出航逐次筹集的。第10次出海后,该公司就积累了足够的资本以支撑一系列航行。有些零散的筹资过程就这样持续了几年。1657年,在经历了英国内战(1642—1651年)和第一次英荷战争(1652—1654年)之后,英国东印度公司终于对永久资本作出了规定。这一举措使它成为史上最早的股份制组织之一。1709年,“理事会”更名为“董事会”(Court of Directors)。由于商务越来越复杂,公司事务的范围和棘手程度也增加了,于是成立了专门的委员会来监督贸易。1660年,“私人贸易委员会”(Committee for Private Trade)成立。随着时间的推移,董事会成员召开会议越发频繁,还逐渐增添了大量全职员工以协助他们管理公司的业务(Furber 1976:18; Anderson, McCormick, and Tollison 1983)。

身在伦敦的董事们监督并指导着亚洲地区的运营决策大方向。

公司在亚洲的日常运作则由主席会管理;主席会是在亚洲的区域次级单位,由一名主席及其理事会领导。18 世纪,主席会分别设置于孟买(Bombay,现英文名“Mumbai”)、马德拉斯(Madras,现名为金奈“Chennai”)和加尔各答(Calcutta,现英文名为“Kolkata”)三地。每一位主席及其理事会都聘请了一名工作人员,通过为监督具体经营方面而设立的下级委员会组织工作,并对于驻扎在主席会所在区域其他港口的代理人(领头商人)掌握着最高权威(Chaudhuri 1978:25—28)。其中一个例外是,由于中国政府对英国公民的永久居留权有所限制,因此没有一个管理对华贸易的主席会。在此情况下,“大班会社”(Council of Supercargoes)就成了公司在当地的管理机构。

最初,东印度公司的创始商们是为了在现有且利润巨大的胡椒、肉桂、小豆蔻、肉豆蔻及其制品等的交易里分一杯羹。随着时间的推移,公司扩大了产品范围,在进口棉织品、丝绸、茶叶、咖啡和靛蓝染料等的贸易中获利匪浅。到 17 世纪,公司的亚洲贸易开始对英国社会造成巨大影响。在更广大的人口范围中,从印度进口的棉纺品经济实惠,英国的新兴阶层为了彰显身份地位不断地进行购买,这最终创造了一种需求,鼓励了英国纺织业的发展(Lemire 2011:223, Findlay and O'Rourke 2007:339)。咖啡馆在英国各地涌现,为知识分子、商人和公民造就了新的活动中心(Pincus 1995)。

东印度公司的贸易改变了消费文化,其在国内的政治影响力也随之增强。1699—1701 年,与东印度群岛的贸易占据了英国海外进口额的 13%。[1]传统上,英国的税收主要基于海外贸易,因此公司的业务直接给国家收入带来了不容小觑的增长。公司还曾向光荣革命(1688)前的英格兰君主提供过直接贷款。也许,最重要的是,在资金控制权落入英国议会手中后，东印度公司就成了英国建立现代公共债务体系过程中的顶梁柱(Carruthers 1996：137—59)。而这一步，对英格兰现代官僚体制民族国家的出现至关重要。

1757 年，公司的政治命运发生了更戏剧性的变化。在 17 世纪和 18 世纪初，英国东印度公司获得了对几小块地的控制权，但在东方并没有掌握太多土地。尽管公司在它有限的定居点中的行事有明显的主权色彩(Stern 2011)，但军事征服和殖民并非公司商业战略中的必要部分(Chaudhuri 1978：16)。在 1757 年的普拉西战役(Battle of Plassey)中，这种模式发生了改变。这次冲突令公司成员深深陷入了一场政治和商业层面的复杂较量，斗争远远超出了亚洲范围，直指欧洲殖民野望和大陆政治的核心。

普拉西战役是为了争夺孟加拉(现在的西孟加拉邦和孟加拉国)的控制权，当时那里盛产纺织原料和鸦片。到 18 世纪 50 年代末，这个地区成了法国、英国和莫卧儿帝国(Mughal Empire)之间高度紧张的政治局势的“火药桶”。法国人常常跟当地统治者结成政治联盟，大肆侵入孟加拉的贸易中。英国东印度公司既对法国存在感的增加感到不安，也担心孟加拉现任“纳瓦布”(nawab，莫卧儿帝国行省总督)西拉杰·乌德-达乌拉(Siraj ud-Daulah)与法国人联手。事实上，这位纳瓦布已对英国东印度公司在该地区日益增长的影响力感到不满。英国雇员们的私人贸易尤其成问题，因为英格兰私人商人非法利用公司被授予的官方贸易特权，来逃避向莫卧儿帝国的统治者纳税。这些龃龉最终导致纳瓦布决定袭击公司在加尔各答的运营基地。

纳瓦布的军队占领了加尔各答，洗劫库藏，据说还监禁了 146 名英国公民——其中许多人都死了。这一被称为“加尔各答黑洞”(Black Hole of Calcutta)的事件很快就变得高度政治化。英国人开始复仇,授权年轻的罗伯特·克莱武(Robert Clive)在当地建立政治联盟,以协助他推翻纳瓦布的统治。克莱武策反了西拉杰·乌德-达乌拉的一名将军米尔·加法尔(Mir Jafar),作为他的帮手。在米尔·加法尔的协助下,英国军队在普拉西战役中取得了决定性胜利,击败了西拉杰·乌德-达乌拉。米尔·加法尔成了新一任纳瓦布。1765 年,英国东印度公司被宣布成为孟加拉的“迪万”(diwan),即莫卧儿帝国的法定收税者(Marshall 1987, chap.3, 70—92)。这些错综复杂的事件十分关键,因为正是它们让英国东印度公司成了印度一支举足轻重的政治力量。在正式控制了孟加拉之后,公司开始扩展其领土所有权,最终发展成一个跨越印度次大陆的殖民帝国。

在印度获得的政治权力使公司进一步卷入英国的国家事务。没有英国王室的帮助,公司无法夺回加尔各答,而普拉西战役也可能永远都不会打响。认识到这一点,英国政府直接参与了随后的权力和资源分配。即便英国政府没有直接参与,我们也有充分的理由相信,它会对其公民着手在海外建立一个疆域辽阔的帝国一事深感兴趣。

普拉西战役后,英国东印度公司即刻以每年支付 40 万英镑为代价,从英国政府处保留了一定程度的自治权(Stern 2011:209)。这种收买政府的企图,只是推迟了英国政府对已经真正成为国家事务的事情更积极的参与。不久,负责调查公司在孟加拉事务的议会特设委员会成立了。1784 年,由英国外交大臣担任主席的管理委员会(Board of Control)成立,监督公司的政治事务。虽然从某种意义上来说,管委会的成立是公司的一次胜利,它成功地让自己没有被直接收编,但它现在受到英国政府的直接监管。1786 年的法案进一步削弱了公司的自治权。法案加强了对孟加拉总督的控制,规定其任命须经一个政府委员会的批准。

另外,在公司内部,个人越来越多地参与到国家政治中。1768 年至 1774 年期间,有 13 名公司主管同时在议会任职。1784 年,有 36 名国会议员是公司的现任或前任主管或雇员(Barber 1975:101)。到 18 世纪末,人们能明显感受到东印度公司在政治和经济上的重要性,以至于公司的事情有时比国内的政策决定更招人关注(Philips 1937:83)。正是这一时期,用埃德蒙·伯克(Edmund Burke)的话来说,"说东印度公司有麻烦了,就跟说这个国家有麻烦了也差不了多少"(Greenberg 1951:213)。

在"后普拉西"阶段的殖民扩张中,随着东印度公司从充满活力的经济力量变为榨取式食利者,商业利益也迅速服从于帝国扩张。1813 年,公司在印度的贸易垄断特权被取消后,它就基本退出了贸易领域,转而致力于军事扩张和征税。对中国开放贸易的 1833 年法案出现时,垄断特权的最后痕迹也消失了。到了那时候,东印度公司在任何实际意义上都已不再是一家企业。在几十年的时间内,印度次大陆的其他地区以及东南亚的大部分地区都被并入东印度公司的帝国版图之中,而公司帝国又成了大英帝国的统治基石。1858 年,"印度民族大起义"(Sepoy Rebellion)发生后,东印度公司建立的殖民帝国变为英属印度(British Raj)。由是,公司两个世纪以来打造的商业帝国,在很大程度上整合了英国和亚洲的经济,并最终成为大英海外帝国和世界霸权的基石。公司悠久的历史对印度半岛乃至英国的社会以及全球的政治经济关系都造成了极其深远的影响。

我对英国东印度公司的研究始于博士学位论文写作期间。我拥有一位无与伦比的导师彼得·比尔曼(Peter Bearman),和一个无比出色的学位论文委员会——由哈里森·怀特(Harrison White)和邓肯·瓦茨(Duncan Watts)组成。要是让我充分表达对这三位对我的认知轨迹之影响的感激之情,我将不得不再另写一本书——尤其是对彼得·比尔曼先生。

本书第四章基于与彼得·比尔曼2006年在芝加哥大学出版社出版的《美国社会学期刊》(*American Journal of Sociology*)上共同发表的论文:《渎职行为与全球贸易的基础:英国在东印度群岛的贸易结构,1601—1833年》(Malfeasance and the Foundations for Global Trade: The Structure of English Trade in the East Indies, 1601—1833)。感谢彼得和《美国社会学期刊》允许我将这一章内容放进书里。第三章极大地受益于与桑普萨·萨米拉(Sampsa Samila)的合作,因为我们开展了一个关于组织内部信息传递和网络激活的相关研究项目。萨米拉帮忙完善了数据,并引入了一个重要变量,以此生成了图4.1和图4.5。我们共同的讨论和工作对于改进这一章的分析和阐述方式意义重大。

在论文写作阶段,我从与同事们的交谈中获益匪浅,他们是:菲利普·斯特恩(Philip Stern)、杰西卡·戈德堡(Jessica Goldberg)、约瑟夫·帕伦特(Joseph Parent)、迪莉娅·鲍达萨里(Delia Baldassarri)、亨宁·希尔曼(Henning Hillmann)、戴蒙·森托拉(Damon Centola)、马修·萨加尼克(Matthew Salganik)、塔米·史密斯(Tammy Smith)和

保罗·帕里吉(Paolo Parigi)。圭尔吉·科西内茨(Gueorgi Kossinets)是我在研究生期间能找到的唯一一个能处理大型、连续的纵向网络数据工作的人。基于他的工作,我形成了论文最初章节中关于网络驱动的模型。虽然我最终放弃了这一方法,转而采用基于事件的信息传播模型,但在我困于网络驱动的暗影之中时(2004 年 6 月),他是我的灵感来源。艾薇·华盛顿(Ivy Washington)和扎卡里·拉克(Zachary Luck)协助收集了数据。衷心感谢哥伦比亚大学社会经济研究所(Institute for Social and Economic Research at Columbia University)、哥伦比亚大学国际商业教育与研究中心(Center for International Business Education and Research)和加利福尼亚大学圣巴巴拉分校(UCSB)空间综合社会科学中心(Center for Spatially Integrated Social Science)的财政支持。

我还收到了来自雅礼·艾夫拉汉普(Yally Avrahampour)、理查德·拉克曼(Richard Lachmann)、彼得·多兹(Peter Dodds)、丽贝卡·埃米(Rebecca Emigh)、唐纳德·托马斯科维奇-德维(Donald Tomaskovic-Devey)、罗伯特·福克纳(Robert Faulkner)、伊诺邦·汉娜·布兰奇(Enobong Hannah Branch)、朱莉娅·亚当斯(Julia Adams)、斯科特·布尔曼(Scott Boorman)和尼古拉斯·胡佛·威尔逊(Nicholas Hoover Wilson)的宝贵意见。在不同阶段,我曾从希瑟·哈夫曼(Heather Haveman)、内尔·弗里格斯坦(Neil Fligstein)、卡伦·巴基(Karen Barkey)、查尔斯·蒂利(Charles Tilly)、克雷格·卡尔霍恩(Craig Calhoun)、乔什·惠特福德(Josh Whitford)、汤姆·迪普雷特(Tom Diprete)、尼可·马韦尔(Nicole Marwell)、艾米·沙莱特(Amy Schalet)和桑吉夫·古普塔(Sanjiv Gupta)那里得

到过颇有助益的建议。道格拉斯·米勒(Douglas Miller)帮我文章早期版本的 ArcGIS* 呈现编写了 Python 代码。在论文写作后期,克里斯托弗·威尔德曼(Christopher Wildeman)帮我编写了一个相当棘手的 R 语言脚本**。同样在后期,史蒂文·平卡斯(Steven Pincus)和威廉·布尔曼(William Bullman)组织的一次关于经济史上新制度主义(new institutionalism)的会议也使我获益匪浅。我的母亲安妮·托德·埃里克松(Anne Todd Erikson)帮忙校对了手稿。在整个过程即将结束之际,我很高兴能了解到马克辛·伯格(Maxine Berg)、汉娜·霍达科斯(Hanna Hodacs)、米克·费林格(Mieke Fellinger)、蒂姆·戴维斯(Tim Davis)、费利西亚·戈特曼(Felicia Gottman)和克里斯·尼尔斯特拉兹(Chris Nierstrasz)的工作,所有这些人都参与了一个令人兴奋的关于东印度公司的合作比较项目;还有 2013 年举行的"东印度公司:延续、转变、抑或脱节"(The Companies: Continuity, Transition, or Disjuncture)会议的所有参与者。此外,还要感谢我的丈夫约瑟夫·利格曼(Joseph Ligman)和我的女儿加布里埃拉·利格曼(Gabriella Ligman)的大力支持。

注释

1. 数据计算自 Ralph Davis, 1962, 300—301。

---

* ArcGIS,一个综合性地理信息系统(GIS)软件,具备绘制地图、分析地理信息等功能。——译者注

** R 语言,一种用于制图、建模等数据分析的开源编程语言。——译者注

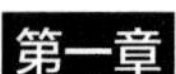

导论

Between Monopoly and Free Trade

英国东印度公司一直以来都处于垄断组织与自由贸易之高下的争论中心。东印度公司在亚当·斯密(Adam Smith)、托马斯·孟(Thomas Mun)、詹姆斯·斯图亚特(James Steuart)、詹姆斯·密尔(James Mill)、大卫·李嘉图(David Ricardo)和约翰·斯图亚特·密尔(John Stuart Mill)等人的著作中均占有重要地位,对英国经济学思想的发展影响深远(Barber 1975, Khan 1975, Muchmore 1970:498—503)。该公司的支持者认为垄断权对建设和维护昂贵的基础设施是必要的,这些基础设施使它与亚洲的长途贸易成为可能且有利可图;自由贸易的倡导者则抨击它为商业扩张圈定了界限。关于东印度公司的垄断有效性如何,时至今日仍在争议之中(Carlos and Nicholas 1988, Jones and Ville 1996a, 1996b, Carlos and Nicholas 1996, Irwin 1992, Anderson and Tollison 1982)。而这些争议在很大程度上掩盖了一个事实——东印度公司从来就不是一个真正的垄断者。

东印度公司在英国拥有垄断权,但在亚洲始终与其他欧洲的组织相互竞争,同时顺畅交易。[1]它之所以被称为垄断者,是因为对英国在东印度群岛的海外贸易拥有独家权利。然而,所有相关国家政府都授予了各自的“东印度公司”这一特权。欧洲公司们在亚洲和欧洲的再出口市场上展开竞争。它们试图占领一个长期由众多已然成功且物资充裕的亚洲商人主导的市场,而后者更清楚本地贸易的变幻莫测。在英格兰本土,东印度公司还面临来自持有亚洲陆路贸易独家特许权的黎凡特公司的竞争。

甚至,在自己的权力范围内,东印度公司还将一些垄断特权出让给了自己的雇员。这些雇员从事的是所谓“私人贸易”,即在受雇于公司期间,出于个人名义和利益进行的贸易。私人贸易的津贴既助推了英国东印度公司更广泛层面上的分散决策模式,也构成了该模式的一部分。在“东印度人”(East Indiamen)* 的船队的航程之上,组织权力下放、私人和公司利益交织如何激励了对新兴市场机遇的探索,又是如何创建了强大的内部沟通网络并有效地整合了公司在东方的业务,本书将一探究竟。垄断并不是东印度公司成功的关键;正是因为部分地废除了这些权利,英格兰才在亚洲取得了商业成功。

自东印度公司成立以来,私人贸易的重要性就是显而易见的。然而,对于公司成立之初那明显分散的组织形式而言,私人贸易并没有被当作它的一个内在组成部分——除了在一些不认同权力分散的人眼里(Moreland 1923:314, Arasaratnam 1986:37, 329, Lawson 1993:73)。相反,雇员的私人交易往往被概念化为公司垄断战略的一种独特替代方案,即使在实践中二者是协同运作的。

与东印度公司同时代的人认为,英国私人贸易的成功证明了自

---

* 对从事东印度群岛贸易者的一种称呼。——译者注

由市场的优越性。有影响力的参与者,如戴维·斯科特(David Scott)(亨利·邓达斯*的朋友,1778年至1800年间担任东印度公司董事)等人,将在东方私人贸易的经验视为他们支持自由贸易理想的源泉(Philips 1951:xiv)。在要求延长垄断特权时,公司的人辩称,私人贸易所占份额未能超过公司所提供船舶吨位的四分之一,这表明了现有垄断制度的有效性(Hansard 1812:47)。在关于自由市场的优点日益两极化的讨论中,私人贸易和公司贸易之间的关系被忽视了。

最终,1813年和1833年的法案取消了东印度公司的垄断特权,首先是在印度,随后在亚洲,这被视为从意识形态上突破了重商主义垄断特权体系,使国家走上了实践经济理性主义和自由贸易的道路。英国东印度公司成了邪恶保守的垄断模式的代表。而它在扩张期间实际拥有的去中心化、网络化的组织形式在很大程度上被忽视了。我要提出的论点是,基于历史学家们对私人贸易的研究,东印度公司被误解为一个简单的垄断者,正如其中的私人贸易被误解为自由贸易的一种形式。该公司为彼此独立的贸易者们提供了他们所缺乏的必要基础设施和相互协调;利用这些基础设施开展业务的私人贸易商会寻到被企业自身忽视的机会。垄断形式下存在的私人贸易,有效地分散了公司权力,并推动了非正式信息交换网络的建立,否则公司或将成为一个阶层式组织。就其宗旨和概念而言,英国东印度公司本意是做一家垄断公司,通过控制市场机会和限制竞争来积累利润;但在实践中,它受益于当时独特的组织结构,这种结构产生于等级制合作形式与通常被视为挑战公司垄断特权的私人贸易

* 亨利·邓达斯(Henry Dundas, 1742—1811),第一任梅尔维尔勋爵(Lord Melville),辉格党人,英国重要政治家,在苏格兰拥有巨大影响力。——译者注

的结合。

我认为,这种以去中心化的组织结构——通过私人贸易和公司贸易的结合构建——主导了东印度公司的商业运营,是它近两个世纪以来持续扩张和因地制宜的核心支柱。通过促进社交网络的使用,以及培植船舶和港口之间密切联系的内部结构,东印度公司去中心化的架构同时扩大和整合了其在东方的业务。公司内部的社交网络在雇员之间传递着有价值的信息,从而将更多的新港口纳入更广阔的公司贸易版图;新的港口则为之带来新的机遇、新的市场和新的商品。去中心化以私人贸易津贴的形式,鼓励雇员在东方逗留更长的时间,探索全新的港口,将现有的英国殖民地连接成一个更紧密的通信网络——这些都反哺并激励了横向的信息传递,而这一传递进程也是将重要自主权利交到本地代理商手中的产物。

这种程度的去中心化的重要性及其对英国东印度公司贸易运转的系统性影响,表明该公司显著的扩张壮大并非出自帝国主义或行政集权。与之恰恰相反,在更大的组织框架(即公司形式)内的权力下放和利润分享,能引入对该公司的长期成功至关重要的创新能力。这种创新能力是由亚洲商人愿意与该公司及其雇员进行贸易而维持的。最终,东印度公司在商业上的长期成就取决于东方开放社会的存在,就如雇员私人贸易的存在一样。

商业上的崛起

1600年12月31日,英国东印度公司成立。女王伊丽莎白一世授予这一小群商人垄断好望角(Cape of Good Hope)以东和合恩角

（Cape Horn）以西地区贸易的权力。起初，公司按航次筹措资金。总价值 68 373 英镑（在 2011 年其价值为 6 843 520 英镑或 10 951 685 美元）的股票被出售给大约 200 名投资者，为公司第一次出海提供了初始资本（Clough 1968：162）。这些钱被用于 4 艘大型船只和 1 艘小型补给船，并配备了 500 人。在 1796 年的鼎盛时期，公司一年之内就派出了 84 艘船只，当时还雇佣了 350 余名当地行政办公人员（Carlos and Nicholas 1988：403）。

东印度公司在英格兰和亚洲都成了一支强大的政治经济力量。K.N.乔杜里（K.N. Chaudhuri）* 用热情洋溢的语言描述了它在 18 世纪的发展轨迹："东印度公司不断壮大。它共有 350 万英镑的交易资本以政府债券的形式被持有，与金边债券**收益率挂钩的固定利率债券被伦敦金融城和阿姆斯特丹的金融家们视为理想的短期投资。它在亚洲的贸易中持续获得巨额利润。"（Chaudhuri 1986：117）在整个 18 世纪的大部分时间里，该公司给投资者的股息回报率都是 8%（这是一个良好的回报率），只是偶尔下降到 6%（Bowen 1989：191）。

根据研究东印度公司的杰出历史学家 K.N.乔杜里的说法，1660 年到 1700 年之间该公司发展得最为迅猛。在此期间，它的进出口额无论在绝对数量还是相对数量上都有显著增长（Chaudhuri 1978：82）；"东印度人"的贸易网络中的港口数量也有明显增加。然而，即便有了如此扩张，在 17 世纪晚期，英国东印度公司在它最大的竞争

* 即基尔蒂·纳拉扬·乔杜里（Kirti Narayan Chaudhuri），英国印度裔历史学家、作家和艺术家。——译者注

** 此处指英国国债。——译者注

对手荷兰东印度公司(Dutch East India Company,即 Vereenigde Oost-Indische Compagnie)面前,仍是相形见绌。荷兰东印度公司是欧洲另一位强大的海外贸易垄断者。17 世纪上半叶,它比英国东印度公司大得多。它的初始资本总额达 650 万荷兰盾,是后者的 10 倍(De Vries 1976, 130)。但荷兰东印度公司比英国东印度公司早了半个多世纪解散,而且在那之前很久就已停滞不前。

关于英国的东印度公司具体是何时取代荷兰的,还存在些许不同意见。就外派船只的绝对数量而言,英国东印度公司直到 18 世纪 80 年代才足以与荷兰东印度公司抗衡。在 17 世纪,荷兰东印度公司常常派出比英国多一倍的船只;然而,到 18 世纪 30 年代,荷兰在船舶方面的投资就已触顶(Vermeulen 1996:144)。尽管如此,在未来的一段时间里,它仍是一个庞大的存在。1770 年,英国东印度公司以 233 次官方航行记录紧随在有 290 次的荷兰东印度公司之后;直到 18 世纪 80 年代,英国东印度公司才最终以 318 次领先于荷兰东印度公司的 297 次(Bruijn and Gaastra 1993:179)。[2]

然而,这些数字并不能反映出英国东印度公司的港脚贸易(country trade)*。这类贸易仅限于亚洲内部。对荷兰东印度公司来说,这属于公司的官方贸易(直到 18 世纪 40 年代为止)。对英国东印度公司来说,从 17 世纪中后期开始,港脚贸易就是属于雇员的了。在 18 世纪 20 年代和 30 年代,英国东印度公司的港脚贸易急剧增长。霍尔登·弗伯(Holden Furber)在对孟买和苏拉特的研究中,发现公司的港脚贸易量在 1724—1742 年间翻了一番。到 18 世纪 30 年代,

---

* 港脚贸易指英国或英属印度商人在亚洲(印度、东印度和中国)从事的未经东印度公司官方许可的贸易。——译者注

从港口的记录中可以清楚地看出，英国东印度公司正在取代荷兰东印度公司（Furber 1965：45）。

乔杜里根据他对英国东印度公司进出口增长率的评估认为，在1660年至1700年间该公司最快速增长的阶段，它对其荷兰同行就构成了挑战（Chaudhuri 1978：82）。巴尔·克里希纳（Bal Krishna）还认为，英国东印度公司的财富增长在18世纪之前就已经超过了荷兰东印度公司，并指出前者在贸易上的投资为2 600万英镑，后者的投资则要少得多，为1 900万英镑（Krishna 1924：177）。1720—1731年，英国东印度公司从亚洲进口的年平均值超过了荷兰东印度公司（Steensgaard 1990：110）。

拉里·尼尔（Larry Neal）对两家公司的股价进行了细致研究，发现英国东印度公司的股票估值在18世纪30年代和40年代比荷兰东印度公司高得多。在对总体市场状况作出反应时，两家公司的股票朝着同一方向变动。英国东印度公司在18世纪30年代和40年代的股票收益表现为荷兰东印度公司的股价重创，这表明投资者意识到英国公司拥有更大的增长潜力，资本正在从一家公司转移到另一家（Neal 1990：218—20）。克里斯托夫·格拉曼（Kristof Glamann）的研究证实了这一观点。他发现，到了18世纪三四十年代，当时的企业都已意识到，荷兰东印度公司的相对地位在下降（Glamann 1981：2）。事实上，此时的荷兰东印度公司开始采取重大改革措施，其中之一就是模仿英国东印度公司，向雇员开放港脚贸易。

18世纪20年代是荷兰东印度公司股价长期下跌的开始，而在此期间，英国公司的股票表现要好得多（Neal 1990：198）。加阿斯特拉（Gaastra）用18世纪发生的一系列事件来解释这种持续下跌现象

(Gaastra 2003:59)。1799 年,荷兰东印度公司宣告解散,正式终结。18 世纪时的逐渐式微走势表明,这家荷兰公司并没有遭受过一次致命性外部冲击,而是被渐次蚕食了商业地位,于是尼尔和格拉曼都认为,荷兰东印度公司的困局在于未能成功适应日益激烈的竞争和不断变化的市场条件(Neal 1990:220,Glamann 1981:2)。因此,任何关于英国东印度公司在东方商业世界扩张并最终胜利的理论,都至少应该要关注 1660 年至 1740 年这段时间,该时期以英国东印度公司的迅速扩张始,以其取代荷兰东印度公司成为东方主要的欧洲商业力量终。

1660 年到 1740 年间,英国东印度公司的雇员在官方接纳私人贸易的情况下,享有极高的合法的自主权利。我将本书的研究重点放在这一时期。尽管我将时间线拉长到了 1760 年,这一年标志着东印度公司的组织形式在普拉西战役之后自然而然地转变了,开始向殖民统治形式过渡。我的分析还囊括了该公司历史上的其他时段,以便与私人贸易这一关键时期进行比较。由于本书的重点是英国东印度公司取得商业成功的方式,在此便不讨论它最后失去垄断特权并被指示于 1833 年结束其商业活动之后的时期。

对英国东印度公司之成功的另一种解释

国内境况

对于东印度公司的崛起,现有几种不同的解释。最普遍的观点是英国财富的增长导致了英国东印度公司的成功。这一论点表明,在东方的组织结构和事件都是故事中不重要的元素——它们只是结果,而不是起因,这显然不能提供充分的解释。

关于实际经济增长具体在何时加速了英国国民经济发展一直存在大量争议,但几乎没有人认为,除了结构性先决条件外,其他任何因素在 18 世纪初之前就已存在。菲利斯·迪恩(Phyllis Deane)和 W.A.科尔(W.A. Cole)确定 1745 年英国经济增长有一个转折点,但他们发现真正的加速发展发生在 1780 年后(Deane and Cole 1967:80)。克拉夫茨(Crafts)后来修正了这一观点,认为英国经济增长直到 1820 年之后才真正开始呈现明显的上升趋势(Crafts 1985:2),他还认为,导致这种变化出现的渐进式结构变动,甚至要到 18 世纪初才显现出来(Crafts 1985:7)。R.V.杰克逊(R.V. Jackson)之后又更正了克拉夫茨的内容,下调了 1700 年至 1760 年的增长估值并提高了 1760 年至 1800 年期间的数值,使其更接近于原先迪恩和科尔的研究(Jackson 1990:225)。近来,人们开始强调英格兰以及欧洲和亚洲其他地区的(经济)长期缓慢增长的存在——在随后的 18 世纪后半叶,英格兰的发展速度仅有些微提升(O'Brien 2000:127, Goldstone 2000, 2002)。这项研究表明,真正的变化发生在 1830 年之后(Mokyr 1999:1)。同样的,他们指出,尽管工业化发生在 1830 年之前的英国,但它仅仅局限于少数几个地区,在整体经济中也只占据很低的比例——这就更加说明,英国国民经济直到 1830 年以后才出现强劲的加速发展(Mokyr 2003)。虽然关于发展原因的争议将来还会持续下去,但这并不会动摇东印度公司的飞快发展早于英国经济的快速增长几十年这一观点。事实上,在工业革命之前,商业就已有显著增长,使得许多人将此视为经济发展的原因之一。

相比之下,英国内战发生在东印度公司扩张前。因此,当政府首脑与资产阶级利益攸关便会影响到公司的未来。战争的结果似乎一开始不利于东印度公司,因为它一直是英国王室的支持者(Brenner 2003:324)。然而,在奥利弗·克伦威尔(Oliver Cromwell)的领导下,公司得以延续其章程;事实上,它在君主统治下周期性会碰到困难。例如查尔斯一世(Charles I)曾支持东印度公司的竞争对手"考廷协会"(Courteen Association)*,直接威胁到了公司的垄断特权(Furber 1976:69)。

然而,从比较的角度来看,国家主导论就不那么有说服力了。自16世纪中期以来,荷兰政府一直被控制在商业精英手中(Adams 1994b:327),因此,这种论调并不能解释为什么英国东印度公司在18世纪会比荷兰东印度公司表现得更好。此外,英格兰的政治和经济状况都无法解释为什么东印度公司成功了,而英国的其他股份制公司却失败了。成立于1660年的皇家非洲公司(Royal African Company),当时被称为"皇家探险者非洲贸易公司"(Company of Royal Adventurers Trading to Africa),就在1690年失去了垄断地位,到1730年几乎全然败落(Carlos and Kruse 1996:291)。同样,"南海公司"(South Seas Company)也因其轰轰烈烈的倒闭而臭名远扬,几乎拖垮了当时的英国经济(Anderson and Tollison 1982:1241)。加里·安德森(Gary Anderson)和罗伯特·托利森(Robert Tollison)认为,事实上,众所周知,在亚当·斯密的一生中,他厌恶股份制公司,就是因为这些公司的糟糕表现(Anderson and Tollison 1982:1240)。东印度公司是一个突出的例外(不受斯密的批评)。

* 也译作"葛廷联合会""柯亭协会"等,与英国东印度公司性质类似,由威廉·柯亭于1635年建立,后在克伦威尔统治时期与东印度公司合并。——译者注

战争与海权

前三次英荷战争被认为是导致荷兰海外贸易衰落的一个原因(De Vries 1976:122),因此也应当被认为是导致荷兰东印度公司衰落的一个可能缘由。第一次英荷战争发生在1652年至1654年;第二次发生在1665年至1667年;第三次在1672年至1674年。虽然国内外政治方面的考量在煽动这些战争中发挥了作用,但商业因素是最为相关的,所以我将讨论局限于后者。

17世纪之初,荷兰人不仅主导了东方贸易,而且还主导着整个欧洲的贸易(De Vries 1976:116)。特别是,由于荷兰人还控制了英格兰沿海的鲱鱼贸易,英国商人对荷兰人的主导地位深感不满。很明显,这种商业竞争加剧了各国之间的敌对态势;然而,它对东印度公司们的命运影响就不那么显著了。

有重要证据表明,荷兰和英国的东印度公司在东印度群岛回避了明面上的敌对,以便尽可能地减少中断、继续贸易,特别是在第二次和第三次英荷战争时期(Boxer 1974:59, Pincus 1992)。此外,这三场战争的结果并不明显有利于英国人。英国人看起来在第一次战争中占了上风(Boxer 1974:19),但第二次的结果更偏向荷兰人。第二次战争结束时签订的《布雷达条约》(Treaty of Breda)(1667年)改变了《航海条例》(Acts of Navigation)*,有利于荷兰人;那些条例一直是导致两国间局势紧张的焦点,最终导致了战争。因此,这很显然是

* 《航海条例》,也译作《航海法案》,英国议会通过的加强对殖民地经济控制、维护本土航运垄断权的重商主义法案;法案禁止英殖民地和其他国家进行直接贸易。英荷《布雷达条约》签署后,英国放宽《航海条例》的限制,放弃在荷属东印度群岛的权益。——译者注

荷兰在冲突中取得了优势的标志。《布雷达条约》还规定,英国东印度公司放弃对岚屿岛(Pulo Run)的主权要求(但英国人得到了曼哈顿[Manhattan])(Boxer 1974:39)。因此,对英国东印度公司而言,其直接结果就是失去了在东印度群岛的地盘。第三次英荷战争中,英国与法国结盟,对荷兰的贸易造成了很大影响,但无果而终。英国人和荷兰人之间的战斗往往对后者有利,并以英国人支付了200万荷兰盾的赔偿金而告终(Boxer 1974:58)。尽管简·德弗里斯(Jan De Vries)对此似乎有异议,但查尔斯·博克瑟(Charles Boxer)认为,荷兰比英国更快地从战争造成的财政困难中恢复过来(Boxer 1974:63)。乔纳森·伊斯雷尔(Jonathan Israel)总结道,尽管英法打算在第三次战争中终结荷兰的贸易霸主地位,但他们根本没有做到这一点(Israel 1998:297)。荷兰的贸易霸权在战争结束时再次恢复,尽管这确实标志着它长期、逐渐衰落的开始。

最后,前三次英荷战争并不是英国东印度公司兴衰的中心因素。如果这些冲突压制了荷兰在东方的贸易优势、创造了英国东印度公司的成功,那么应有更清晰的证据表明荷兰在战后衰落。相反,荷兰东印度公司一直扩张到18世纪30年代。克里斯托夫·格拉曼对1700年至1730年这一时期进行了探讨,认为这是荷兰东印度公司的权力巅峰,也是其显而易见的“黄金时代”(Glamann 1981:2)。[3]

在英国东印度公司存续期间,英国人和法国人也曾多次陷入战争。与荷兰和英国的国家间冲突相反,敌对行为发生在英国和法国的东印度公司之间,它们在印度次大陆作战。这些战斗标志着东印度公司历史上波澜壮阔的一章,充满了波诡云谲的谋略、变幻莫测的联盟、复杂的宫廷阴谋,以及罗伯特·克莱武和约瑟夫·弗朗索瓦·

杜布雷(Joseph François Dupleix)被过度放大的作用。然而,同样与时机对应看,这些都不是决定英国东印度公司成功的关键所在。第一次卡纳蒂克战争(Carnatic Wars)发生在1746年至1748年,第二次从1749年至1754年,第三次从1757年至1763年。英国人赢得了这些战役,这为其在印度次大陆建立强大的殖民帝国发挥了核心作用。它们发生在乔杜里所指出的公司加速增长的近一个世纪之后,当时荷兰在东方的地位已被侵蚀许久。我们尚不清楚,英国东印度公司在商业上的持续成功是否建立在英国取得这些战争胜利的基础之上,但若没有商业成就所提供的资源,公司也不太可能在军事上致胜。

在同一时期,英国打造了一支强大的皇家海军部队;然而,也没有多少理由相信它在英国东印度公司的扩张中发挥了直接作用。到了18世纪,皇家海军才持久领先于其他国家的海军(Modelski and Thompson 1988),而且直到卡纳蒂克战争,皇家海军的能力才在公司的运营中起到直接作用。那时,英国和法国的公司都在利用国家资源追求自身目标。相比之下,荷兰东印度公司未能成功地从政府那里获得额外的海军或其他军事支持作为保障。由于缺乏来自国家的海军等军事支持,荷兰东印度公司无法直接参与法国和英国公司之间的领土竞争,这可以看作导致它最终衰落的一个核心因素(Nierstrasz 2012)。然而,这种种因素都是在英国东印度公司的优势地位确立之后才起效的。

在此之前,皇家海军对东方的贸易几无影响。18世纪40年代前,英国皇家海军的船只极少出现在东印度群岛的水域。这一规则唯一短暂的例外,是其零零散散地在马达加斯加周围地区追捕欧洲海盗(Rodger 2004, Stern 2011:141)。从1690年开始,英国皇家海军为东印度公司提供援助,护送船只通过大西洋,以防止海盗和战争时期敌方武装的袭击(Stern 2011:153)。皇家海军的护航应被认为是该公司持久成功的一个可能是必要但不是充分的因素。护航是必要的,但不会为任何东印度公司带来竞争优势,所有这些公司都能够为它们的船只提供相对安全的大西洋水域通道。无论如何,护航开始的日期是在英国东印度公司已经显现出快速增长的轨迹之后。事实上,如果该公司没有证明自己是一个重要且不断扩大的国家财政收入来源,英国政府就不太可能提供上述保护——这些都是基于公司贸易已然蒸蒸日上的盈利能力。

保护的成本

一项相关研究认为,保护成本的内化为欧洲的公司创造了竞争优势,从而确保了它们在东方贸易中的成功(Lane 1966, 1979, Steensgaard 1974)。要注意的是,这项研究的解释对象与我的着眼点不同。尼尔斯·斯坦斯加德(Niels Steensgaard)关注的是"公司"作为一种类型的成功,包括荷兰和英国的东印度公司;而我聚焦于英国东印度公司长期取得的相对更大的成功。但斯坦斯加德的研究对理解东印度公司作出了重要贡献,应予以强调。

保护成本的内化至少有两种可能的途径。其一,在评估业务前景时,采用详细的会计程序将保护成本考虑在内。其二,商业组织将保护自身免受盗窃或暴力侵害的活动内化,例如雇佣保安等。斯坦斯加德的论点指出,这两种类型都发挥了重要作用。

斯坦斯加德提供了详尽而有说服力的证据,表明商人们穿越中东的陆路之行的最大成本来自关税、向当地官员行贿以及向商路沿线其他较小的社区支付的保护费。据他所言,这些费用大大超过了运输成本。因此,尽管运输成本较高,但欧洲公司纷纷选择了好望角路线以省下一大笔钱。出于与保护成本一致的论点,节省费用应当是这些公司决定采取好望角路线的部分原因。然而,这一解释并不能回答为何同样走好望角路线的葡萄牙东印度公司却经营失败,特别是相比于荷兰和英国的东印度公司。

欧洲公司还将保护职能整合到其业务中。这样做的好处是假设威胁真实存在,否则防御投资只会削减利润。但有问题的是,许多研究印度洋的历史学家断言,与大西洋相比,印度洋是一片“自由之海”(Mare Liberum)。这样说来,打造保护职能就成了一笔没必要的额外开支。然而,也有一些亚洲商人将军事力量和逐利结合起来,进行有组织的商业活动。例如阿曼是重商主义国家,乐意通过军事行动捍卫领土(Cole 1987:195),马拉巴和西锡兰(Malabar and Western Ceylon)(锡兰现为斯里兰卡[Sri Lanka])的马皮拉人(Mappila)就是一个野心勃勃的武装商人团体(Subrahmanyam 1995:769)。这些群体存在,但并没有主宰东方,这本身就给怀疑论提供了一些理由。

然而,欧洲的东印度公司人员武器精良,每家公司都至少进行过零星的军事行动。我们可以通过比较 17 世纪和 18 世纪早期葡萄牙、荷兰和英国的东印度公司,来考察投资军备的重要性。葡萄牙东印度公司的军事化程度最高,荷兰紧随其后,英国位居第三且远远落后。1660 年前,英国东印度公司没有任何荷枪实弹的陆地军事力量(Bowen 1996:351)。相比之下,荷兰东印度公司有一半的雇员是军事人员(Knaap 2003:116)。葡萄牙的葡属印度仅仅是政府的一支军事化武装力量。直到1628年,他们才创建了商业机构,即一家公司;尽管如此,葡萄牙东印度公司的存在也很短暂。1615年,袭击果阿(Goa)的葡萄牙突击部队包括6 000名印第安人和2 600名欧洲人(Desphande 1995:262);1626年,一支被派去保卫安汶岛(Amboina)的荷兰舰队中有1 200名士兵(Van Veen 2001:88)。而直到1740年,英国东印度公司的兵力才接近能与这些数字相匹敌的程度。英国公司的军队总共不到2 000人;当法国武装进攻并占领马德拉斯时,那里只有100名守卫。同样地,到1623年时,荷兰在东方拥有一支庞大的海军力量,大约66艘舰船活跃在各种跨港口的军事行动中(Van Veen 2001:92)。相比之下,1669年,孟买协会(Bombay Council)要求派三艘小船来保护英国在该地区的沿海贸易,而他们只得到了两艘(Deshpande 1995:283)。这次征用就是英国东印度公司的第一支海军部队孟买海军微不足道的起步。

上述差异反映了这三个组织的战略。荷兰人和葡萄牙人积极地挑起冲突,以此为获得东方领土的一种手段(Subrahmanyam 1990a:252—97),而在普拉西战役之前,英国人并没有这样做。英国人基本在进行和平的贸易,听从东印度公司派驻莫卧儿皇帝宫廷的使者托马斯·罗伊(Thomas Roe)爵士的建议:"让我们把这作为一条规则:如果你想获取利益,就在海上安安静静地进行贸易。因为惊动在印度的戍卫部队、影响到陆上战争毫无疑问会是个错误。"罗伊还特别强调,战争"是葡萄牙人的乞讨","也是荷兰人的错误"(Foster 1899:xxxiv)。与之形成对比的是,著名的荷兰东印度公司总督扬·彼得松·库恩(Jan Pieterszoon Coen)说过:"没有战争的贸易和没有贸易的战争都是无法持续的。"(Parthesius 2010:38)

菲利普·斯特恩(Philip Stern)和布鲁斯·沃森(Bruce Watson)已经证明,英国东印度公司在与莫卧儿帝国的蔡尔德战争(Child's War)前后进行过军事集结(Watson 1980b, Stern 2011)。[4]然而,公司只是利用自己的防御工事来保卫现有驻地,并不怎么进行侵略;相反,他们继续尽可能地避免冲突(Stern 2011:122)。这就又与荷兰和葡萄牙东印度公司不同了。当然,这种模式在普拉西战役后发生了改变,也就是在英国东印度公司成为在东方占主导地位的欧洲商业巨头之后。

如果军事化是欧洲组织在东方取得商业成功的唯一或最重要的因素,我们就应该看到葡萄牙和荷兰才是支配商贸的主角。然而,在商业上,葡萄牙的成就明显不如荷兰或英国,且英国比更具军事化色彩的荷兰更成功。[5]事实上,到了 18 世纪,荷兰人似乎已经对他们侵略行为的高昂代价感到后悔,退回到了一种更加和平的模式(Winius and Vink 1994:40)。并且有证据表明,随着"后普拉西"阶段侵略性领土化政策的开始,英国东印度公司的财政状况遭到了沉重打击(Tripathi 1956:3)。

不可否认,所有在东方从事贸易的欧洲公司都伴随着侵略和武力胁迫交易的因素。连英国的"东印度人"们都武装起来了。事态如此却不意味着必然如此。英国东印度公司是这些组织中最弱、最不具军事化色彩的,但从长期来看却是最成功的;这一事实表明,保护成本内化并不像许多人认为的那样有利可图。最后,大型的军事化组织,即国家和帝国,并不是什么新鲜事物;然而,具有全球影响力的成功商业公司却是独一无二的。真正的创新不在于暴力吞并,而在这个组织的商业领域之中。

关于私人贸易的理论

除了军事色彩没有其他欧洲东印度公司强之外,英国东印度公司对雇员们的私人贸易也更宽容。私人贸易,指近代早期没有大型特许组织从事的所有贸易。在许多早期跨国公司中,员工在为垄断企业服务的同时也参与私人贸易。对私人贸易的容忍程度因组织而异。早先在 1555 年成立的股份制公司莫斯科公司(Muscovy Company)* 就不允许在公司内外进行私人贸易(Scott 1910:47 and 52, Willan 1953:405);成立于 1670 年的哈得孙湾公司(Hudson Bay Company)**在 1672 年将雇员从事私人贸易视为非法行为(Carlos and Nicholas 1990:863);成立于 1672 年的第二代皇家非洲公司不允许员工之间的私人交易,并对此进行了大力管控(Carlos and Kruse 1996:298)。而大约在同一时间,英国东印度公司正在放宽私人贸易规定,允许员工有更多的自由。

欧洲的东印度公司里也出现了类似情况。私人贸易的先行者霍尔登·弗伯(Holden Furber)概括道:"英国东印度公司对员工私人事务施加的限制,比其他任何公司都要少。"[6](Furber 1965:25)一些研究人员以负面眼光看待私人贸易。如对 K.N.乔杜里来说,这是英国东印度公司原本运转良好的后勤机制的一个小小干扰源(Chaudhuri 1978:74—77)。W.H.莫兰(W. H. Moreland)和辛纳帕·阿拉萨拉特南(Sinnappah Arasaratnam)则有更为负面的看法,认为这损害了公司的贸易(Moreland 1923:314, Arasaratnam 1986:258—63)。私人贸易

* 英国第一家特许经营股份制公司,旨在垄断英俄贸易。——译者注

** 英国在英属北美最早成立的股份制公司。——译者注

诚然有一些消极影响。向英国走私货物,就是在英格兰创造了替代性的供应者,这削减了东印度公司的利润。雇员进行的港脚贸易也以不同方式妨害公司,一些人挪用公司资金,用于他们自己的交易(Furber 1965:29)。在亚洲港口,私人贸易的买家也时常与东印度公司构成竞争——私人贸易者同时代表双方行事。这种情况往往会导致公司收获更高的报价和更低的商品质量。

然而,现在大多数历史学家都一致同意,英格兰在东方的成功与私人贸易的兴起密不可分。霍尔登·弗伯提出了颇有影响力的观点,认为英国东印度公司雇员港脚贸易的发展(仅限于东方的贸易),带来了那些导致印度次大陆上出现一个英属帝国的事件(Furber 1965:69)。P.J.马歇尔(P.J. Marshall)和伊恩·布鲁斯·沃森(Ian Bruce Watson)记录了英国私人商人是通过何种途径,将英国东印度公司——最终是英国政府——卷入政治冲突,最终导致了殖民统治(Marshall 1976, 1993, Watson 1980b)。[7]其他人则进一步阐述了弗伯最初的论点,即英国人的私人贸易使荷兰东印度公司被挤出了港脚贸易,导致了后者的衰落(Emmer and Gaastra 1996:xx);法国东印度公司扩展港脚贸易失败,因此在商业上未能获得成功(Lombard 1981:186)。许许多多这样的论点明确指出,私人贸易使英国商人得以渗透进当地的市场和商业网络,这种渗透以及与亚洲商人的伙伴关系是英国取得商业成功的基石(Furber 1965:46, 1976, Asaratnam 1995:16, Tripathi 1956:viii)。

尽管人们普遍认为,东印度公司的私人和官方交易之间存在积极的协同作用,然而研究人员已发现其作用机制是一种被动收益,是让公司降低成本而不是改善交易地位的方式。弗伯强调了私人的港脚贸易如何帮助东印度公司简化运营,尤其是能够免去创建和维护一个用于港脚贸易的舰队的大量费用(Furber 1976:201)。其他研究者则关注到它可以降低监管和执行成本(Watson 1980b:75),这与解决委托代理困境密切相关(Hejeebu 2005),以及私人贸易商及其家属缴纳的税款,还有为满足公司麾下港口日益增长的人口而设立的一切辅助性支持服务给公司带来的好处(尽管是间接的)(Watson 1980a:77)。随着英国东印度公司的领土扩张,这种优势在后来的几年里不断放大。

作为公司的资本来源,私人贸易本身也变得越来越重要。在其海外港口,英国东印度公司返程所需的费用时常短缺,还要求助于自己的员工来投入资金。基于这些因素,代理商港脚贸易成为了公司海外资本的一个额外来源,用于支付在亚洲购买回流货物的费用(Cheong 1979:9)。还有证据表明,私人贸易业对雇员产生了吸引力,鼓励个人为公司工作,并降低了引导其恰当行事所需的薪酬(Anderson, McCormick, and Tollison 1983:228—29)。或许所有这些机制都发挥了作用,但它们漏掉了私人贸易的一个关键方面。

当英国东印度公司承认其员工从事私人贸易合法时,也就意味着公司认可甚至支持员工的高度自主权。这不仅仅是为了让员工在闲暇时享有更多自由。私人贸易行为影响着公司本身的运作。在某些情况下,代理商们的合法私人交易行为权重变得如此之大,以至于帮助塑造了公司在东方的结算模式。多年来,代理商们一直不愿放弃明古连(Bencoolen)(今印度尼西亚明古鲁[Bengkulu])这座麻烦不断的堡垒,因为他们发现那里方便自己进行私人贸易(Sutton 2010:83)。而且,正如我将在第四章和第五章中更详细地讨论的,船长们经常会改变他们的船只航线，以便到适合的港口从事他们自己的私人贸易。由此，关于航行路径和堡垒位置的决定权被下放给了级别较低的雇员。私人贸易津贴不仅仅是为雇员提供便利的一种方式；其寻求的合法性从根本上分散了公司的权力，将经营决策置入了解当地情况的员工的权限范围。因此，私人贸易时期的英国东印度公司是分散式企业的一个早期案例。

我对英国东印度公司私人贸易历史文献的主要研究成果，是强调分散决策对公司整体职能积极的、系统性的影响。大多数关于私人贸易的研究都集中于一个港口或一个时期。瑟伦·门茨（Søren Mentz）探索了马德拉斯的私人贸易（2005）；P.J.马歇尔描述了孟加拉的雇员贸易（1976）；甚至弗伯也是紧紧盯着孟买（1965）。档案研究自带的追根究底常常驱使研究人员将视线集中在狭隘的领域。与之不同，本研究探讨的英国东印度公司的运营范围，纵贯它的商业历史，囊括“东印度人”的船只访问过的所有港口。更广泛的视角揭示了系统网络效应，这些都是基于单一停靠港口的视角无法拼凑或观察到的。

理论框架

对英国东印度公司的研究有两个创新之处。它是最早的大型官僚制商业组织之一。然而，它的员工也拥有极高程度的自主权，这表明该公司比其他类似的股份制公司在权力上更为分散。鉴于当前的理解，现代公司的发展轨迹是从集中的行政巨头到分散的多部门公司，再到 21 世纪日益网络化的跨国企业（Chandler［1962］2003，DiMaggio 2009）。因为它将权力分散的要素融入更广的行政等级体系,东印度公司在当代意义上也是新颖的。

经济历史学家们常常强调中央集权和股份制形式的重要性,二者都更普遍地提高了组织的精细程度和效率,尤其指出是这种形式赋予了英国东印度公司独特的优势。K.N.乔杜里作为专研于此的历史学家,可以说是受组织理论影响最深的,他在解释公司成功的原因时,着重强调了经营团体的后勤能力。乔杜里认为,“公司取得商业成功的原因,是因为它是基于一套系统建立的,这套系统遵循逻辑,应用理论原则来解决商业问题”(Chaudhuri 1978:21)。谢帕得·克劳夫(Shepard Clough)指出了股份制形式筹集资金的普遍益处(Clough 1968:161);罗伯特·埃克隆(Robert Ekelund)和罗伯特·托利森则认为,公司的高效反而是源自企业所有者能够更轻松地转移财产(Ekelund and Tollison 1980:717)。[8]安·卡洛斯(Ann Carlos)和斯蒂芬·尼古拉斯(Stephen Nicholas)特别指出,当企业面对高交易成本和大交易量时,与垂直整合相关的成本会有所降低(Carlos and Nicholas 1996:916)。显然,这些都是与股份制形式的组织创新相关的重要优点,也令英国东印度公司获益,但坦诚说,它们并不能解释不同股份制公司间的业绩差异。因此,想要具体解释英国东印度公司的成功,就必须考虑其组织结构中的其他要素。

在过去的30年里,去中心化(权力分散)越来越被视为一种强有力的手段,当今的全球性公司组织可以通过它顺利地驾驭所面临的复杂动态环境(Bartlett and Ghoshal 1989, Bower and Christensen 1995, Birkinshaw 1997, Benner and Tushman 2003, Almeida and Phene 1994, O'Reilly and Tushman 2004 等)。这项研究结果并没有被专注英国东印度公司的历史学家们忽视。肯尼思·麦克弗森(Kenneth

McPherson)没有明确指出公司的运作机制,但认为公司的“灵活组织”和对私人贸易的宽容是其成功的两大原因(McPherson 1993:202)。瑟伦·门茨也提出了类似的观点,他主要关注到私人贸易津贴是如何增加伦敦和马德拉斯之间的资本流动的(2005:275)。

去中心化的重要性在对英国东印度公司多部门性质的研究中得到了最密集的探讨。K.N.乔杜里率先暗示,东印度公司的成功与其分化的组织结构有关(Chaudhuri 1981:29—46),[9]但这一论点在两年后才由加里·安德森、罗伯特·麦考密克(Robert McCormick)和罗伯特·托利森充分展开(1983)。基于阿尔弗雷德·钱德勒(Alfred Chandler)和奥利弗·威廉姆森(Oliver Williamson)的工作,安德森、麦考密克和托利森提出了令人信服的观点,即英国东印度公司确实是一个多部门分化的公司——这不能被认为是理所当然的,因为M型公司通常被看作20世纪的产物(Chandler [1962] 2003)。它相当于拥有首席执行官(管理者)、董事会(Court of Directors)、特别委员会和海外经理人员(代理商)(Anderson, McCormick, and Tollison 1983:224—26)。他们认为这种分化的结构有双重优势。顺着钱德勒的看法,由经理(代理)和董事分摊具体运营和战略决策,减轻了董事的信息负荷,业务因而得以扩展,并随着规模化、专业化水平的提升而获益。按威廉姆森的说法,通过权力分散化实现的扩张,能够降低交易成本(如在锁定和评估潜在的交易伙伴方面),从而提高了公司的整体效率。[10]

我提出的论点并不会否定多部门分化结构对公司持续性商业成功的重要性,而是为怎样才能理解这种复杂的组织形式增添了一个新维度,特别是在那个现代通信和运输方式都不存在的时代。安德森、麦考密克和托利森的叙述虽有理有据,但在很大程度上忽视了这几点:(1)私人贸易对公司的影响;(2)公司员工的自主权强弱,涉及上至地区主理人、下至船长和代理商们的员工;(3)使权力分散能成功实现的公司内部社会条件。在我对英国公司所拥有的竞争优势的解释中,这三个要素是密不可分的。

在权力分散中,中心与外围之间的通信流量减少(减轻中心的信息负荷可谓去中心化的优点之一)。然而,这意味着如果该中心仍然是信息传输系统的枢纽,企业中其他人可获得的信息内容将大大减少。整合和通信对于公司的运营固然很重要,因此,集中的系统必须被另一种去中心化的信息传输方式取代。因此,权力分散是否成功,取决于员工之间是否存在某种横向沟通渠道。因此,利用社交网络(我指的是促进沟通的非正式、非中心的联系),在一个权力分散化的公司内传递商业信息,应当有助于其成功。这一观察结果至少在20世纪80年代初对社交网络的研究中得到了证实:它们被表明是经济组织的重要组成部分,对企业大有裨益(对此的回顾请参见Powell 1990 and Brass et al. 2004)。

我追溯了东印度公司内部的社交网络利用情况,发现私人贸易与社交网络在指导公司运营和探索新商机上相关联。社交网络将员工与一种沟通系统联系在一起,这种系统整合了公司运作,不会威胁到员工能够产出效益的自主权。高水平的员工自主权和有凝聚力的同伴沟通网络相辅相成,从整体上增加了公司内部有商业价值的信息流量。

因此,我没有忽视私人贸易,也没有把它视为一个需要解决的问题,而是把它作为一种要素,它有效地分散了英国东印度公司的组织结构,使其超越了多部门分化的形式。权力分散,很大程度上可以通过私人贸易的合法化来理解,它影响了员工之间的信息流通和新港口被纳入公司贸易的速度,也影响了将海外业务整合进一个更大的通信和运输网络的模式。以往对该公司及其股份制商业形式演变的研究,都忽略了社交网络和员工自主权是如何推动了英国东印度公司持续生存并取得成功的。思考组织权力去中心化的这些积极影响,反过来又暗示着一种看待早期现代公司的新方式。

既不是垄断,也不是自由贸易

英国东印度公司一直被人们直言不讳地批判。许多批评者认为,私人贸易的成功表明该公司的垄断是对贸易的一种障碍。如果外来介入者也能成功地加入东方的贸易,那就说明公司运送的货物不够满足市场的全部需求:购买东方商品的消费者并没有买到他们想要的那么多东西。新加入者本可以把商品交到这些消费者手中,但公司抑制了前者进入市场,由此也就阻碍了贸易的扩展(Anderson and Tollison 1982:1245—48)。因此,私人贸易成了支持自由贸易的有力论据。

反对的人则认为这一观点忽略了东印度公司在基础设施上的高昂投入——这些对于东方的海外贸易是必不可少的。从这个角度来看,介入者反而是“搭便车”的,他们依靠公司建造、维护和协商的仓库、堡垒和外交协议等非法获利(Carlos and Nicholas 1988:414—15,1996:917—18)。关于私人交易,无论是“搭便车”者论还是自由市场拥护者论,这些争论都没有抓住企业内部交流创新的动态可能性即知识转移,它是随着员工自主权的增强而来的。

在强调网络在英国东印度公司中的重要性时,许多读者马上会意识到哈里森·怀特的研究中潜在的欠缺。怀特一直重视多种不同形式的网络。据此,我尤其受益于他对尚未明确形成制度化固定作用的联系的研究,这些联系具有间隙性和生成性的特点(White 2008:20—62)。读者们也可能会联想起沃尔特·鲍威尔的相关论点:市场和等级制这两个类别并不能充分诠释经济领域内的组织——网络和网络化的组织形式构成了独特的第三种形式(Powell 1990)。但我描述的并不是鲍威尔所说的带有自主性的第三种形式,比如组织间网络,而是一种等级制和网络的罕见结合,这是英国东印度公司组织模式的特征。

将英国东印度公司重新定义为一个网络化企业,它融合了等级制度和水平的网络结构,能将公司的历史重要性与组织理论的最新发展联系起来。我们可以通过借鉴怀特和鲍威尔的工作,以及理论家们对去中心化的跨国公司组织的研究,更好地理解其影响(Bartlett and Ghoshal 1989)。将英国东印度公司纳入组织理论,就能通过它的例子,反映我们对成功企业所具有的核心特征的现代概念。在此情形下,组织是一种变革的工具。不是因为自主权在其中被压制——这一点可能会给马克斯·韦伯(Max Weber)关于组织研究的理论带来进展——而是因为它呈现了一个罕见的场景:权力分散之下的行为体所采取的协调行动占据了整个舞台的中心(Udy 1959)。

由此,本著作横贯并补充了家产制(patrimonialism)局限性方面的研究。家产制是由马克斯·韦伯提出的一种理想政治权力类型,其中亲属关系、互惠互利和个人忠诚构成了统治权力的基础(参见2011年查拉德[Charrad]和亚当斯对此更全面的最新描述)。在欧洲,中央集权制的国家权力稳固之前,家产制政权是常态。荷兰 17 世纪在政治和经济力量上的崛起,部分原因就是打造了一个尤为牢固的家产制国家(Adams 1994a, 2005)。正如朱莉亚·亚当斯(Julia Adams)的研究显示的,家产制的网络虽然最初是荷兰人繁荣昌盛的基础,但它最终变成了一张沉重的巨网,将荷兰社会笼罩在一种传统主义(traditionalism)的静态模式中,抵制创新和转型。[11]荷兰东印度公司被严丝合缝地嵌入了家产制的权力网络,这在东印度群岛也产生了类似的抑制作用。事实上,对于规模更大、权力更集中、装备更完善的公司,家产制控制网络对限制员工的活动更是有效(Adams 1996)。这最初是荷兰方面的优势,让大公司不需要对私人贸易让步,却也为它们在 18 世纪初明显的商业停滞埋下了伏笔。亚当斯的研究提供了一个反面教材,通过这个案例,我们能看到排他性、庇护性和依附性的原则如何最终扼杀了这家荷兰特许公司的海外扩张。英格兰的特许公司同样是一个家产制组织。然而,私人贸易津贴——在公司内部减少了排他性、扩大了特权——开辟了途径;通过这种方式,代理商们可以将现场收集的当地信息引入更大的组织行为模式。其中关键的区别就在于委托人—代理商的关系结构。英国东印度公司采用私人贸易津贴,将代理人和委托人利益彼此独立但又高度一致的模式制度化。

通过将网络分析应用于研究英国向东方扩张的历史问题,我也在为一种路径明确的历史网络比较分析添砖加瓦。在许多案例中,这类研究的目的是表明不同群体之间社会关系的重构,通常是成立新的重要机制的前提,譬如建立一个中央集权国家(Padgett and Ansell 1993)或是一段商业伙伴关系(Padgett and McLean 2006)。历史网络分析法也显示了突发的关系模式是如何塑造关键历史事件的，例如英国内战(English Civil War)(Bearman 1993)、1871 年的巴黎公社(Paris Commune)、中世纪的热那亚(Genoa)共和国建立的商人寡头政治(Van Doosselaere 2009)等。我的目标其实比这更加温和——通过社会互动模式来解释经济增长。

因此，虽然我的理论和方法属于历史网络分析，但其目的和背景使我的研究能与新制度主义的经济史研究进行对话。经济学中的新制度主义(与社会学中的新制度主义截然不同)一直注重通过特定的社会制度——如产权、法庭和非个人交换等方面的制度——来解释经济增长(North 1973, 1981, 1990, Landa 1981, Acemoglu and Johnson 2005, Acemoglu, Johnson, and Robinson 2005, Greif 2006b)。这种关注自然也会推动人去研究这些机制的起源(Knight and Sened 1995, Greif 2006)，所有这些都导向了对经济史的聚焦。经济历史学家对 18 世纪和 19 世纪的英国尤其感兴趣，因为正是在那一时期，英国的经济明显偏离了前现代、中世纪和古代经济更为温和的增长模式，也不同于非洲和亚洲的发展模式。看得出来，我对英国东印度公司的研究与新制度主义经济学之间存在三点联系。

第一，英国东印度公司的成功，属于英格兰经济显著增长这个更宏大过程的一部分。因此，对该公司的研究是对一个理论上得天独厚的时期的研究，这一时期常被用来诠释现代经济发展的根源。毫无疑问，英国东印度公司不过是整个更宏大过程的一部分；但对这一过渡时期英国所取得的众多商业成功之一的理解，可以让我们更能把握其整体。

第二，尽管我的目标与经济学中的新制度主义者相近，但仍然存在重要的差异。新制度主义者根据理性选择或博弈论,通过个体行为来探究机制的产生。杰克·奈特(Jack Knight)将这种解释模式描述为"'看不见的手'机制:社会制度是个人行为的意外后果"(Knight and Sened 1995:3)。我希望,我对社交网络在这个大型组织中的作用的强调,能够突出社会行动在制度形成中的重要性,并呼吁人们更广泛地关注它在经济发展中的作用(即构成和解除传播影响和信息的关系)。

最后也是更近似的一点,英国东印度公司内部出现的信息和创新网络,是权利和特权在不同群体间分配的结果——一方面是在公司所有者/管理人员与公司员工之间,另一方面是在港口内的精英与非精英之间,在这两种情况下,企业的经济增长都取决于更公平地分配参与市场交易以及从中获利的权利——而不仅仅是创造和实施更有效的协调机制。参与交易和利润并不总是齐头并进,许多大型组织的员工参与了市场交易,却得不到分红,或是获得的份额微不足道。最近,道格拉斯·诺思(Douglass North)、约翰·瓦利斯(John Wallis)和巴里·韦格斯特(Barry Weingast)(2009)提出,开放社会不对个人参与或创建组织的权利施加最低限度的限制,从而能够实现最大程度的经济增长。而组织内部的权利和奖励的分配并没有得到重视。我对英国东印度公司的研究表明,考虑开放组织(即那些接受权力下放和某种形式的利润分享的组织)是否也是经济增长的必要组成部分,也可能是颇具价值的。

分析社会学与东印度公司的历史

纵观全书,我的研究方式是考虑那些使得英国东印度公司能够转型和发展的微观层面的行为模式和机会结构，并由此思考更为庞大的全球贸易模式。正因为它们可以将个人行为与更广大的、宏观层面的社会和组织中呈现的结果联系起来，网络在我的解释策略中起着核心作用。就这个意义上讲，该研究旨在为一个正在发展的子领域作出贡献。这一子领域包含了一个类似且更为宏大的理论目标——分析社会学，领域内许多早期的历史兼比较的网络研究均以此为目标（Hedström and Swedberg 1998，Hedström 2005，Hedström and Bearman 2009，Demeulenaere 2011）。

分析社会学作为一种定义明确的方法，是相对较新的存在。除了强调（所有分析都需要的）精确性、严谨性和清晰性之外，其最显著的特点，是注重在微观和宏观层面的分析之间建立联系，并将机制作为一切解释策略的核心组成部分。描述社会机制的海量定义给这个术语造成了一些不确定性，但是分析社会学本身采用的定义来自彼得·麦查默（Peter Machamer）、林德利·达登（Lindley Darden）和卡尔·克拉弗（Carl Craver）《对机制的考量》（Thinking about Mechanisms）（2000）一文："可以说，机制是由实体（及其属性）和这些实体所从事的活动组成的，这些实体可自己进行活动，也可与其他实体合作。实体的活动带来了变化，而这些变化的类型又取决于实体的属性和活动以及它们之间的关系。"（Hedström and Bearman 2009：5）尽管这一定义中参与活动的实体身份是不可知论式的，但显然，在分析社会学中，因为研究兴趣产生的结果会落脚于社会或群体层面上（这是由社会学领域的边界决定的），那么微观层面的解释应该基于或接近个人的层面。因此，个体的信念和行为是分析社会学的解释要领。

尽管我愿意承认,在阅读这些章节时,读者可能会发现自己滑行于微观和宏观分析层面的浴缸模型*中;但这本书的章节布局以及如何联系微观和宏观层面分析问题的方法,如果采用嵌套和递归,都有一种通用的模式。我在这里概述了一种将个人行为和更广泛社会结果相关联的方式。图 1.1 显示的是修改自詹姆斯·科尔曼(James Coleman)多层次浴缸模型(Coleman 1990:8, Hedström and Swedberg 1998:22, Hedström and Bearman 2009:34)的版本,它也受到凯伦·巴基(Karen Barkey)文化和结构动态模型的影响(Barkey 2009:724)。我对图表所做的修改,是为了说明这本书的论点,而不是要从根本上影响或重述不同层次的社会观察之间的关系。在接下来的段落中,我将对各章进行总结,并将其与描述多层次社会过程的图表相关联。

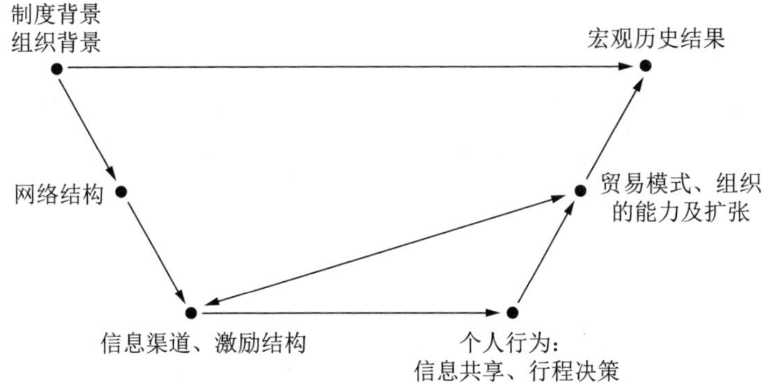

图 1.1 多层次社会性转变的改良模型

---

* 浴缸模型(bathtub model),系统动力学的一个经典模型,即水管里的水(流量)再多,也需要通过浴缸储存的水(存量)实现泡澡;该模型强调了变量和时间之间的关系。——译者注

第二章为立论定下基调，将英国东印度公司定位到现代早期以及19世纪现代性的黎明时期的一些更大的转型与变革过程内，这意味着本书所画出的弧线，是从上述图表的右侧而非左侧开始的。它所诠释的是大量的宏观历史结果，如西方的经济发展、亚洲的萎靡不振、国家资本主义的增长、经济学理论的勃兴，以及新组织形式的诞生等。所有这些都与英国东印度公司的故事交织连结。接下来的章节就将构筑出该公司与前述世界历史事件之间的联系。

第三章对英国东印度公司的组织特点进行了比较分析，凸显了公司通过整合新市场来持续创新的记录，并表明公司的军事化、公司与国家之间的关系及公司对雇员私人贸易的管理分别在何种程度上可以对此进行解释。从长远来看，英国东印度公司是全欧洲的东印度公司中最为成功的。同荷兰东印度公司一样，英国东印度公司并非国有；但与前者不同的是，英国东印度公司在早期就将雇员的私人港脚贸易合法化。此外，正如其他小一些的欧洲东印度公司，英国东印度公司的军事化程度也不及荷兰的。这些比较表明，同先前的历史学家们观点一致，英国东印度公司的私人贸易对于英国人在东方的成就起到了重要作用。这一章通过比较提出论点，说明为何个人层面的交易决定(与私人贸易相关)是理解英国东印度公司区别于其同行的关键，同时阐述了前者的组织背景，这对于理解为何英国东印度公司的雇员会采取某些特定模式的行事是必需的，正如图1.1左上角所示。

第四章和第五章都紧扣组织背景、个人行为和群体层面的结果之间的完整关系。第四章更多地聚焦于个人决策进程，如图1.1左下角所示；第五章则更关注个人行为的结构性结果，如图1.1右中。第四章明确了组织环境是如何影响个人行为的，以及后者将来自同行的信息纳入关键行动决策的倾向；明确了这之间的关系，反过来又能阐明一个更大的问题，即权力下放是如何或通过何种机制促成了英国东印度公司的模式创新。此章分析侧重于评估不同类型的信息在引导船长选择某个港口而非另一个进行贸易中的相对权重——包括公司发出的正式命令、个人与港口的过往接触以及通过社交网络从一艘船传递到另一艘船上的信息，等等。研究结果表明，社交网络是船长决定接下来前往哪个港口时的重要信息来源。然而，对社交网络的应用随着时间推移而变化。在英国东印度公司存续的头一个半世纪里，私人交易繁荣，船长们享有高度自主权，此时社交网络对于决定贸易模式作用显著；到了公司历史上的殖民时期，即从 1757 年到公司解体，社交网络变得萧条（或受到抑制）。

社交网络是英国贸易巨网的构架之中一个举足轻重的中介要素，它们令较小的港口在更大的网络中保持了活跃，并使英国的贸易持续扩大到越来越多的港口。换句话说，它们正是创新交汇的核心。当船长们使用这些网络时，就是将公司锚定于数个商业世界中，使其融入当地经济，并为大不列颠的贸易开辟出新的机遇。由此可见，组织背景引导个人行为，个人行为累加形成群体层面的新贸易模式，这些最终又通过参与者可用的信息类型反馈到个人行为之中。这种反馈效应以双箭头线条展现，它将“贸易模式、组织的能力与扩张”与“信息获取和激励机制”连结起来。

第五章进一步分析了组织的激励模式，将个人行为与更广大的宏观贸易结构联系起来，这也可以被视为将个人行为与第二章中描述的最大结果相关联的一个中间步骤。本章分析探讨了私人贸易津贴产生的意外后果。英国东印度公司独特的私人贸易津贴在船长及其船员中造成了一种反常的激励;那些从事私人贸易的人(大多数是公司雇员)由此有动机非法延长他们在东部的航行、寻找新的商业机会。虽然东印度公司的管理者们谴责这种做法,但它却对公司产生了意料之外的影响。在以"错过合适季节"为借口延长航程的同时,船长们冒着必要的风险,顺着公司内部网络直接与远方的市场联系。通过投机取巧和渎职行为,他们将许多地区和港口编织成了一个多边商业网络。英国东印度公司对贸易行为的控制下放,又推动建立起一个富有凝聚力的信息网络,高度适用于在船长和代理人之间,甚至是向远在英国的东印度公司管理人员,及时传递来自所有港口的信息。同样,此处也有一个由双箭头线表示的递归模型,在更大的微观—宏观链接模式中,表明网络结构的变化会影响通过网络传达的个人可用信息。此外,在这些航行中发现的包含新市场和新货物的新港口,都会被纳入更广泛的贸易网络。

第六章和第七章回到图 1.1 的左上侧,概述了组织外部的环境条件,这些条件也是造成公司员工特定行为模式所必需的。一个忽略亚洲背景而片面关注英国东印度公司的故事是不完整的。没有东方复杂的商业市场,该公司的创新结构就无法形成。这不仅仅是说东方的财富诱惑鼓舞了英国人的创业精神。公司的持续成功,在于其与雇员从事的港脚贸易活动之间的协同作用。然而,如果不先考察第四章和第五章中微观层面的行为模式,就不可能理解亚洲商业背景和私人贸易之间关联的重要性。

船长们的小规模港脚贸易取决于东方港口可捕获的商机。在第六章中,我将开始一项长达两章的论证,证明在那些已拥有庞大的熟悉海外贸易的本地商人阶层的港口，英国东印度公司最能取得成功。船长们能够从事贸易，有赖于已经存在的金融和商业网络愿意并能够容纳大量涌入的小规模商业行为者（代理商、船长、官员和海员等），并且能够包容公司自身的更大利益。纵观拜蒂克洛（Batticaloa）、马德拉斯、新几内亚（New Guinea）、马达加斯加（Madagascar）、万丹（Bantam［Banten］）、广州港（Whampoa［Huangpu］）、果阿和巴达维亚（即雅加达）（Batavia［Jakarta］）8个不同港口的外贸机制、法规和实践，均表明了这一点。每一个港口都是一扇深入了解18世纪亚洲贸易港复杂的社会政治结构的窗口。上述略微冗长的港口描述，给下一章中引入的船舶数据分析打下了基础。

第七章给出了系统性证据，指出英国东印度公司会优先选择权力分散化、商业精细化的港口。有关公司贸易航程的数据表明，他们在为满足公司和员工的商业利益而设立的港口上花费了更多时间，并与此类港口建立了更为长期的贸易伙伴关系。这些数据也对英国在亚洲的贸易模式是由其他欧洲存在所驱动的理论提出了质疑。但最关键的发现是，亚洲商人和他们在英国人来之前创建的商业机制，通过推动去中心化的市场交换，在英格兰向东方的扩张中发挥了至关重要的作用。因此，还必须考虑到所在组织和与其接触的社会的机制背景，以便理解个人层面上各式各样的行动选择。

由于涉及对微观层面和宏观层面之间关系不同部分的分析，所以这些章节最好串联起来阅读，而不是将它们看作一个个关于英国东印度公司贸易各要素的独立论点。第三章中进行的公司间比较仅供参考，并未如第四章和第五章那样明确提出可以改善公司运营情况的具体机制。同样，第四章和第五章中描述的机制，应联系到第一章中记录的公司的商业成功——这些机制只是第二章所述公司历史上重大事件的几个间接促成因素其中之一。六、七两章与四、五两章紧密相连,不可分割,因为在前面的章节中,有效益的信息传输和创新机制依赖于权力分散和私人贸易,而后二者又需求开放、国际化且高度商业化的港口。

综上所述,本书呈现的研究意在透视17—18世纪商业扩张的浩大进程,通过考察英国东印度公司如何依靠社交网络——去中心化的互动和交流模式——成功应对复杂多变的市场环境。东印度公司不仅仅意味着垄断,私人贸易也不仅仅是自由贸易的一种形式。条件恶劣、掌控不足以及单纯的机会主义,创造了英国东印度公司这种网络组织形式。

社交网络和分析社会学

贯穿全书的统一核心主旨,是社交网络对于理解公司发展轨迹的重要性。实际上,如分析和图1.1中所示,社交网络已发挥了多重功能。站在分析社会学的立场上,个体行为的微观层面并不是宏观层面机制的动因,相反,两者都是彼此的实例化,也就是一种随附性的关系(Hedström and Bearman 2009:11)。行为者的行为不是引发组织的行为,因为前者就是组织的行为——除了一群从事常规行为模式的个人之外,一个组织还有别的什么吗?因此,任何因果效应在图表中都应该被理解为是从右到左的,而非从上到下或从下到上的。

经常有人强调,这一立场意味着因果交互只在底层和微观层面起作用。然而,我想请各位注意该立场对我们这些研究人员感知社会世界(social world)的影响。社会存在微观和宏观层面之间的随附关系或许也表明,微观和宏观层面的行为本质上是相同的现象,只是人们以不同的方式看待它们。以此理解它们之间的关系,可进一步揭示,因果交互确实跨越了宏观层面,从一个宏观属性到另一个——这不过是对因果在不同层面的描述。举个例子,当我们说一张桌子能放一个盘子的时候,并不指涉桌子的分子属性。然而,问题是,哪怕这个桌子的例子对于解释我们大多数的研究目的已然绰绰有余,但我们对宏观层面上社会属性的认识还不够精细,不足以感知微观层面上展现的实际差异。这些差异即便在群体的、组织的或机构的层面上并不明显,但往往重要到能够将个人和群体导向不同的结果。微观层面的不同属性会导致不同的社会结果,但通常在组织或机制形式上却被看成是相似的,因此,将社会性解释延展到微观层面实属合理。

这篇简短的导言有助于诠释社交网络在本书中的双重作用。社交网络本身既是一种因果机制,也能协助理解社会世界。由于它们整体的复杂性,我们很难观察到全部微观层面的行为、机制和连结在宏观社会过程中的实例化。社交网络帮助我们找到理解个体层面行为的总体模式,进而发现微观和宏观层面之间的联系。对社交网络的考察属于中层观察,作为一种用于理解和构建知识的分析工具,可以让分析和研究人员以及读者更清晰地看到个人和群体行为之间的关系。本书第五章最充分地体现了这种观察的目的:其中的结构分析,揭示了促进组织层面上信息传递的连接模式。

图 1.1 还包含了一条连结贸易模式与信息获取和激励结构之间的对角线,表明社交网络影响了微观层面。这条对角线表现的是社

交网络在本书中扮演的第二个角色——在更为宏大的制度转型叙事中,作为一种信息扩散的核心机制运转。至于在更宽泛的立论中社交网络的作用如何,在第四章中最为明显;该章节的分析捕捉到了同伴之间的社会互动是如何在制度利好条件下影响个人行为的。不过,在后一种意义上,社交网络只是连接图表左右两侧的众多机制之一罢了。

正如迭戈·甘贝塔(Diego Gambetta)所言,最令人满意的解释落脚于更为简单小巧且彼此串联的机制(Gambetta 1998)。要了解东印度公司的员工如何使用社交网络,不仅涉及信息传递机制,还需包括其偏好和信仰的形成(Freese 2009, Rydgren 2009):船长们更喜欢冒险求财还是安稳的商机?他们怎样才会确信去某个港口能获得投资机会?这些过程自然伴随着理性模仿(Hedström 1998):当个人面对不确定性(缺乏对商业机会的直接了解)时,就会有意地模仿他人的行为(即过去的行为),以便做出更有效的决定。个人在贸易网络中行动的时效,或说是船舶的调度,决定了信息传递的速率,因为船只只有在互相接触时,即它们在同一时间、同一地点,才能发生互动(Winship 2009)。缺乏组织控制会导致个人在市场环境中追求利润最大化时也将随机扰动引入网络结构,而进入更大系统的随机性将会产生一种小世界效应(small-world effect)*(Watts 1999),增加船舶之间和公司内部的信息流动。所有这些个体层面的行为都是基于私人贸易机会的(Petersen 2009),而这又来自印度洋和东方海域里一小部分开放贸易的港口。

---

* 通常指复杂网络中节点数量大而节点之间平均距离小,此处应指少量中间人即可搭建起庞大的社交网络。——译者注

因此，通过纳入对社会行动微观与宏观层面之间联系的机制和分析，我的论证与分析社会学所制定的原则在形式上高度一致。另外，这些机制必然与个体行动者存在一些关联，无论是塑造了他们的观念，为特定行为提供机会，还是单纯影响后者去采取某种行动。正是基于这最后一点，我相信将比较历史研究与分析社会学相结合，可以为广大分析项目作出贡献，并使一些被忽视的路径能展现其优点。

分析和比较的历史社会学

迄今为止对分析社会学最普遍的两种批评，是它既没有提出一个充分发展的社会行动模式（Gross 2009，Little 2012，Edling 2012），也没有给研究者指出挖掘和考察行动者采取行动背景的确定方向（Little 2012，Sewell 2012，Reed 2012）。这些疑虑一方面出自一种挥之不去的担忧，即分析社会学不过是理性选择论（rational choice theory）的旧瓶装了新酒。我认为这种疑虑毫无道理，《牛津分析社会学手册》（*Oxford Handbook of Analytical Sociology*）已明明白白地贡献了更为复杂的认知模型（即超越理性的）。然而同样明白的是，这些批评针对的是一种发展途径，而不是某个已完成的作品。

文化，被理解为一个象征性的符号系统，其问题尚未在分析社会学的框架内得到直接解决。这是一个难题，因为文化在很大程度上被理论化为一种存在于个人之外的集体产品，有着自身的逻辑和变化。[12]这本书不是深入探讨这个大问题的地方，但应明确，分析社会学要成功地融入一种发展了的文化概念，就有必要研究更多的认知模型，来理解文化是如何在微观层面上实例化的。在分析社会学内外,这些方面都已取得激动人心的进展(McLean 2007, Mische 2008, Sperber 2011, Martin 2011)。

历史研究工作已确凿无疑地指出,要想令人信服地阐明围观层面的机制,就需要深入关注个人行动所处的文化。试图理解个人的动机、行为、偏好和机会,即深入社会过程的微观层面,以确定驱动社会和组织变革的机制,只需要认真严肃地思考行为者本身所处的社会、文化和物质环境,无需其他。在其历史环境下,这些都不能被视为理所当然存在的。

本研究中两个关键的例子可以对此作出说明:其一,私人贸易的价值;其二,对市场心态普遍性的假设。第四章和第五章的研究结果在很大程度上总结自员工的私人贸易实践,私人贸易促进了非正式的信息流动机制和探索行为。私人贸易,或者说集雇佣和自雇为一体的想法,在 21 世纪的劳务实践中并不常见。即便是在近现代,这种结合也处于模棱两可的位置。英国东印度公司一边接受却又一边拒绝此类实践(在它还能够这样做的时候)。使它在公司内部能被部分接纳的文化因素基础,一方面是近现代对贪污腐败的不同价值观,当时这种做法是世界运转的通常方式,另一方面则是认可在我们这个时代大行其道的基于商业的自身利益追求(Hirschman 1997)。

第六、七两章提出,该公司的英国代理人是被制度条件引导到市场参与中的,类似理性选择理论家们可能会假设所有的行动者都追求利润最大化,也就是将制度条件看作一种给定的特定市场心态。个人有权在法人团体之外从事自利的长途贸易(即私人贸易)这一观念的发展,在亚洲的宏观制度安排下欣欣向荣。因此,理性的利益最大化市场行为与本书的假设基调相去甚远。说到底,我希望这项研究能对理解自利商业行为成为新兴资本主义制度的核心组成部分这一更庞大的问题贡献绵薄之力,无论是通过第二章中讨论的公司对经济理论发展的影响,还是通过其繁荣的私人贸易案例。

回到更广阔的角度,在历史语境中聚焦于微观层面的描述,须考察社会行动者的环境,因为他们对所处世界的感知和解读是理解其欲望、信仰与动机的核心。因此,要是真有什么不同的话,分析社会学对微观层面机制性解释可以定位为对进一步理论发展的邀约,这些理论将行动者与他们的文化、社会和物质背景联系起来——尤其是因为它是历史研究,能够让研究人员在截然不同的文化系统之间进行比较,以总结出可能具有普遍性的文化过程。若分析社会学使用历史背景来探讨经验、实践和事件是如何推进组织、机制甚至是文化转型的宏大进程,它无疑能丰富我们的文化理论。

注释

1. 直到英国的“东印度帝国”崛起、亨利·邓达斯提出“亚洲贸易中心”模式,公司和英国政府才决心要打造一个真正的垄断企业。

2. 英国的航运统计数据汇编自安东尼·法林顿的《东印度公司船舶船舱日志和航海日志目录:1600—1834》(1999b)。

3. 格莱曼还指出,在这一时期,尽管荷兰东印度公司看似最为成功,但其消亡的结构性先决条件已经存在。他认为的结构性条件与亚洲贸易模式的变化而不是英荷战争有关。他的分析支持了我的论点,即适应和创新是英国东印度公司在全球市场上持续成功的关键。

4. 蔡尔德战争是英国东印度公司试图迫使兵强马壮的莫卧儿皇帝奥朗则布作出贸易让步的结果。公司对与莫卧儿帝国的战争准备不足,不得不于 1689 年低头妥协。战争开始于 1686 年。它之所以被称为“蔡尔德战争”,是因为大多数人认为时任公司管理者的乔赛亚・蔡尔德(Josiah Child)爵士的进攻性战略挑起了争端。

5. 公平起见，我应该明确指出，斯坦斯加德没有考虑葡萄牙人，因为他们并不是一个包含了保护成本的商业机构，而是一个整合了经济成本的军事化组织。

6. 英国公司与其欧洲竞争对手之间的比较将在第三章中进一步展开。

7. 我想强调的是，私人贸易是否导致了英国在东方的帝国统治这个问题，与本书所要讨论的完全不是同一个问题。本书考虑的是私人贸易行为与英国东印度公司商业运作效率之间的关系。

8. 他们的意思是，资产可转让性扩大了潜在的所有者群体，使其能够超越那一小部分初始投资者的寿命、兴趣和能力，获得更可能继续运营的机会。

9. 读者可能会注意到，这一点似乎与乔杜里早先注重的英国东印度公司对运营的集中管控相悖。然而，乔杜里也一贯强调公司经营者们的后勤能力和远见卓识的重要性，即便这意味着要创造一个多部门分化的结构。

10. 对于考察交易成本这一路径的相关批评，请参见格兰诺维特(Granovetter 1985)和鲍威尔(Powell 1990)的研究。

11. 戴维・斯塔萨维奇(David Stasavage 2003, 2011)对于国家而不仅是组织的发展提出了更具普遍性的类似论点，即商业精英和政府部门之间的密切联系最初会带来经济扩张，但随着类似的商业精英抱团竞争，逐渐找到并采用了土地精英典型的更稳定但不那么活跃的寻租策略，经济扩张就会陷入停滞。

12. 这种文化的概念化至少可以追溯到涂尔干，涂尔干认为，集体意识有时作为一个存在于个人之外但与个人互动的超社会实体发挥作用，其根源与西方哲学的历史同样深远；而在西方哲学史中，理想的(ideal)和物质的(material)领域往往被视为不同平面的存在。分析社会学与文化之间的关系是一个极其深刻的问题，答案取决于人们是否认为精神和肉体、物质世界和理想世界等之间存在分歧，或者更具体地，文化是存在于个人思想的内部还是外部。

第二章

商人资本主义与大转型

Between Monopoly and Free Trade

英国东印度公司的发展和扩张的几个时期多命名为近现代时期(the early modern period)、重商主义时期(the mercantilist period)和商人资本主义时代(the era of merchant capitalism)。大致是从1500年到1750年至1800年之间,可以理解为始于宗教改革,终于工业革命。工业革命开创了工业资本主义的新时代,这也被称为现代资本主义,或简称为现代性。工业革命期间,英国东印度公司的商业利益随着该组织转变为殖民势力并最终被英国政府接管而淡出历史。公司悠久的历史使其成为两个时期的重要参与者,立于每一波历史大潮流的风口浪尖。

关于工业革命起因的研究不知凡几。根据参考对象的不同,欧洲历史上的近现代时期发生过太多重大事件,或者说恰恰相反,它们既不是充要条件也不是唯一的前奏,真正的转变发生在工业革命时期。这种解释上的差异围绕着不同作者选择关注的问题而展开。一般来说,即使是在早期,重要的转变也包括这些:国家集权化、市场化、城市化、农业发明创造增加、海外贸易扩张（即全球化）、官僚化、理性化、原始工业化（proto-industrialization）、金融化，以及消费主义、帝国主义、大众政治，还有新兴的经济组织与协作形式。

英国东印度公司与上述所有宏观的历史过程并非直接相连，但对其中大部分都发挥过举足轻重的作用。然而，它所扮演的角色十分复杂。它是商人资本主义时代的产物，却存活到了现代资本主义时代。于是，它看上去既是为资本主义转型创造先决条件的过程的一部分，又是转型最后阶段的障碍。使其角色显得更为复杂的是，公司预设的组织形式直到20世纪才被广泛采用。因此，该公司似乎既促成了我们认为与现代转型相关的许多变化，却也在其他一些时候阻碍了这种变化，比如它在光荣革命中站在詹姆斯二世（James II）一边。它还勾画了一条未曾涉足的道路的愿景——一条关于社交网络化组织、跨国商业形式和主权公司的道路。

东印度公司存续期间发生的所有不同转变，都或多或少地与英国和后来的欧洲所经历的经济高速增长联系在一起；而这些转变本身也是有趣的历史发展。它们不应仅仅采用工业革命的角度来观察，也应被视为历史进程中的独立流波，而这些历史进程将汇聚成我们最终看到的构成现代世界轮廓的浩大程式（Emigh 2004：379）。本章中，我以工业革命为准绳对英国东印度公司进行定位，并解释该公司在其他几个关键历史进程中的作用，包括亚洲的欠发达、现代国家的出现、经济理论的兴起以及新组织形式的出现等。虽然这些发展有时与工业革命产生了间接联系，但它们本身也应被视为独立现象和重要主题。

工业革命

英国东印度公司从事商业活动的历史时期涵盖并且导向了工业革命的早期阶段以及经济生产力的显著增长期,这使英国乃至欧洲相比世界其他地区能脱颖而出。如我已提出的,早在工业革命开始前,公司就已经是东方一支强盛的贸易力量,因此并不能用英国经济的蓬勃发展来解释它的商业成功。解决这个问题最直接的方法,是考察海外贸易扩张与工业革命之间的联系。

许多人会把商业革命和工业革命联系起来,因为二者在历史上很接近。英格兰的海外贸易自 1600 年起迅速扩张,且一直是经济中最活跃的部分,一直到大约 1780 年工业革命带来了翻天覆地的变化。公司推动下的对东印度的贸易增长也在这轮扩张之中,但它只占了整体贸易额的一小部分。例如,从 1600 年到 1649 年,英国对亚洲出口的年增长率为 2.97%, 1650 年到 1699 年为 2.79%, 1700 年到 1749 年为 1.88%(O'Rourke and Williamson 2002:41—920)。[1]有时出现的 3.7% 至 3.8% 的年增长率能接近 19 世纪惊人扩张的速度,然而,英国制成品出口到亚洲的百分比在 1699—1701 年仅有 3%, 1722—1724 年为 2.4%,在 1752—1754 年则达到了 11.2%(Davis 1962:291)。事实上,亚洲贸易只是英国海外贸易的一小部分,即便是全部加起来也不足以直接解释英国经济在 19 世纪的突飞猛进(O'Brien 1982:4)。

尽管有证据显示,海外贸易并未直接产生大规模工业扩张,但也有越来越多的证据表明它在维持现代经济增长模式方面居功甚伟(O'Rourke and Williamson 2005, Findlay and O'Rourke 2007:325—

64)。然而,正是19世纪的急剧扩张才使经济发展持续到20世纪成为可能——而不是1760—1780年前的扩张,那时只是公司本身在扩大经营。[2]在这一点上的关键问题是,什么样的国际贸易才能破坏人口增长、工资下降和租金上涨之间的前现代关联。现代经济增长的前提,是打破先前将这些因素束缚在反复"增长—停滞"模式中的"马尔萨斯循环"(Malthusian cycle)。1760年前,海外贸易并没有显示出它能够产生这种影响;然而在19世纪,它的的确确达到了这样的水准。

全球价格收敛,即要素价格、人口增长和土地租金之间的局部关系被破坏,是直到19世纪才出现的。我们据此可得如下结论:尽管贸易扩张发生在18世纪晚期之前,但它与19世纪的贸易扩张在性质上有所不同,也不可能是与工业革命相关的经济生产力最初转变的直接原因。这一分析与世界体系理论以及经济历史学家们的观点一致。

经济学家凯文·奥罗克(Kevin O'Rourke)和杰弗里·威廉森(Jeffrey Williamson)着重指出18世纪与19世纪英国急剧增长的国际贸易总量之间的差异,强调自由市场实践和交通技术创新的作用,如蒸汽机的发明等。与之相反,世界体系理论家们聚焦于19世纪殖民主义的兴起及其与国际贸易变化的关系。虽然伊曼纽尔·沃勒斯坦(Immanuel Wallerstein)通常与贸易导致资本主义的观点联系在一起,但这种简化并不能完整反映他的理论。沃勒斯坦长期以来一直认为,对现代资本主义发展至关重要的世界体系直到1760年才完全整合形成,到那时,殖民组织才能够将亚洲和美洲的原材料输送到欧洲北部的工业资本家手中(Wallerstein 1986)。与奥罗克和威廉森类似,沃勒斯坦明确指出近现代贸易与现代贸易在本质上的差异。1500 年至 1800 年,早期的亚洲奢侈品贸易在初始建立这个体系的过程中发挥了重要作用,进而维持了资本主义的扩张;因此,它是建立一套正常运转的资本主义制度——这是一个转折点——的一个必要历史前提,却不是直接的、即时的促进要素(Wallerstein 1976, 1980, 1983, [1989] 2011)。

贸易扩张与制造业增长之间存在间接联系这一论点,确实比存在直接联系有更坚实的依据。沃勒斯坦提出,近现代的全球扩张启动了亚洲和美洲被纳入欧洲经济体系的进程,为资本主义的出现打下基础。这些经济体一旦合并,就形成了一个资本主义持续扩张的世界体系(Wallerstein 1976, 1980, 1983)。雅各布·普赖斯(Jacob Price)认为,海外贸易的扩张有助于奠定制度基础,从而为 19 世纪大幅度提升生产力的发明创新提供肥沃的土壤。贸易扩张推动了支持进一步发展的交通和通信基础设施的建设。在东印度公司的案例中,其对基础设施建设的贡献主要集中于码头和航运能力。普赖斯认为,更关键的是,贸易扩张导致了重要机构的出现,如银行、票据交换所、保险公司和证券交易所等。此外,它还促进了商业实践和法律的发展,带来了一个娴熟的商业阶层,以及一种普遍的信任,即普赖斯所说的"善意",以支持信贷的随时扩展(Price 1989:284)。基于道格拉斯·诺思、罗伯特·汤普森(Robert Thompson)、巴里·韦格斯特和其他新制度主义经济学者达龙·阿西莫格鲁(Daron Acemoglu)、西蒙·约翰逊(Simon Johnson)等人的早期论点,詹姆斯·罗宾逊(James Robinson)提出了更新的说法:早期的贸易扩张对后期的经济增长至关重要,因为它将政治权力转移到了商人手中,商人能够运用法律保护财产权,从而使经济上的迅速扩张成为可能(2005)。

所有这些阐释都表明,如果没有 17 世纪和 18 世纪打下的商业和制度基础——东印度公司对此作出了核心贡献——19 世纪否能实现全球市场整合仍是有待商榷的。这需要进行一些与现实相反的设想:如果 19 世纪的英国还没拥有一个发达的全球贸易网络,那事情会如何呢? 举个例子,蒸汽船的发明及由此导致的运输成本骤降,可能足以使世界贸易在没有先前发展的基础上实现扩展。然而,出于一些原因,这个假设看起来并不现实。

对 20 世纪和 21 世纪全球化进程的研究强调了制度建设的重要性——即便有了低廉的运输成本(Fligstein and Mara-Drita 1996, Gotham 2006, Halliday and Carruthers 2007)。研究发现,如果没有 1500 年至 1780 年间涌现的商业和金融制度,早期现代贸易也将步履维艰。除此之外,海外贸易似乎存在大规模路径依赖,这就意味着其发展受其产生时初始条件的制约。尤为明显的是,与前殖民地间的贸易超越了与其他国家之间的贸易(Rauch 1999)。若 20 世纪经历了运输成本大幅缩减,仍无法消除政治、文化和制度界限,那么在 19 世纪,仅通过技术发明就立即克服这些阻碍也就不太可能了。

自由贸易在很大程度上是英国的帝国政策的产物,因为贸易条件有利于英国制造业而得以实施(Semmel 1970)。英国的殖民主义,尤其是在亚洲的殖民主义,是商业企业的产物。因此,若没有先前的贸易扩张,我们就有理由怀疑英国是否还会获得其所有海外财产,英国的精英们在这些地方推行自由贸易政策的能力也将大大降低。因此,没有前期扩张,殖民主义和自由贸易对 19 世纪贸易发展的刺激作用就要小得多。同样,英国的商业地位也会截然不同,自由贸易政策带来的优势或许会被削弱。甚至,若非长途贸易早已成为欧洲商业的重要组成部分,蒸汽船的发明和应用也可能会推迟。

诚如 19 世纪贸易的快速扩张需要预先存在的商业和制度发展基础,如果没有东印度群岛贸易的加入,大西洋贸易的发展是否可以自行产生必要的基础设施,就要打上一个问号了。然而,这个问题就更难说清了。1500—1800 年间,贸易增长涉及欧洲对亚洲商品的需求增长、美洲银矿产品的需求增长以及出口到美洲的商品增加(除去著名的大西洋棉花、奴隶和纺织品三角贸易)三方面相互作用,这表明将两种发展严格区分开来是有问题的。

除了东印度公司对海外贸易扩张的普遍性贡献外,东印度贸易还有一个极其鲜明的特征,关乎对工业革命起源的理解。众所周知,棉纺业在工业革命中一马当先。实际上,英国棉花工业的发展是一个典型的进口替代案例,其经济发展是基于用外国进口产品,即印度纺织品,替代国内生产的商品。

棉在工业革命中发挥了核心作用,它是技术创新点和经济增长点,同时具有空前的刺激消费的能力。正如贝弗利・勒米尔(Beverly Lemire)记录的那样,棉纺品使下层阶级的消费者能够模仿贵族的时尚,让他们能够扮演新身份且展示自我,创造出一种崭新的"视觉语言"来表达迥异的风格(Lemire 2011:223)。所有这些都表明了棉纺织品的独特之处,换成另一种产业的话,是不可能轻易在引领制造业发展中承担同等作用的(Findlay and O'Rourke 2007:339)。

东印度公司的作用在于将印度纺织品引入大众市场。印度的棉花出口工业至少从 13 世纪起就已经存在(Subrahmanyam 1990b:81)。欧洲和亚洲之间的贸易——通过其他途径和群体——也存在了几个世纪，所以英格兰对棉花并非一无所知。诚然，亚洲的生产过剩和英国的生活水平提高是纺织品消费繁荣的原因，但没有理由相信印度早就开始将棉花运往英国。正如我在第三章中更详细描述的那样，直到英国人开始专注于棉产品贸易，荷兰人才意识到它的销售潜力；甚至连英国东印度公司都是到了 17 世纪后期才发展起棉产品贸易的。即便往最坏里说，英国东印度公司再不济也是一个便捷的渠道，将亚洲的供应与英格兰的需求联系起来，正好与彼时英国技术创新的增长速度相匹配；但往最好里说，公司充其量也不过是发觉并率先大规模进口商品，而其他人没有。

总而言之，尽管英国东印度公司的扩张远不是产生或维持始于工业革命的长期经济发展的最重要原因，但它是促成这一发展的一系列事件中的重要环节。但对于那些将英格兰的转型视为一连串偶然事件发生和一系列条件达成的结果的人来说（Wallerstein 1974：401, Lieberman 1997：499, Pomeranz 2000：32, Goldstone 1998, 2000, 2002：332, O'Brien 2000, Clark 2001：5, Jones 2003），这还远远不够，公司应被当成一个关键的组成部分。

欠发达

英国和欧洲在经济发展方面领先于世界其他国家的时代，也应该被理解为其他地区的落后时刻。因为推动了英国和欧洲经济增长的各种原因，可能在同时阻碍着亚洲，或是相同原因在不同情况下产生了不同影响，两边的增长过程应当分开考虑。事实上，两种现象之间的关联程度还存在着极大争议。

在本节中，我不会讨论从亚洲敛得的财富对欧洲的增长影响几何。重点是欧洲的存在对于亚洲的作用。这种作用本身就意义重大。英国和欧洲与世界其他地区有着密切的联系，鉴于这种联系，我们有理由相信，那些原本可能经历经济增长的地区，因为欧洲的干预，更明确地说，遭受殖民敛财，于是经济发展遇到阻碍或出现萧条。由于很难完全梳理出每个欧洲公司对它们所活跃的地区的单独影响，所以我将首先讨论欧洲插手亚洲的一般影响，然后简明扼要地聚焦于英国东印度公司带来的影响。

就欧洲对亚洲的影响这个问题而言，已有数种不同提法。早期东方主义文献立足于一个静态的、传统主义的社会假设，认为这个社会徒劳地借鉴了欧洲人刺激经济增长和发展的举措。此种文献的论点是亚洲经济体，尤其是印度，是稳定的，也就是说，它们从未经历过近现代时期的欧洲那种水平的增长，而欧洲人几乎无法改变这一点。这种立场向来是站不住脚的，尽管它似乎曾被当作一种政治性的权宜之计。在另一个极端唱起了一种反调，即亚洲的某些地区已经处于工业化的边缘，直到欧洲的干预阻碍了这种经济的发展。此立场也受到了广泛质疑，尽管没有达到对旧东方主义立场的那种程度。

那么剩下的问题就是，这种更温和的经济增长模式受到了欧洲存在的负面影响还是正面影响。事实证明，答案是复杂的。许多人认为，欧洲的商业参与最初刺激了亚洲某些生产地区原有经济的增长，但殖民主义后来抑制了这种增长。近期比较近现代世界各地工资收入和国内生产总值的研究对这一观点提出了质疑。

其一，一些学者认为，从 16 世纪到 18 世纪中期，欧洲和亚洲的发展水平大致相当（Goldstone 2003，Wong 1997，Frank 1998，

Pomeranz 2000)。彭慕兰(Kenneth Pomeranz)通过考量一系列可能的经济优势来源,对此进行了极为出色的概述。他发现,亚洲和欧洲的生产区域在所有情况下的水平都是类似的。考虑因素囊括了运输成本、预期寿命、出生率、人均收入、劳动生产率、农业创新和商业化,等等(Pomeranz 2000:31—107)。戴维·沃什布鲁克(David Washbrook)在印度次大陆的历史记载中,发现了有组织和价格敏感度的市场、自主且强大的商人、先进的会计实践、灵活流动的劳动力,以及该地区的大宗商品长途贸易记录(Washbrook 1988:62—63,66)。克里斯托弗·贝利(Christopher Bayly)也注意到,在18世纪的印度次大陆北部也有了类似的发展(1983:30—34)。[3]

其二,有人提出,欧洲贸易公司在亚洲地区的存在刺激了经济增长。欧姆·普拉卡什(Om Prakash)发现,18世纪早期,英国和荷兰的公司通过其在孟加拉的贸易吸纳了8.69%—11.11%的劳动力,从而在总体上提高了该地区的产出和收入,以及就业率。欧洲用白银交换制成品(即棉纺品)尤为促进孟加拉的经济(Prakash 1976:178)。普拉卡什还发现,18世纪的孟加拉耕地种植面积增加,税收收入增加,贸易也扩展了(2005)。弗兰克·佩林(Frank Perlin)认为,1500年至1800年的海外贸易扩张刺激了印度次大陆原有的商业资本主义萌芽,包括农民定居点的扩张、城市人口的增加、新金融机构和税务技术的发展、货币化的趋势和制造业的兴起等(Perlin 1983:67—70)。桑杰·苏布拉曼亚姆(Sanjay Subrahmanyam)对佩林的中心论点表示反对,但他发现欧洲贸易在17世纪刺激了科罗曼德尔(Coromandel)的棉纺织品交易;那里的棉花产业在18世纪由于结构性原因停滞不前,与欧洲人的存在关系不大(Subrahmanyam 1990b:110)。

其三,向殖民主义转型的负面影响显著。普遍的看法是大英帝国开启或是加速了印度的去工业化进程。结构性力量和英国的殖民统治压制了棉花贸易:纺织生产技术的创新使英国商品更具竞争力,印度的政治不稳定和干旱气候抬高了粮食价格,同时英国政府实施的自由贸易协定也损害了印度的工业(Clingingsmith and Williamson 2008)。结果就是印度的第二产业就业率一落千丈,可用资产日朘月减(Bagchi 1976)。在孟加拉,英国东印度公司甫一获得新的政治权力,就用之将欧洲其他东印度公司排挤出了该地区的贸易,同时还侵蚀印度商人的自主权,从而破坏竞争性市场的根基(Prakash 2005)。此外,一旦公司能够通过税收在其殖民地捞金,外国黄金就会停止流入该地区。在公司和相关的英国贸易运作下,黄金开始外流,对经济造成严重后果(Arasaratnam 1979:28—29)。辛纳帕·阿拉萨拉特南(Sinnappah Arasaratnam)指出,由于公司利用政治权力直接控制了纺织工人,科罗曼德尔商人阶层的自主权被削弱(Arasaratnam 1979:36)。另外,根据克里斯托弗·贝利的说法,在东印度公司的殖民统治下,城市化率出现全面下降(2000:91)。

普拉桑南·帕塔萨拉蒂(Prasannan Parthasarathi)认为,今日印度普遍存在的贫困、低收入和低生活水平问题,都产生于英国殖民统治期间(2001:2)。然而,这一强有力的论点遭到了那些质疑 18 世纪亚洲发展水平的研究人员的坚决反对。蒂尔丹加·罗伊(Tirthankar Roy)发现,有证据表明孟加拉的平均工资远低于欧洲(仅为其十五分之一),从 1722 年到 1881 年(包括过渡到殖民主义时期后),孟加拉的收入水平既没有提高也没有下降,这表明殖民对收入不存在重大影响(Roy 2010:188)。斯蒂芬·布罗德贝里(Stephen Broadberry)

和比什努普里亚·古普塔(Bishnupriya Gupta)观察到,印度的国内生产总值从1600年到1871年稳步下降;他们还指出,1650年是印度与欧洲的分野之时,当时印度国内生产总值达到英国的80%,而到了1871年,他们发现这个比例已经缩小到15%(Broadberry and Gupta 2010)。当时欧洲对整个次大陆的影响力仍然有限,这表明除了欧洲的存在之外,其他因素也对GDP的下降起了作用。罗曼·施图德(Roman Studer)强烈反对印度在18世纪可以与欧洲相媲美的说法,并表明直到19世纪中期,印度的粮食市场都是本地化的,因而效率低下(Studer 2008)。

按近期条件进行的一些比较研究就不太公平了。印度目前的国土面积大约是欧洲的三分之一;仅巴基斯坦一国的面积就几乎是英国的6倍,而英国与印度的旁遮普邦差不多大。总体数据必然掩盖了显著的地区差异;然而,布罗德贝里和古普塔发现,长江流域、印度南北部的工资收入与中欧和东欧的相近,但与近现代北部欧洲工业发展区并不相同(Broadberry and Gupta 2006)。罗伯特·艾伦(Robert Allen)和合著作者们在对中国主要城市的生活水平进行考察后,也得出了类似的结论。他们认为这些城市的生活水平与东南欧相当;而早在1738年,北欧城市的生活水平就超越了它们(Allen et al., 2011)。

这项最近的研究提供了强有力的证据,证明了殖民主义本身并没有破坏即将到来的向现代化增长的过渡,后者在某种程度上与工业革命相关,这是很少有人会反驳的。对于许多相关研究者而言,该研究还表明,亚洲相对于北欧发展停滞的原因是市场力量而不是欧洲的殖民主义。然而,它仍未解释英国的帝国主义政策在多大程度上使这种停滞持续、加剧或改善。

到1650年,亚洲和欧洲之间的贸易往来已经扩大。因此,这一论证当然不能排除欧洲贸易基础设施(形式上来说是欧洲的船只和组织)的发展对于英国和亚洲之间形成差距起到了作用的可能性。不过,考虑到参与海外贸易和受其影响的人口相对规模,相对于对亚洲造成损害,海外贸易扩张可能更多的是有益于欧洲人。达龙·阿西莫格鲁、西蒙·约翰逊和詹姆斯·罗宾逊的研究支持了这一观点;研究表明,积极参与海外贸易在很大程度上可以解释欧洲国家间的差距(2005)。

综合考虑,可见区域史学家和经济史学家的发现之间存在矛盾,这表明我们需要做进一步的工作,来突破印度次大陆的经济增长模式。不应将近现代的印度次大陆视为一整个统一或离散的实体。其实,综合性研究表明,如果欧洲在亚洲的存在产生了积极影响,那么这种影响一定仅限于特定地区和时间,也可能仅限于相关社区内的某些阶层和群体。尽管可以将亚洲大部分地区的商业发展归功于英国和荷兰两家东印度公司的积极影响,但除了荷属东印度群岛外,英国公司对殖民政策的消极后果负有更多责任。

国家能力

近代早期历史发展的一条独特但相关联的路径是国家能力(state capacity)的增长。都铎王朝的君主拥有有限的专制权力,然而本杰明·迪斯累里(Benjamin Disraeli)* 却掌管着庞大的行政机构,

* 本杰明·迪斯累里,19世纪英国保守党政治家,曾担任首相和财政大臣,任职期间大力推动帝国主义政策和殖民扩张。——译者注

能够有效地在几个大洲征税（O'Brien and Hunt 1999）。有时候，英国国家能力的提升明显对东印度公司有利。17 世纪 90 年代起，英国东印度公司就因为海盗向政府求助，要求后者在东方的水域派兵巡逻（Stern 2011：186）；18 世纪晚期，公司依靠英国政府的军队实现对印度领土的征服。若非不列颠国家军事力量的增长，就不可能进行这样的干涉。不过，公司也在国家及其军事能力的建设过程中作出了贡献。

17—18 世纪，战争费用的增加给政府带来了新的负担。军费不是常规支出，因此很难通过征税产生的固定收入来应对。17 世纪早期，政府为了支付新的军事行动的费用，不得不开辟新税种或是提高现有税率。但无论税收提高得多快，都做不到即收即用，立马覆盖眼前的军事开支。17 世纪末到 18 世纪初，在一些地方已出现了高效的新兴金融机构，它们在很大程度上诞生于海外贸易扩张的过程，使英国相对于其他欧洲国家拥有了举足轻重的军事优势（Bonney 1995：377, Dickson 1967：11, Neal 1977：31 and 35, Cain and Hopkins 1986：513, Mann 1993：268, Carruthers 1996：54）。关键在于，这些机构为及时向政府提供大规模的长期低息信贷大开方便之门，这些资金用于资助重大军事行动。

允许公共债务能够大幅增加的新的制度得以建立和实施，国家能力也随之提升，这就是被称为金融革命的大进程的一部分（1688—1739 年）。P.G.M.迪克森（P.G.M. Dickson）是研究这一领域的先行者，他总结了其主要特点：长期和短期借款的发展；国库和伦敦金融城（即伦敦的金融和银行中心）之间关系的确立；证券市场的出现以及公共贷款投资（Dickson 1967：12）。此后的研究令人信服地证明，这些金融创新的成功实施有赖于更大的政治变革，从而使债权人相信政府有借必有还；这些政治变革包括采用代议制政府、实行政党政治和强制推行全国统一的税收政策（North and Weingast 1989，Stasavage 2003，2011，Dincecco 2011），以及一批掌握可替代资本的富裕商人精英的出现（Stasavage 2011）。

在对政府收取适量或是较低利息的长期贷款的机制出现以前，政府有可能仅仅因为资金耗尽就吃到苦头，正如查理二世在 1672 年所经历的那样，第三次英荷战争爆发后，曾为第二次英荷大战提供资金的付款令（Orders of Payment）就难以为继了（Dickson 1967：43—44，Carruthers 1996：61—69，Körner 1995：525）。到 18 世纪初，公共开支已超过收入 200 多万英镑，这一缺口通过公共债务来弥补（Carruthers 1996：54）。英国东印度公司与英格兰银行和南海公司一起，在这一过程中发挥了重要作用。

最起码，英国东印度公司是政府短期和长期资金的主要来源。17 世纪晚期，公司长期以来都认为向王室反复提供贷款是必要的，以确保对其垄断特权的支持。但到了 1688 年后，贷款的规模变大了。从 1675 年到 1679 年，查理二世从旧东印度公司获得了一系列在当时看来数额庞大的贷款（Sherman 1976：336），共计 20 万英镑；1698 年，新东印度公司（New East India Companies）向政府提供 200 万英镑贷款；将新老公司合并起来的联合东印度公司（United East India Company）在 10 年内又向政府提供 120 万英镑贷款（Dickson 1967：57）。因此，英国东印度公司为英国政府的赫赫军功直接作出了贡献，资助了其中的一大部分。

然而，国家的需求已经超过任何个人乃至组织所能满足的程度，无论其规模有多庞大、有多富有。东印度公司能够向政府提供大笔资金,是由于同一时期伦敦股市的发展和新金融工具的诞生。因为东印度公司是一家股份制公司,股票可在公开市场上交易,所以能够通过发行和销售印度债券将其为公共债务提供资金的成本转移给第三方。正如皮拉尔·马可(Pilar Marco)和卡米拉·凡·马尔-萨布雷特(Camila Vam Malle-Sabouret)(2007)最近所证明的那样,这些都是较为复杂的金融工具,包含了早期版本的看涨期权和看跌期权。印度债券之所以大受欢迎,是因为它们的流动性极强而仍有利息(Marco and Vam Malle-Sabouret 2007:387—88)。英国东印度公司发行的印度债券由此大大增加了公共债务的流动性。转移政府债务过去曾是一项艰巨的工程(Carruthers 1996:82)。因此,东印度公司的作用不仅在于贷款,还促进了私人投资者和政府金库之间的资金腾挪。

此外,由于东印度公司的董事们在议会里处尊居显,因此投资者们可以预期政府中至少有一部分人会致力于偿还该公司的债务。戴维·斯塔萨维奇(David Stasavage)指出,债权人在政府中拥有代表对政府做出可靠的还贷承诺至关重要(Stasavage 2003)。这种代表权显然取决于政府是否实行代议制;代议制也是国家信贷扩展的一个关键部分。[4]由于东印度公司、南海公司和英格兰银行的财务状况与政府的财政状况互相交织,这些大型组织及其投资者与新政府的利益就捆绑在一起了(Carruthers 1996:76)。金融和商人阶层与政府的财源广进有了直接的利害关系;事实上,满足商人和金融家的需求也直接关系到政府利益。

伦敦金融城以不那么直接的方式成为了新贵和老钱相辅相成的

联盟之地，特别是贵族和富商们，通过整合精英派系来支持国家。迈克尔·曼（Michael Mann）描绘了这副19世纪晚期的光景。他写道，在金融城里，“土地、商业和金融资本家作为一个广泛的政治阶层，与国家的经济、家庭和教育（‘公立’学校）组织融合，推动着一个官僚国家和在英国近乎霸权笼罩下的自由贸易”（Mann 1993：129）。但正如P. J.凯恩（P. J. Cain）和A.G.霍普金斯（A.G. Hopkins）所主张的那样，这种“绅士资本主义”（gentlemanly capitalism）制度早在工业革命前就已经存在了。银行业的发展吸引贵族去获取利润丰厚的职位，将他们与东印度公司等海外企业联系在一起；与此同时，海外贸易带来的税收使新政府能够在不提高土地税的情况下扩大收入，从而疏远同一批地主阶层精英（Cain and Hopkins 1986：518）。商业机构的兴起带来了必要的利益融合，通过前述这些直接和间接的途径，支撑起一个以承诺自由贸易和经济自由主义为特征的强大但分散的国家。

乔治·麦吉尔瓦里（George McGilvary）甚至认为，苏格兰和英格兰的成功合并（1707年）正是依赖于一种赞助制度（patronage system），它将苏格兰精英汇集到了东印度公司的实权职位上（2008）。作为在公司里发了大财的回报，苏格兰门阀在背后鼎力支持英格兰政客们，推动合并的持续巩固。麦吉尔瓦里更是指出，这些豪门取自东方的财富给苏格兰带来了繁荣，赢得了人们对新形势的进一步默许。因此，东印度公司的船只从亚洲带来的财富，似乎已经沿着这个政治共同体中几条潜在的断层线焊接了可能存在的裂痕。

经济学理论

伴随着国家中央集权化和金融化的进程，一种崭新的思想体系出现了，即政治经济学或经济学理论。东印度公司与新政治经济学家之间的联系，光看数量就多少有些令人瞩目。

大卫·李嘉图（David Ricardo）就是东印度公司股东会成员之一；李嘉图的密友詹姆斯·密尔（James Mill），他毕生的主要著作就是研究英国人在印度的历史，后来还担任了印度通信检查助理，这在东印度公司里是一个非常受人尊敬的职位。他那位更有影响力的儿子也为公司工作。* 托马斯·马尔萨斯（Thomas Malthus）曾担任黑利伯里（Haileybury）学院的历史和政治经济学教授，这是东印度公司创办的青年教育院校。甚至连亚当·斯密也曾一度孜孜以求公司里的一个职位，尽管最终被拒绝了。这些仅仅是为人熟知的名字。17 世纪与东印度公司有密切联系的更早期的、不那么知名的理论家们还包括托马斯·孟和乔赛亚·蔡尔德（Josiah Child），他们都曾在不同时期担任公司董事；还有曾经代表公司谈合同的爱德华·米塞尔登（Edward Misselden），等等。

斯密是这些人中唯一未被东印度公司录用的，也是对它批评最为激烈的人，从中应当能窥见公司事务影响当时经济学思维的总体趋势。17 世纪的许多经济学著作也是个人争取支持对自身事务有利的政策的工具。在东印度公司有大量投资或与之有关联的个人也不例外。托马斯·孟的工作就是一个清晰的例子。

孟（1571—1641）是一名成功的伦敦商人，出身商人世家，也是一位睿智的思想家、经济理论史巨擘。17 世纪早期，当英国出现白银短缺时，他还担任着东印度公司的董事（Supple 1959：222）。当时北部欧洲尚未流通纸币，白银就是货币。白银短缺可以说给普通民众的

* 指约翰·斯图尔特·密尔（John Stuart Mill）。——译者注

生活造成了困难，他们很难获得足够的货币来进行常规的市场交易。这种状况对东印度公司尤为棘手，因为它的主要出口物品正是白银。这种短缺正中金银通货主义者的下怀，他们坚持认为任何金银的消耗都对国家不利。在他们的鼓动下，大众对东印度公司的观感急剧下滑（Muchmore 1970）。到了17世纪20年代，公司因其出口业务而面临失去垄断地位的风险。

在白银短缺最严重的时期，托马斯·孟写了一本名为《论英国与东印度的贸易》（*A Discourse of Trade from England unto the East Indies*）的小册子，以此为公司辩护。他在书中提出了令人信服的论点，表示海外贸易无需直接增加国家的贵金属储备，它能通过再出口贸易和其他无形资产（例如发展航运业和雇用码头工人）的利润间接促进经济健康发展。这些论点有效地让公众和议会中的许多人认识到东印度群岛贸易的重要性，从而帮助将东印度公司从批判声浪中拯救出来（Barber 1975：56）。它也让孟走上了一条使他最终提出贸易平衡理论、奠定其在经济思想史上重要地位的研究之路。出口黄金符合公司的利益；孟的经济学著作通过将海外贸易扩张与国家的长期强盛联系起来，成为了公司游说政府支持其做法的一部分。

同样，另一位早期重商主义者爱德华·米塞尔登曾在《自由贸易，或是使贸易繁荣的手段》（*Free Trade, or the Means to Make Trade Flourish*）（1622）中提出，对亚洲的金银出口妨害了英国的繁荣。然而，在获得了东印度公司的合同谈判职务后，他在《商业循环》（*The Circle of Commerce*）（1623）中又称与亚洲的贸易终究是有益的（Johnson 1937：61）。米塞尔登和孟在很大程度上都是在回应杰拉德·德·马雷尼斯（Gerard de Malynes）的研究，二者一起推动着他们的同时代人,远离金银主义的学说转而信奉贸易平衡;前者强调对金银的渴望及其在商业中的作用,后者则重视国际贸易流动的效用(Appleby 1978:202)。虽然经济思想史学家们认为贸易平衡理论在18世纪就已经过时,但它在17世纪仍可被视为一种进步。特别是孟提出的将经济活动与政治或社会活动分开思考的观念,由此产生了第一个抽象的经济模型,使"经济"这一概念得到明确,这种观念主导了现代经济思想(Appleby 1978:47)。

乔赛亚·蔡尔德爵士或许是一位被低估了的思想家和自由贸易经济学先驱(Letwin, Child, and Culpeper 1959)。他手中有东印度公司的大量股份,纵观公司漫长的组织历史,他在任职期间对于公司事务比任何人都要一手遮天。他主张降低利率,因为这有助于公司节约成本;他批评银行家阻碍了商业投资,但针对的是反对公司出口金银的那些银行家;他反对贸易平衡理论,因为它可以被用来批判公司;他反对对再出口双重征税,因为这会削减公司的利润(Finkelstein 2000:140, 137, 141, 142)。

正如安德烈亚·芬克尔斯坦(Andrea Finkelstein)所言,尽管这些作者(或许要将乔赛亚·蔡尔德排除在外)的作品在很大程度上是基于对东印度公司贸易花样百出的辩护,但这并不能完全定义他们所写的一切——他们的作品不仅仅是对公司的宣传,还因其逻辑思辨、合理连贯并创造出新颖且有力的概念而拥有了深远影响(Finkelstein 2000:55—88)。然而,东印度公司的利益是促使他们发展出这些更宏大概念和理论的跳板。

那些与公司本身没有如此直接的联系但关注东印度贸易的人,对17世纪的经济思想也作出了其他重要贡献。亨利·马丁(Henry

Martyn)(1665—1721)反对东印度公司的垄断特权,但他却是东印度贸易的坚定支持者。[5]他的作品尽管在当时声名不显,但随着时间的推移拥有了越来越大的影响力。在《东印度贸易思考》(*Considerations upon the East India Trade*)中,他提出了这样一种观点,认为即便商品是在其他地方制造的,自由贸易也有利于经济,也就是说,购买国外制造的比国内更便宜的商品是一种优势。这一观点现在被认为是比较优势思想的重要先导(Maneschi 2002:233)。它是针对当时毛织品制造商的反对而提出的,他们反对增加棉织品的进口,并认为这于英国的工业有碍。与乔伊斯·阿普尔比(Joyce Appleby)一样,达德利·诺思(Dudley North)爵士、尼古拉斯·巴尔本(Nicholas Barbon)、约翰·霍顿(John Houghton)以及道比·托马斯(Dalby Thomas)爵士等人均认为,马丁发展了消费者需求是商业繁荣的重要驱动力这一理念(Appleby 1978:173)。

这些作者都是一场更大的对话的参与者,其对话不可避免地涉及公司相关事务,以至于乔伊斯·阿普尔比这样总结描写 17 世纪经济学思想的发展:"(在)关于东印度公司进口和货币重铸(recoinage)的争论之中,自由市场经济的概念化达到了一个新的高度。"(Appleby 1978:248)不过,受东印度公司贸易启发而生的贡献并没有随着重商主义时期一同结束。18 世纪末和 19 世纪,学者们就东印度公司在亚洲获得主权权力的后果掀起了新一轮探讨。

1757 年普拉西战役后不久,英国东印度公司就获得了孟加拉的政治控制权,该地区开始经历严重的白银短缺,这被认为扰乱了当地经济且影响了英国的出口贸易。1769 年到 1773 年间,孟加拉发生了一场惨绝人寰的大饥荒。东印度公司被谴责是导致饥荒的潜在原因，且为民众提供的救济不足。通过控制孟加拉的政权，公司终于找到了结束对金银出口争议的方法，即将孟加拉税收作为白银来源。然而这使它面临一种新的抨击路线，需要新的理由来说明一家公司充当一地总督是否合适。其中核心问题仍围绕着国家与商业之间的关系展开。随着人们对一名商业参与者能否在不猖獗腐败的同时进行统治有所怀疑，越来越多的人呼吁将两者分割开来，这一呼声逐渐主导了讨论。写了《政治经济学原理研究》(*An Inquiry into the Principles of Political Economy*)(1767)的政治经济学家詹姆斯·斯图亚特(James Steuart)以及埃德蒙·伯克(Edmund Burke)全面地批判了东印度公司，主张严格分离商业和主权权力两个领域(Burke and Marshall 1981)。

威廉·巴伯(William Barber)专门写了一本书，讲述了发展经济学(development economics)是如何受到关于东印度公司的辩论的影响的(1975)，其中包括詹姆斯·密尔详细描写印度次大陆历史是如何被完完整整地重新建构的章节；密尔对维护自己雇主在东方的主权统治颇有兴趣。根据巴伯的说法，密尔重塑了我们脑海中的印度的历史。在17世纪，欧洲普遍认为该地区是繁华的贸易和制造中心。但在密尔之后，它被视为一个静态的(如果不是落后的话)传统经济体，这种刻板印象至少持续到了20世纪(Barber 1975：126—40)。

英国经济学学科建构的历程曲折也不能全归咎于东印度公司。公司的存在使许多人从某个特定的角度涉足其中，使他们参与进了一场在经济学发展的早期阶段对其进行塑造的辩论。而荷兰并没有催生类似的学术链路，即使荷兰东印度公司之于荷兰是如英国公司之于英国一般的庞然大物(Van Niel 1988：21)。安德烈亚·芬克尔斯坦指出，在英格兰，商业扩张、议会和王室之间的冲突以及商人与执政机构之间的距离等的独特结合，造就了对经济政策进行公开讨论的必要性（Finkelstein 2000：4）。这些国内条件，加上东印度公司庞大的组织架构以及东印度群岛贸易的独特属性，均鼓励了自利行为，这类行为演变出了一套遵循其内部逻辑的更广泛的话语；最终，随着自由市场主义哲学在19世纪成功挑战特权垄断，这套话语的遗产开始对公司形成困扰。[6]

合伙行为的新模式

到17世纪后期，英国东印度公司已初具现代公司的特征。它是一家多部门的全球性公司，拥有永久性资本、定期股东会议和庞大的行政官僚机构（Anderson，McCormick，and Tollison 1983，Carlos and Nicholas 1988）。虽非绝无仅有，但这些特点令英国东印度公司区别于17—18世纪的其他大多数经济组织（Harris 2009，Udovitch 1962：203）。[7]一个人可以在多个地方履行不同合同义务的合伙人制度14世纪就出现了（Padgett and McLean 2006：1563）。在北欧，从9世纪到16世纪，商人行会管理着绝大部分海外贸易（Kieser 1989：550，Ogilvie 2011）。行会是一种商人或其他做生意的人之间承诺彼此扶持的排他性兄弟会组织，可以通过它进行价格协调和一些海外保护。到了13世纪和14世纪，公司的组织和法律形式在商业中变得越来越普遍。早在15世纪，受监管的公司在海外贸易中就已功不可没。到16世纪中叶，股份制公司出现了，它结合了行会的排他性特权和受监管公司对集中投资资本（Harris 2009：613，615，Walker 1931：

98—99）。英国东印度公司是这类新型组织的一个极其庞大、极其复杂的成功实例。

正如我在下面几章中所指出的，英国东印度公司还拥有一个额外因素，使它区别于当时的其他股份制公司。它将私人贸易合法化并纳入公司经营，影响了组织结构和驱动力。以私人贸易为代表的权力下放，促进了通信和贸易的社交网络发展，增强了公司适应东印度群岛复杂贸易环境的能力。适应能力的提高推动了公司的长期扩张和持续成功，帮助它得以在世界历史上发挥重要作用。

结　论

虽然英国东印度公司可以用来与 17—18 世纪的其他国家垄断企业进行比较，但它的历史影响在很大程度上是独一无二的。工业革命和早期经济思想的蓬勃是属于英国的现象。荷兰并没有经历类似的发展，这表明仅仅是一家庞大而强力的东印度公司的存在，显然不足以解释前述种种事件的发生。这两种情况都说明，公司是造就英国历史特定轨迹的大环境的一个重要组成部分。在这些事件中，公司的影响都是视其他条件而定的。工业革命和经济学学科的诞生都是独树一帜、影响世界历史的事件。当工业革命和经济学理论系统化切实发生后，对随后所有的经济发展实例以及对经济领域的贡献进行评估时，都必将追溯到这些初始事件。其他国家的工业化明显考虑过英国的范例，并采用了英国工业革命中开发的技术；后世的经济学著作回应的是早期的重商主义，例如重农主义者（Physiocrats）广泛地批驳孟和米塞尔登的贸易平衡论。这很好理解，独特的事件源自独特的或至少是极其罕见的环境。否则,同类事件在我们的历史上会更为频繁。由于无法通过实验来复现资本主义和经济学的诞生,因此就不可能明确地说东印度公司是其中一个必要的组成部分。然而,我们至少可以认为,英国东印度公司影响了这些转变的性质,从而在人类历史的进程上留下了长久的印记。

英国东印度公司对金融化进程、国家中央集权和亚洲的欠发达起到的作用并不那么独特,但比它在工业革命中所扮演的角色更为重要。通过设立新的金融工具来拓展国家能力是荷兰首创的。许多技术可能是由前荷兰执政、奥兰治亲王威廉(William of Orange)或是他的顾问从荷兰带到英国的。英国东印度公司是在英国推行这些技术的核心,因为它既是主要的国债持有者,又通过发行印度债券为转移公共债务提供了一种特别的工具。

东印度公司对于亚洲发展落后的过程也作用不小,但并不特殊。世界各地还有其他一些发展落后或转型失败的案例,许多是在欧洲帝国主义列强的殖民统治下发生的。然而,在印度这个特例中,东印度公司必须被视为左右其发展轨迹的一个核心要素。在国家集权化、金融化、亚洲和美洲欠发达的情况下,在公司框架内发生的任何事件都可被视为一种征兆,或是更大的历史潮流中的一部分,而不是完全忽视公司对英国与印度这一案例的特有贡献。

乍一看,公司的历史与合作行为新模式的产生间的关联,应当是它所涉及的因果链中最具概念普遍性的。制度概念的创新并不像工业革命、现代民族国家的出现或经济学的诞生那样局限于特定的时间或地点。历史上,新的组织形式层出不穷。在英国东印度公司所在的时代,它虽是最早的多部门跨国公司之一,但它既不是头一家公司,也不是第一家股份制公司。然而,我认为,它因为吸纳了私人贸易而为那个时代提供了一种与众不同的权力分散的组织结构。从这个角度看,这本书的作用是阐明了产生和运用新型公司模式的众多案例之一——类似于约翰·帕吉特(John Padgett)和保罗·麦克莱恩(Paul McLean)书写的佛罗伦萨精英们(2006)、昆汀·范·杜塞莱尔(Quentin Van Doosselaere)描绘的热那亚商人(2009)等;这本书也是记录不同类型合作的历史、以便更好地了解它们的演化这一过程的一部分,或许朱莉亚·亚当斯对世袭商业资本主义的分析(2005)和阿夫纳·格雷夫(Avner Greif)在《制度与现代经济之路》(*Institutions and the Path to the Modern Economy*)中所做的项目(2006b)更符合这样的描述。

顺着这一思路提出的一个问题,社会文化环境与企业结构之间存在怎样的联系。单纯聚焦于创新,就能勾勒出如此图景:新的制度形式(即合作方式)出现并随着时间的推移变得越来越复杂——一个促成另一个。然而,无人知晓,一种创新在被引入后是否能适用于未来千秋万代。距离东印度公司的成立到20世纪现代跨国公司的崛起之间,有一段长时间的中断,表明这种组织形式并没有立即进入商业企业的可行选项范围;相反,东印度公司形成的组织形式在很大程度上取决于它所处的环境。而到了20世纪和21世纪,形式类似但现代化的权力分散、网络化跨国企业有所增加,它们在看似不同的条件下运作。我相信,这表明尽管东印度公司的组织结构基于特定的历史情境,但将这些情境与其他时间点的进行比较仍是富有意义的(Emigh 2005:378—80)。我据此认为,组织与其环境之间的关系或许也是一种值得比较研究的案例,可用以了解权力分散的组织如何在不同时间点或不同文化背景下运作。

注释

1. 上述统计数据取自奥罗克（O'Rourke）和威廉森（Williamson）（2002），他们通过许多不同的来源收集并整理了这些数据。第一个时期的增长统计数据取自普拉卡什（Prakash）的《欧洲在近现代亚洲的商业扩张》（*European Commercial Expansion in Early Modern Asia*）（1997：106），随后两个时期的增长统计数据来自乔杜里的《亚洲贸易世界与英国东印度公司：1660—1760 年》（*The Trading World of Asia and the English East India Company, 1660—1760*）（1978：508—10）。所有出口数据均以英镑为单位。

2. "1760—1780 年"这个范围是由于不同的作者使用不同的年份来标记过渡时期。

3. 在后来的一篇文章《南亚与"大分流"》（South Asia and the "Great Divergence"）（2000）中，贝利对其商业发展的描述是模棱两可的。值得注意的是，这些作者中的许多人都以相关的方式来研究莫卧儿王朝衰落对该地区经济的影响。

4. 斯塔萨维奇认为，正是因为在法国的绝对君主制政府中国债持有者没有任何代表，约翰·劳（John Law）建立的皇家银行（Banque Royale）才会失败；劳试图通过在皇家银行和法国东印度公司之间建立金融联系来扩大公共债务（Stasavage 2003）。因此，这两起案例可以进行深入比较。同样情况下，葡萄牙东印度公司的投资兴致缺缺，很可能也是出于类似原因。

5. 《东印度贸易思考》（*Considerations upon the East India Trade*）一书的作者身份尚存在争议。克里斯蒂娜·麦克劳德（Christine MacLeod）在《亨利·马丁与〈东印度贸易思考〉》（Henry Martin and the Authorship of "Considerations upon the East India Trade"）（1983）中对此进行了概述。

6. 经济理论在多大程度上是揭示真理，还是为支持自利行为或促进和维持资本主义扩张而构筑言辞，我在此并不关注这种争论，尽管它也涉及经济思想产生的历史环境（Callon 1998，MacKenzie et al. 2007，Fourcade and Babb 2002，Krippner 2011）。

7. 虽然有限责任公司1855年才在英国合法化，但在英国以外，通过不同的合同形式限定投资者和代理人的责任是很常见的，亚伯拉罕·乌多维奇（Abraham Udovitch）提供的证据表明它起源于几个世纪前的中东。

第三章

欧洲与东印度群岛的贸易

在欧洲与东印度群岛的贸易中，所有东印度公司都经营的核心商品是香料、纺织品、咖啡和茶叶。随着时间的推移，以及公司试图挖掘和开发新的盈利领域，这些商品的相对份额在各个公司之间发生了变化。香料是头 50 年里的重中之重，经过一个世纪的发展，纺织品的地位逐渐提升。18 世纪，咖啡和茶渐渐变得重要起来。靛蓝、硝石、瓷器等大宗商品和其他数以千计的小商品填满了清单。不太常见的商品则包括糖果、钻石、红宝石、玫瑰油、设拉子（shiraz）、龙血（dragonsblood）、紫胶（lac）、五倍子（galls）、迷迭香、嗅盐、阿魏（assafoetida）、牛黄和硫磺，等等。东印度群岛各公司贸易商品内容变化的时机，突出了英国东印度公司的创新性，尤其是与荷兰东印度公司相比。

长期以来，香料贸易一直沿着从亚洲到欧洲的陆路进行，因而欧洲公司们只是把原有的贸易转移到了海上。然而，在欧洲打开棉制品、茶叶和咖啡的市场是有必要的。几个世纪以来，棉花始终是亚洲贸易的主要商品，但却鲜少出现在 17 世纪之前的西方。实际上，荷兰东印度公司参与了亚洲区域内的棉花买卖来为其香料贸易融资,但没有意识到棉制品出口欧洲的潜力(Glamann 1981:133)。相比之下,英国东印度公司的贸易在17世纪中叶就已经积极转向棉花。1664年,棉制品占英国贸易总值的73%,交易量超过25万件(Chaudhuri 1978:282);而直到16世纪70年代,荷兰的棉花贸易还是相对较少的(Glamann 1981:133)。英国人发现优质棉纺产品的潜力也比荷兰人早得多(Glamann 1981:141—42)。棉制品飞快地流行起来,以至于那个时代的欧洲社会出现了所谓"印花布热"(calico craze)。历史学家们将这种棉制品需求的快速增长联系到了西方消费文化的出现(O'Brien, Griffiths, and Hunt 1991, Lemire 2011:226)。英国东印度公司率先创造并供给于这个迅速扩张的新市场(Moreland 1923:123, Chaudhuri 1978:282—84, Glamann 1981:138)。

咖啡的进口也是如此。咖啡在17世纪中叶前的欧洲极为罕见(情况真是令人痛心疾首)。荷兰人和英国人在冒险绕过好望角后不久,都发现了中东所产的咖啡。在印度的许多港口也可以购买咖啡作为再出口商品——其实英国东印度公司已在苏拉特包揽了它早期的大部分咖啡库存(Chaudhuri 1978:366)。荷兰人和英国人都没有马上意识到咖啡这种商品在欧洲的市场潜力。然而,早在荷兰人之前,英国人大力扩展了咖啡贸易,荷兰人只能跟着抱怨前者在咖啡采购上占尽先机(Glamann 1981:186)。在与作为茶叶市场的广州城(Canton)建立和维持直接商业纽带方面,荷兰东印度公司也明显落后于英国(Chaudhuri 1978:386)。

棉花、茶叶和咖啡的引进展现了公司创新的力量,但还远远不止这些。每一类商品按质量和种类都可以无尽细分。这在棉制品贸易中分外明显，其盈利多少不仅取决于质量，还取决于编织在或描绘在棉制品上的花纹图样。不同地区的不同织布工能创造出不同的样式。新颖的设计往往能在欧洲达到价格巅峰，而纺织品的不同类型也让公司能够规避英格兰的进口限制（Chaudhuri 1978：283, 278）。

许多研究过东印度公司的学者都注意到，英国东印度公司擅长整合新商品，进行创造或调整以适应新的市场需求；特别是与荷兰东印度公司相比，荷兰公司很难把重心从香料贸易上转移开来。H.V.博文（H.V. Bowen）强调，英国东印度公司"永不停歇地探寻商业优势和利润所在，这确保它会不断地开发商机、占据上风"（Bowen 2002：19）。拉里·尼尔特别对英国东印度公司的灵活和荷兰东印度公司的固执作了比较（Neal 1990：220）。

然而，对这些公司之间差异的解释都要结合特定情境进行。荷兰人在巴达维亚（Batavia，现雅加达）建立了稳定的驻地，这经常被看作他们对香料贸易依依不舍的原因。同样，英国人的创新也能归因于意外：被荷兰赶出印度尼西亚后别无选择，只能集中精力于印度，而印度碰巧是世界上最大的棉纺制品产地。当地人的说法也存在同样的论点：荷兰人先于英国人出现在印度，他们在科罗曼德尔站稳了脚跟，让英国人别无选择，只能落脚于孟加拉；但巧的是，孟加拉的经济更加活跃（Glamann 1981：138）。但这些细节的争论忽略了一种更大的模式，那就是英国东印度公司一直在向欧洲市场推出新产品，荷兰（以及葡萄牙）的东印度公司都始终未能做到这一点。

创新是组织理论中一个核心问题。人们早就认识到，越大越成熟的组织越难进行革新。长远来看，这将导致生产效率下降，并且最终无法适应不断变化的市场。每个组织都面临着这个问题。与荷兰东印度公司相比，英国东印度公司几乎是在巧合之下成立的，但它在成立后的三个世纪里一直在重塑自己。因此，一个重要的谜团就是英国东印度公司如何能够长期维持其创新能力。

在本章中，我将通过考察英国东印度公司与其他欧洲组织在东方运营方式的不同来思考这个问题。英国东印度公司的两个主要竞争对手分别是荷兰和葡萄牙的东印度公司。这两个组织都足够庞大，足以对整个海外贸易活动产生显著影响，所以我将给予它们更多关注，这既是为了与英国东印度公司进行比较，也是为了描绘英国公司当时的经营背景。我也考察了体量更小的公司，但分配篇幅较少，因为它们的影响较弱。对比表明，不同公司在与国家的关系、军事化程度以及对员工参与私人贸易的接受程度等方面都存在差异。我将以英国东印度公司在东方进行贸易的方式为切入点，其中重点是私人贸易的实践。

英国的东印度群岛贸易

船只从英国东印度公司在唐斯(Downs)或朴茨茅斯(Portsmouth)的码头出发，往往要花 6 个月的时间行驶到东方。船只通常中途停靠在圣赫勒拿岛(St. Helena)或南美的港口。一旦进入被称为东印度群岛的区域(如图 3.1 所示)，它们就会访问几个不同的港口。从离开英国到返回始发港，整个航程通常会持续两年及以上。直到 17 世纪头几十年，公司才真正拥有一支自己的船队；但到了 17 世纪中叶，它已经转而出租船队了。船的主人被称为船东或船舶代理人(ship's husband)。这个职位既有声望，又有丰厚的收入。在范围更大的股东群体中，船东是一个异常强大的派系。

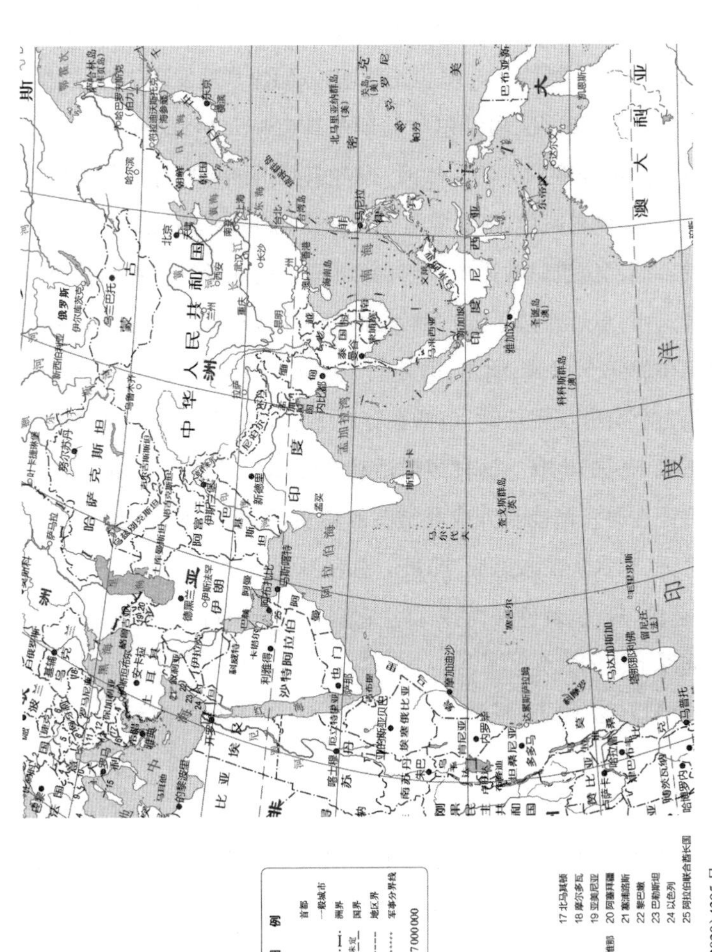

审图号：GS(2020)4395 号

图 3.1　曾被称为“东印度群岛”的地区

直到19世纪早期发明蒸汽船以后,船上生活才发生了重大变化,尽管航行时长已随着时间的推移逐渐减少。从17世纪到19世纪,航船的大小不断增加。18世纪晚期,人们惊喜地发现了柠檬对坏血病的疗效。1761年,内维尔·马斯基林(Nevil Maskelyne)发明了通过月球测定经度的方法。然而,很多东西仍维持原样。每次航行时,还是需要调整帆位、拖动缆绳、用拖把清洗甲板以及清理武器等;船只的不同部位也时常需要维修;必须每天检查货物和补给是否有漏水和进水;靠近岸边了要探测水深;经常需要悼念死者,或是举行一个简单的纪念仪式;偶尔,远处的风帆或船上的勾心斗角能解解乏。船上也会有庆祝活动,包括在穿越赤道时喝上两轮格洛格酒和庆祝王室成员的生日。这种致敬活动会使用大量弹药,并被一丝不苟地登记在册。还能看到成群结队的鲨鱼、飞鸟和飞鱼。离开港口的头几天,海水仍清澈见底,船长们总在日记里写下沙子的颜色(有红色、蓝色、灰色、黄色、白色),以及它们是否清晰可见、躺着鹅卵石,且在光线下闪闪发光。

在港口,必须同时获取货物和补给,如水、木材和肉类等。在早年的航行中,船长们常常必须冒险划着小艇去商量新货物的买卖。所有的欧洲公司都很快意识到了这般行事不如人意。船只到来港口进行交易时,商人们只能在有限的时间内填补其货舱,所以面对突如其来的大量需求,他们就会涨价(Chaudhuri 1978:136)。常有这样的抱怨,商人们一看到船帆就提高价格。

为了解决这个问题,英国东印度公司在重要港口任命了一批半永久驻扎的商人。这些商人就叫作代理商。代理商们监管事务,通常住在叫作工厂的公司大楼里。虽然用法因时而易,但“工厂”一词在当时的含义就是储存货物的永久性仓库。在大多数东方港口，地方统治者们早早察觉到海外商人的需要；他们通过赐予每个外国群体一个不同的区域，来满足长期定居的需求。定居点的大小取决于港口贸易的规模和当地政府的意愿。英国的“工厂”有些大而完善（比如在马德拉斯、孟买和加尔各答），有些就是简陋的棚子。许多较大的工厂一旦建成，就会成为永久定居点的中心。临时城市在工厂围墙四周如雨后春笋般涌现，其人口往往多达数十万，拥有大量行政人员、英式法院、教堂、驻军和数百名印度雇员；其他工厂仅限于一两个试图在新地区开辟贸易的英国东印度公司商人临时居住。还有一些情况下，船只到达港口后建立临时工厂，我们可以称之为仓库，并在离开时拆除这些建筑。在远东（日本和中国）的一些港口，当地统治者限制商人与当地居民接触，所以即使这些贸易对英国东印度公司相当重要，他们也不被允许建立永久的定居点。

对港口最昂贵的投资是修筑防御工事。然而，理事会难以把控其建设过程。建立大型强化定居点的决策始终出自理事会，但会不可避免地变成由公司雇员因地制宜做出决定。决策下达后的第一层，是与地方当局进行外交谈判以获准建造防御工事。这个过程总是一波三折。第二层是与公司海外的高级管理人员商量。譬如，1626 年，理事会下令在阿玛贡（Armagoan，原多格拉斯城［Durgarazpatnam］）建设一个带防御工事的定居点。但当堡垒完工后，驻扎在那里的雇员们却抛弃了它，抱怨建筑粗制滥造和选址不宜人居（Stern 2011：19）。原本应作为驻阿玛贡主代理人的弗朗西斯·戴（Francis Day）转而租赁了马德拉斯城（Madraspatnam）。这块地方成为了公司最繁荣的据点之一——马德拉斯。同样地，17 世纪末，董事们想在孟加拉附近地区设立一个堡垒式定居点。正是胡格利(Hugli)的总代理商乔布·查诺克(Job Charnock)选择了苏坦那提(Sutanati)、戈文特普尔(Govindpur)和卡利卡塔(Kalikata)三个村镇作为定居地;他被视为加尔各答的缔造者。

其他无数更小的决定,甚至是那些涉及土地租赁的,决定都是由公司下层员工做出的。这一自下而上的过程也有例外,如孟买就是在直接命令下修建的:它是唐娜·因凡塔·凯瑟琳娜(Donna Infanta Catherina)嫁给查理二世时嫁妆的一部分。由于没有什么直接的用途,查理二世就把这个港口送给了英国东印度公司。日常情况下,伦敦的主管官员会通过关闭工厂和堡垒来直接控制它们,然而,即使是这些命令也并不总会得到遵守(Sutton 2010:83)。

英国人在东方的私人贸易

私人贸易有多种不同形式,在公司的组织历史上的不同时期,它们被赋予了不同程度的合法性。有些形式一直被视为对公司存续和盈利的重大威胁。例如,公司从始至终都在努力遏制侵犯它对英国与亚洲之间货物运输的垄断的私人活动。这些私人贸易商,或说公司眼里的走私犯,包括一些与公司无关的大英帝国公民,这些人要么在亚洲做买卖,要么通过好望角航线把亚洲商品带到欧洲。这类人还包括非英国公民,他们在英国销售直接从亚洲发货的商品,即未通过再出口市场合法渠道的货物。与公司无关但搭乘其船只前往东方的旅客会被搜查是否走私货物。举例来说,1732 年,在“麦克斯菲尔德”号(Macclesfield)上进行的一次这类搜查发现,船上一名叫弗劳尔

(Flower)先生的乘客口袋里藏了126盎司黄金(Thomas 1999:280)。

东印度公司竭力执行规定,禁止下属船长们在返回公司所在的朴茨茅斯和唐斯的码头前在金塞尔(Kinsale)、马恩岛(Isle of Man)、海峡群岛(Channel Islands)等任何其他英国的港口卸货,也禁止与别的船只会合在海上非法转移货物。公司的巡逻队要是抓住了携带东印度货物的非公司船只,这些货物甚至可能还有船只都会被没收(Thomas 1999:282—84)。

公司表示,或至少是经常宣称,从事此类贸易的个人不仅违反了公司章程,还偷取了给王室的海外贸易应缴纳税金。公司在伦敦法院起诉了许多这样的人,并为检举他们提供奖励,还指定了一些人在码头上调查和监视沿海船只以及公司自己的航船(Sainsbury 1922)。

甚至当英国官方正式批准其他企业进行东印度群岛贸易后,公司也上蹿下跳地反对这些团体。这些获批组织被东印度公司看成闯入者和走私者,其中最大的是考廷协会和英国新东印度公司(the New English Company)。考廷协会成立于1635年,还获得了国王的支持,因为它声称自己的目的就是在东印度群岛广修据点(在这一点上,东印度公司被认为没有对国王尽职尽责)(Foster 1912)。然而到了1657年,英国东印度公司就在占据优势的情况下强行与考廷协会进行了一次合并;1698年,新的东印度公司成立后,也发生了同类事件。旧公司的理事会费神施展了一些阴谋诡计,迫使新老两家公司实现合并,有效地将新公司吸纳进旧公司;合并后的东印度公司在1709年更名为英国联合东印度公司(United English East India Company)。[1]

英国商人们有时会在一些模棱两可的情况下放弃自己的公民身

份,加入其他欧洲国家的特许公司。苏格兰商人科林·坎贝尔(Colin Campbell)就是如此,他为了在瑞典东印度公司工作,获取了瑞典的居留权(Koninckx 1980:50)。英国东印度公司认为此类行为触犯法律,但起诉难度更大。有一次,船长托马斯·霍尔(Thomas Hall)加入了它的对家奥斯坦德公司(Ostend Company)*,并通过私人贸易为自己谋利。在向公司正式道歉并支付 2 100 英镑后,霍尔被允许重新加入英国东印度公司,再度担任船东(Sutton 1981:22)。

即使在价值巨大的跨大陆贸易中,东印度公司也对自己的员工表现出了一定的宽容。公司一直给船长、军官和船员们少量货物配额,让他们用于自己的私人贸易。船长拿到的额度最多,是大副的 5 倍。1715 年,每运送 100 吨公司货物,船长就可获得 300 磅的配额,大副可得 60 磅,份额逐级递减,水手可分配到每吨货物 10 磅(Mentz 2005:130)。配额之间的差距似乎有所扩大,1767 年,"索尔兹伯里"号(Salisbury)的船长约翰·威奇(John Wyche)在船上装载了价值 4 660 英镑的私人货物,而大副只装了 305 英镑(Thomas 1999:151)。这种私人贸易是合法的,但要受到严格的监督。货物进了英国要接受检查,以确保没有超过员工各自的份额,所有运回英国的货物都要通过公司在伦敦的拍卖出售。

尽管在大多数情况下,东印度公司不会从这些配额中抽成,但其他费用不可避免地推高了那些从事合法私人贸易的人的成本。1749 年,"戈多芬"(Godolphin)号的船长约翰·史蒂文斯(John Stevens)带回了 28 桶又 10 箱熙春茶(hyson tea)、12 箱安息香(benzoin)、15 箱

---

* 奥斯坦德公司(Ostend Company),皇家特许的奥地利东印度公司。——译者注

山扁豆皮(cassia lignea)(中国肉桂)、2 箱又 159 桶散沫花(camphire,又称 henna)、一箱白胡椒、一大桶罗望子(tamarind)、5 批橙子、20 桶亚历酒(arrack)(一种烧酒)和 6 336 件藤制品。在拍卖会上,史蒂文斯从他带来的商品中赚到了 7 240 英镑,但他向公司支付了 380 英镑作为商品的储存和拍卖费用。如果算上付给海关、税务的钱和对慈善基金的捐款,他能带回家 4 760 英镑,这还不包括商品的初始成本(Sutton 1981:157)。

史蒂文斯带回英国的货物在私人贸易进口中不算特殊,但与雇员定期出口到东方的货物类型截然不同。约翰·威奇通过"索尔兹伯里"号出境渠道运送的货物包括铜器、卡牌、文具、一辆装满了帽子的双轮马车、闹钟、玩具、马车弹簧、餐刀、药物(三大箱)、玻璃珠、玻璃器具、金银丝花边、爪钩和锚、针织品、铅笔芯、眼镜、钉子、颜料、香水、印刷品、红白铅混合物、马具、葡萄酒、精细加工后的盘子和丝绸,等等(Thomas 1999:152)。

船长、军官和船员们都在运输超过自己配额或是类型对不上号的货物,这也算从事非法贸易,但通常只被视为轻微的违规行为。其实对于船长们来说,在海外港口或趁天气变化前匆忙返回英国时,可能很难完全准确地计算出船上所有货物的数量。大多数情况下,公司只是对船长们征收每吨 28 英镑的超额罚款(Mentz 2005:129)。

私人贸易特权的扩大

尽管东印度公司在亚欧贸易上作为一个商业性组织的立场几无变动,但它对港脚贸易——局限于东印度的贸易——的态度发生了巨大的扭转。正是由于这方面,英国东印度公司与私人贸易的关系区别于其他在亚洲经营的欧洲特许公司。该公司在早期的历史中,虽然没有正式允许员工从事私人交易,但对其实际行为也没做出多少有效的控制(Chaudhuri 1965:118, Watson 1980b:74, Marshall 1993:chap. xiii, 278—80)。1661 年,公司官方退出了港脚贸易,将其部分开放给了雇员(Watson 1980b:75)。与公司在 1660 年至 1680 年间颁布的许多关于私人贸易的条例一样,这项举措让已有的做法合法化了。

1662 年,在公司以外经营的英国人正式获准在东印度群岛内以他们自己的名义进行贸易,只要不干扰公司的生意(Marshall 1993:279)。1667 年,亚欧之间除胡椒和印花布外的一些商品交易被放开,所有港脚贸易都合法化了(Watson 1980b:75)。到了 1679 年,对胡椒和印花布的限制取消,港脚贸易向个人和公司雇员全面开放(Watson 1980b:77)。这些规定基本上认可了海外雇员们自称已拥有的自主权,他们利用自己在公司工作的时间,努力通过私人贸易积累个人财富。虽然公司等级结构分明,但他们使得权力分散的这些方面被白纸黑字地确立下来。本书的首要论点,就是这种去中心化的组织结构,及其在 18 世纪通过私人贸易津贴的正式延展,对英国东印度公司内部的信息接收和沟通方式产生了深远的影响。

最直观的影响是允许两个具体问题得到解决,从而激励了私人贸易。其一也是最大的问题,是亚洲和英国之间的财富转移。1660 年前,私人贸易商们即使赚到了钱,将钱汇回英国也是困难重重。这些钱财必须对公司隐瞒,因为个人是不可能用合法手段获得这些财富的。港脚贸易合法化后,雇员们就获得了一条将钱汇回英国的可靠途径:可以使用公司的汇票。[2]汇票还使私人交易员者们能够在亚洲利用英国的资源和贷款为新的投机冒险融资。门茨(Mentz)估计,从 1675 年到 1683 年,从伦敦汇出了 95 万 5 280 英镑到亚洲用作私人贸易的启动资金,每年约 10 万英镑(Mentz 2005:95)[3]。尽管这一数额已经相当可观,但还是不能涵盖东方私人贸易的全部支出,因为许多英国商人也向印度放债人借钱,为在亚洲进货提供资金(Marshall 1993:39)。

由于参与港脚贸易就会被解雇的风险已解除,私人贸易业务得以扩大规模。17 世纪 60 年代之前,代理商们不得不偷偷雇佣船只或在公司的船上走私来从事港脚贸易,有了更宽松的规定后,他们就可以归拢地方上的小船队而不用担心别的雇员会举报他们。霍尔顿·弗伯发现,1719 年,仅在科钦(Cochin,原为"Kochi")就有 15 艘属于英国人的地方船只;1740 年,其数目增加到了 29 艘(Furber 1976:272);巴尔·克里希纳估计,到 1680 年,私人港脚贸易占公司官方贸易量的四分之一,到 1710 年二者已持平(Krishna 1924:125)。此类贸易有一部分属于与公司无关的英国商人。少数自由商人以英国公民的个人身份在一些较大的公司定居点住了下来,这些地方在 18 世纪已发展成主要的贸易中心。[4]其中一些人通过参与亚洲的港脚贸易赚了大钱,最著名的是托马斯·皮特(Thomas Pitt)。

17 世纪 60 年代和 70 年代的私人贸易津贴也影响了被称为"东印度人"的雇员们的贸易。船长、军官和船员的运输成了资本在东方的港脚贸易者和英国的商业网络之间来回转移的另一条途径,因为在东方能获得更多财富(Mentz 2005:51)。[5]然而,船长和军官们并没有将自己的活动限制在促进伦敦和东方之间的资本转移上。他们积极参与港脚贸易,改变自己船只的航线去买卖货物。只要这种偏离没有明显地拖延航程的进度,就在合法行为的范围内。船长和船员们的贸易量必然比公司本身的要少,因为它在同一船货物中所占的比例更小。克里希纳估计,到1710年,这个数额也肯定要比英国人乘私人船只进行港脚贸易的数额要小。然而,这是英国船只的常规固定操作,几乎可以肯定地说,这种现象掩盖的是私人性质的闯入者对公司垄断东西方交易的霸权不那么系统的挑战。因为船长和管理者们进行私人贸易使用的是东印度公司的船只,他们为达成目的的所作所为,在更大规模上改变了公司贸易网络的结构和动态。第四章和第五章将专门分析这些影响。

无论哪个时期的私人贸易者都是为自己的利益行事,但很少完全独立于东印度公司。对于公司内部从事许可之内和之外的私人贸易的员工们尤其如此。公司与外国势力谈判外交协议,以建立进入不同港口和市场的合法途径,在许多情况下还能使关税税率降低。这样一来,无论是否为公司雇员,英国私人交易者的存在都得以合法化,关税负担也减轻了。而且只要是在港口,受公司雇佣的私人交易商就会相当依赖公司投资的一项关键基础设施:工厂。许多私人贸易商也要依靠公司租用船只,不仅用于往返东西方,还用在亚洲内部贸易的货物运输。私人交易商们有时也会利用公司的资金来垫付短期支出——这显然是违规的。东印度公司提供了一种将私人财富转移回欧洲的工具,保护其免受激进竞争对手的攻击;它努力在英格兰境内行使垄断特权,这很可能让走私商品回英国的获利更加丰厚。因此,私人贸易的进行依赖于垄断,不能简单地把它理解为自由贸易的一种形式。

当代人以及英国东印度公司本身对于私人贸易的看法

当代读者可能会对公司员工中普遍存在合法或非法的私人贸易感到惊讶。它的普遍性是基于人们认为“什么事情是可以做的”的共识，以及公司执行自己规章制度的能力有限，特别是当这些制度与普遍做法不一致时。英国的都铎王朝和斯图亚特王朝都实行世袭君主制。这些王朝的政治制度及其运行基石的行为准则，与大型国家官僚机构崛起后人们所接受的非人格化精英主义理想天差地别。斯图亚特时期的英格兰更是被称为“早期贪污腐败”的一个典型（Scott 1972）。世袭制是一种按照与执掌行政机关者的个人关系来授予权力和特权的制度（Adams 2005）。这样的制度并非障碍，只是建立在徇私舞弊、裙带关系和附从庇护的原则之上。职位、权利和特权一旦被授予即成为个人财产。封建制度下的官职及其附带的权利和特权是可继承的，仅限于贵族阶级内部。法国、西班牙和教皇国都建立了一种官方腐败制度，在这种制度下，官职被当作商品在公开的市场上买卖（Gorski 2003：144—54）。在斯图亚特王朝时期的英格兰，贪腐从未在明面上合法过，但其原则已被纳入国家的运行。

此类行事甚至在 17 世纪都是受到批评的。[6]然而，许多人直接将公众利益等同于王室利益，为庇护主义或简单的偏袒行为提供了完全一致的理由（Génaux 2002：108）。国家和个人行动者根本不受发达工业国家文化中通行的一系列规范的压力制约。特别是无私忠于国家的理想，在近现代的世袭背景下几乎毫无意义。詹姆斯·斯科特回顾这一时期时，简要罗列了许多核心差别：

> 因此,17世纪的英国政治促使我们现在认为是腐败的做法滋长泛滥。为寻求庇护者谋个一官半职,无论他们的资质如何,这是当时庇护关系里维系忠诚度的一个必要部分。买卖官爵,用金钱或物什交换有利于己的政府决定,让亲戚朋友从王室的金库中饱私囊,压迫权力更小更没有关系的人,等等,都是英国政府发展到这个阶段的典型表现(Scott 1972:44)。

东印度公司是通过与斯图亚特王朝相同的世袭制原则建立起来的。组成理事会的商人们用直接贷款和政治支持来讨好现任君主,以确保特许权的延续。通过寻求理事会有权有势的人物庇护,个人被任命到公司内的重要职位,如船东或指挥官等。一旦获得了特许状,公司就能把它当成一种私有财产,事实上如果它采用的是受监管公司的结构,就可以将特权出租给他人。因此,一旦在公司内获得职位,员工们就觉得要把利用通过雇佣赋予他们的权利、特权和资源来为自己谋利作为优先选择,这也就不足为奇了。他们这样做只是依照商人在与国家关系中所遵循的标准做法。当然,人们普遍认为,直接违背雇主的利益是不当行为,就像违背国王利益的行为会受到谴责一样。那会儿员工和公司都面临的问题就是从事不同类型的私人贸易是否会真正损害公司的利益。在当时,就像现在一样,给这个问题一个明确答案并使所有相关方达成一致,并不是容易的。

私人贸易背后的道德模糊性有助于解释员工为何能够参与其中,但不能完全说明为什么公司逐渐接受有限形式的私人贸易成为一种堂而皇之、明文规定的做法。公司的业务就是用垄断特权获利,直到1670年,威廉·阿灵顿(William Allington)还提出了一项禁止所有私人贸易的提案,并在理事会常务会议上进行了辩论(Sainsbury

1929:356)。垄断和竞争控制是占主导地位的"控制概念",这是董事们解决问题时的默认策略(Fligstein 1990:12)。

即便是在这一较早的时期,意识形态的转变也可能在扩展私人贸易的决策上起到过有限的作用。17 世纪,反对垄断特权的暗流已然涌现;17 世纪晚期,这种想法在股东们的常规议事会上获得了些许关注。公司的许多同时代人都认为垄断特权违背了普通法和《大宪章》(Roover 1951:507, Stern 2011:47—48)。英国内战结束后,一群新崛起的年轻商人加入了公司董事会,其中一些人正是曾经的"闯入者",他们是自由贸易的拥趸(Brenner 2003:516—18)。这些人或许推动了将扩大私人贸易纳入公司基本原则。

然而,公司权力受到结构性限制,这似乎更为关键。距离显然对此居功至伟。这一时期,所有跨国公司都很难对海外代理商施加足够的控制。任何一家公司的总部通常都需要 6 个月的时间才能收到违规行为的消息;反馈又要花上 6 个月传回到东方;更复杂的调查则有可能持续数年。

哪怕因此困难重重,长途跋涉带来的后勤问题也没有阻止其他东印度公司拘束员工的努力。就英国东印度公司而言,国家和公司之间的分离,意味着该组织因此拥有的资源更少,但行动也没有带上荷兰的或葡萄牙的东印度公司那么浓的军事化色彩(Furber 1976:39)。既缺资金又缺军事权力,削弱了英国东印度公司实行内部掌控的有效性(Bassett 1960:34),这使得私人贸易等间接性的激励更具吸引力。伊恩·布鲁斯·沃森和 P.J.马歇尔都指出,该公司想要规避港脚贸易的相关成本,这是它决定放弃一些垄断特权的部分重要原因(Marshall 1993:chap.12, 281, Watson 1980b:77)。

在对私人贸易做出让步的关键时期,当它在议事会上被直接提及时,委员会和董事们似乎是在通过订立法规进行管束和疏通,以解决这个已经存在的现实问题。1662 年,在向约克公爵提交的一份关于私人贸易行为的请愿书中,东印度公司写道,为了“防止这种行为(私人贸易)被滥用,公司已向所有指挥官、高级职员和海员提供了合理合法的契约”(Sainsbury 1922:276)。两年后,不当行为的存在再次成为扩大私人贸易津贴的唯一明确原因:

> [公司]根据经验,许多人未经授权,以上述所有者和水手的名义,大量从事贸易……为鼓励贸易,且使众人皆可在公司允许的范围内公开自由地行事,今下令:任何人只要向公司支付2%的许可费和运费,就可将任何珠宝或其他小体积的贵重货物通过本公司船只运往印度群岛(Sainsbury 1925:18)。

通过免除对某些货物的罚款、运费和税收,东印度公司试图将私人贸易从那些被认为最有利可图的商品上转移开来。它通过颁布法令,有选择地降低某些商品的成本同时提高其他商品的成本,阻拦那些被认为对私人贸易来说利润过于丰厚的商品的交易(Sainsbury 1922:352, 1925:233, Chaudhuri 1978:386—87)。管制而非禁止,使公司能够通过运费、税收和罚款从货物上赚些小额利润;但若是被视为非法的货物,就难免通过公司管理人员或海关看不到的其他路子进入英国。

公司还轮换使用私人贸易津贴与工资。私人贸易津贴可以作为模范服务的报酬。著名记者尼古拉斯·巴克里奇(Nicholas Buckeridge)就因出色履行职责而被免除了私人交易罚款。“快乐入口”号(Happy Entrance)上的军官们也获得了类似待遇(Sainsbury

1922:363)。在其他一些情况下,工资是根据私人贸易上的特权谈判来的。约翰·亨特(John Hunter)船长承诺"放弃一切买卖,全心全意致力于公司的业务",作为回报,他获得了一份异常丰厚的薪水(Sainsbury 1922:43)。"回归"号(Return)的船员们被额外支付了一个月的工资,因为他们在圣乔治堡(Fort St. George)的停留被突然中止,进行私人贸易的机会就变少了(Sainsbury 1932:17)。对在服役中死亡的人的遗孀,公司常常会为她们免除与私人贸易商品相关的罚款(Sainsbury 1922:185, 243, 1932:84)。

虽然很容易想到这样的问题,即董事们是否战略性地引入了私人贸易津贴,以鼓励对新的港口和新货物的持续探索,并通过同行社交网络在组织内传播这一讯息,但问这个问题可能是不合时宜的。议事会的记录表明,私人贸易津贴是公司负责人们的一种务实回应,针对他们受到的以下限制:(1)控制高级职员私人贸易的能力;(2)为员工工作提供相应报酬的能力。尽管董事们是在回应迫在眉睫的问题,这一员工权利合法化和扩大化的时期似乎产生了长远的影响,因为它与英国东印度公司扩张历史的开启相吻合,也是1660年到1700年之间(Chaudhuri 1978:82)。

雇员私人贸易时代的结束

在私人贸易津贴扩展后的近一个世纪里,英国东印度公司的海外事务除了扩张和增长外,管理方面几乎没有什么变化。18世纪40年代开始,法国东印度公司在印度半岛开启了一场声势浩大的领土扩张运动。最终,围绕着法国东印度公司扩张产生的复杂政治斗争,连同英国东印度公司和莫卧儿王朝对此的回应,在1757年的普拉西战役中达到了高潮。英国军队的胜利直接让该公司获得孟加拉领土事实上的主权。

攫取孟加拉政权,对公司海外贸易的开展、内部的组织结构及其与英国政府的关系都具有重大意义。最直接的变化发生在公司对金银的需求。公司自成立以来,最重要的出口产品就是金银。从历史上看,亚洲对欧洲商品的需求并不强劲,厚羊毛是英国对欧洲的主要出口产品,但在亚洲尤其难卖。这意味着公司必须用金银去交换亚洲商品。当时许多位高权重的政策制定者都信奉重商主义,其理念是出口黄金会耗尽国家的财富。他们的反对使东印度公司陷入一系列关于海外贸易扩张带来的公共利益的辩论,推动了现代经济学理论的形成(Barber 1975, Khan 1975:48—51, 185—92, 299—305, Appleby 1978:37—41, 125, 216)。

海外对黄金有持续需求,以及从英国出口黄金所带来的政治压力,促使东印度公司在其漫长的历史中一直在寻找作为替代的黄金来源。事实上,公司不断接纳私人贸易也与对海外替代性资本的需求有关。私人贸易商带着资本来到东方,在逗留期间如果生意成功就会积累更多资金。1725年,林肯郡的孟森勋爵(Lord Monsoon of Lincolnshire)派儿子威廉·孟森(William Monsoon)带着价值1 000英镑的白银前往东方(Mentz 2005:80)。更老练的交易者们会带上更多的外汇储备。罗伯特·南丁格尔(Robert Nightingale)记录了他在寻找一种可靠的向东方运送1.2万至2万英镑的方法时所遇到的困难(Mentz 2005:85)。资金紧缺严重时,公司还会转而向私人贸易商们寻求短期贷款(Cheong 1979:9)。更常见的是,高级职员们从公司提取汇票,将获益转回伦敦。这些汇款是公司宝贵的海外资本来源(Adams 1996, Mentz 2005:146—47)。

普拉西战役让英国东印度公司受命成为法定收税者("迪万"[diwan])。这个官职为它提供了另一种巨大的潜在黄金来源:孟加拉的土地税。伦敦的管理层对前景欣喜若狂,认为公司将能减少对外来金银的依赖并最终平息对其出口政策的批评;投资者们也大受震撼,公司股价在短期内急剧上涨(Yapp 1986:44)。税收逐渐成为可与商务匹敌的公司头等业务,公司对领土扩张而非商业扩张更感兴趣了。它通过土地收入和与英国王室的政治伙伴关系获得了新资源,减少了对船长和船东私人利益的依赖,也结束了对员工的长期妥协。

在组织重组的一般过程中,控制权逐步集中(Furber and Rocher 1997; Marshall 1993; Chaudhuri 1965, 1993)。到 1787 年,公司雇员几乎完全被排除在港脚贸易之外(Webster 2007:9)。公司在历史上的这一时期最显著的就是重新定义道德行为标准。18 世纪 60 年代以前,私人利益和公共利益混合,最独特的代表就是公司高级职员的私人贸易,这在当时是一种完全可接受的行为模式;而到了 18 世纪 80 年代,它被认为是腐败的根源(Marshall 1965, Nightingale 1985, Wilson 2012)。

在此期间,与公司无关的个人或说"自由贸易者"进行的私人贸易有所增长(Webster 2007:9)。亚洲造船业的发展为私人贸易注入了活力,因为海外的英国自由商人要使用当地船只进行自己的港脚贸易。根据 P.J.马歇尔的说法,加尔各答作为最大的船舶生产地,在 18 世纪 80 年代欣欣向荣。1781 年至 1802 年,加尔各答的造船厂造出了77艘船,每年要建造三到四艘(Marshall 1993:296)。一个新的英印间机构代理行出现了,它取代了曾经主宰港脚贸易的雇员的位置。代理行代表他人投资海外贸易,同时还提供银行和保险服务,甚至有时还参与商品的制造(Tripathi 1956:11)。其客户主要是一群被禁止从事私人贸易的东印度公司雇员。

公司船只和高级职员继续在私人贸易中发挥重要作用。个人的船运津贴额度标准也提高了。从1785年到1793年,公司拍卖会上为船长们拍卖的物品价值就多达600万英镑(Sutton 1981:81)。英格兰与亚洲之间的资金转移过程,越来越多地与给船长的货运津贴挂钩。为保持这条重要途径的畅通,代理行加强并依赖于自身与船长们的联系(Webster 2007:10)。然而,船长在港脚贸易中的自主参与遭到了董事会的针对和限制。

18世纪60年代到70年代,董事会开展了调查,以确定控制海外业务的有效手段。1776年,他们通过了一项法案,严格禁止任何船舶偏离预定航线的行为(Cartwright 1788?)。被判定存在改变航线之过的船长被命令在私人贸易委员会和航运委员会面前当堂解释自己的行为。1776年法案大大削弱了船长对他们手中最大的资源——船——的控制。随后还进行了其他改革,例如执行一项长期休眠法案,取缔了以前利润丰厚的船长买卖市场(Cotton 1949:25, Sutton 1981:72—73)。船长任命程序的改革让指令传达链路更通畅,增加了违反公司规则时被解雇的风险。这也标志着公司摆脱了以庇护和贪腐为特征的非正式模式。这些措施共同削弱了船长参与和掌控自己私人贸易的能力——这正是上述措施的目的。

这些变革大体勾勒出了公司私人贸易的三个主要时期:1600年

至1660年，私人贸易非法且不受控制；1660年至1760年，私人贸易合法化且逐渐令人瞩目；1760年至1833年，私人贸易非法且日益受限，同时不属于公司麾下的自由贸易增长。

葡属印度

葡属印度（Portuguese Estado da Índia）是第一个参与亚洲海外贸易的大型欧洲实体。与英国人不同，葡萄牙人对香料贸易很感兴趣，但主要是出于政治考虑。大部分从亚洲经陆路运往欧洲的货物都让葡萄牙政府的敌人从中获利。奥斯曼帝国和马穆鲁克帝国在货物前往欧洲的途中向他们征税。通过绕非洲海岸的航线，葡萄牙人希望将伊斯兰国家排除在欧洲与东印度群岛间的贸易之外，减少这些国家的收入，进而削弱他们打仗的能力。葡萄牙人还设想通过绕行中东来创造战术优势。这一战略未能产生即时影响，但从陆路向好望角路线的转变最终将对奥斯曼帝国的财政造成沉重打击（Barkey 1994：50）。具有讽刺意味的是，尽管葡萄牙人与其他欧洲人就进入东印度群岛贸易进行了长达一个多世纪的斗争，但陆路的衰落更多地指向了英国和荷兰东印度公司的最终成功，而不是任何由总督采取的直接行动或是与其相关的商业投机（Braudel 1992c：447，Steensgaard 1974：155—69）。

为了追求军事目标，葡萄牙人进入印度洋，意图征服可用来控制贸易的战略要地。例如，1511年占领的马六甲（Malacca）之所以成为攻打目标，就是因为它位于马来西亚半岛西南端，俯瞰香料群岛、南中国海和印度洋之间的狭窄通道；1515年被占领的霍尔木兹

(Hormuz)只有盐和硫黄,但位于守卫波斯湾入口的狭窄海峡边缘。葡萄牙人占领的其他重要据点还包括果阿、索法拉(Sofala)和莫桑比克等。在更遥远的东方,葡萄牙人不得不采取一种不那么军事化而更商业化的行为模式(Subrahmanyam 1990a:92)。例如,1557年,葡萄牙人贿赂了一名中国港口的官员,在珠江三角洲入海口处的一个岛屿上获得居住权。这个岛屿就是日后的澳门。葡萄牙人在岛上建造了防御工事,开展了繁忙的贸易,但条件是顺从强大而富有的中华帝国的要求。

在力所能及的地方,葡萄牙人在自己的定居点和海域之内自封为统治者。葡萄牙国王曼努埃尔(King Manuel of Portugal)自称是“埃塞俄比亚、印度、阿拉伯和波斯的征服、航海与商业之王”。皇家军队开始在印度次大陆西海岸强制推行“海上贸易许可证”(cartaze)规定的制度:船只被迫必须向葡萄牙政府购买通行证以从事贸易。毫不奇怪,买通行证要花一大笔费用。葡萄牙人还要求船只停靠在葡萄牙的港口以购买通行证,在此期间还有义务为自己的货物缴纳关税。未携带通行证或交易限制商品可能会招致极其严重的制裁。一个穆斯林家庭被发现在没有葡萄牙许可文件的情况下驾驶船只后,被统统卖为奴隶(Subrahmanyam 1990a:104)。船只和货物经常遭到葡萄牙人没收。

结果,亚洲商人们不遗余力地避开葡萄牙的船只和港口。“海上贸易许可证”并没有使葡萄牙人赢得财富,相反,它使贸易路线从曾经的目的地——富裕而国际化的霍尔木兹、果阿、索法拉和莫桑比克等——转移出去。这些城市的财富源自繁荣的海外贸易。失去了这些,它们慢慢地衰落,给葡属印度政权带来了巨大的财政压力(Silva

1974:154)。

葡属印度的商运也没比他们定居点的强到哪里去。整个组织都由葡萄牙王室拥有和经营。王室掺和进了亚欧之间的跨大陆贸易,但不算成功。经商的困难让官员们尝试其他贸易方式。16世纪末,当葡萄牙人开始意识到自己面临严重的财政危机时(甚至在其他欧洲人进入这些贸易之前),他们建立了一套特许经营机制。这种制度将特许权作为忠诚服务的奖励授予葡属印度的前官员,并赋予他们在亚洲特定航线(即两个指定港口之间)进行独家贸易的权利(Subrahmanyam 1990a:112)。[7]这一制度的问题是,葡属印度并没有对这些贸易路线建立真正有效的垄断控制,而且随着时间的推移,其维持有限控制的能力也减弱了(Subrahmanyam 1990a:201)。因此,特许经营机制所给予的特权在很大程度上是虚构的,人们很快就会知道这一点是否真实。

1628年,王室试图创建一个特许公司来重振海外贸易的命运,但它十分短命,5年之内就失败了。其主要原因是无法吸引私人投资者,后者担忧王室参与其中。政治内斗和腐败,二者似乎都是葡属印度的痼疾,从一开始就困扰着这次商业冒险(Disney 1977:248—51)。尽管有这些半心半意的创新尝试,但显而易见葡属印度在适应新的市场条件或是吸收新产品等方面力不从心,无力改变现状(Silva 1974:195, Disney 1977:251)。传统上将这些问题归咎于王室的严格控制。我的论点是葡属印度的失败与王室掌控有关,但王室掌控的问题,在于中央集权控制经营,限制了进入市场和取得利润的途径,压制了地方主动性。

虽然葡萄牙的当权者是出了名的腐败(Disney 1977:248—51),

但私人贸易在这个组织里也并不兴盛。特许制度是失败的,葡属印度雇佣成员也没多少其他途径参与贸易。葡萄牙的军官和士兵们被允许将用于他们自己个人买卖——就是私人贸易——的货物装在一个叫做“自由盒子”(caixas de liberdade)的小箱子里。英国人航行在太平洋上(在北美、南美、西非、佛得角群岛、圣赫勒拿岛乃至整个东方)时频繁停靠;与他们不同,葡萄牙人的“印度专线”(carreira da India)航船遵循严格的命令,从里斯本(Lisbon)直接开往果阿。除非遇到特殊情况和生命危险,否则船只禁止中途停靠。这些命令对于防止逃兵是必要的,但也减少了私人贸易的机会。王室手指缝里漏出来的唯一特许是在巴伊亚(Bahia)靠港补给,这使私人贸易进入了一种可控的模式,即用亚洲的丝绸、茶叶、香料和陶瓷交换米纳斯吉拉斯(Minas Gerais)开采的黄金(Boxer 1969:206—18)。

葡萄牙定居者们惯于脱离葡属印度治下。这产生了一些独立的葡萄牙商人定居点,由葡属印度的前官员和商人及其后代组成。普利卡特(Pulicat)和尼加城(Negapatnam)(即纳加帕蒂南[Nagapattinam])是最大的定居点。在16世纪早期,这些独立的商人通常是由逃兵组成的,最初并不受葡萄牙当权者的青睐(Subrahmanyam 1990a:106)。随着商人定居点的扩大和繁荣,到了法定退休年纪的高级官员们也开始在这些港口永居。这些定居点的官方地位在葡萄牙当局的评价中有所上升。然而这些地方仍对葡属印度持怀疑态度。桑杰·苏布拉曼亚姆将这群人描述为一个“无国籍、适应性强的商业集团”(Subrahmanyam 1990a:225)。在尼加城,葡萄牙定居者拒绝让葡属印度来修建防御工事,哪怕表面上是为了保护小镇免受附近荷兰人的威胁。因此,葡萄牙自由商在亚洲是一个重要的商人团体,但与葡萄牙官方没什么联系。

荷兰东印度公司

荷兰东印度公司(Vereenigde Oost-indische Compagnie)在形式上比葡萄牙的葡属印度集团更接近英国东印度公司。公司本身直到1602年才获得特许状;然而,荷兰人从1597年就开始定期组织绕好望角航行。1602年,几个荷兰的区域性合伙人将他们的业务整合成了一个体量庞大、供应充足的公司,在当时是东方最大的公司。

荷兰政府主要由商人精英阶层组成,与荷兰东印度公司关系密切(Khan 1975:6, Irwin 1991:1307—8, Adams 1996:15)。与英国东印度公司不同的是,荷兰东印度公司从最开始就能够与其他主权国家签订条约、获得土地并建造堡垒(Irwin 1991:1300)。公司有着商业性目标,但采取军事手段来实现这些目标。尼尔斯·斯坦斯加德认为,荷兰东印度公司“将主权国家的力量与商业合伙关系整合在一起”(1996:135)。1605年,荷兰人从葡萄牙人手中夺取了两个生产肉豆蔻的港口,蒂多尔(Tidore)岛和安汶岛;1641年,他们占领了马六甲;1658年,他们打下了位于锡兰的几个葡萄牙的港口,从而垄断了肉桂市场。到1667年,荷兰人在很大程度上将葡萄牙人赶出了香料贸易。荷兰东印度公司的战略很明确:通过征服来实现对香料贸易的真正垄断。

荷兰人为了控制肉豆蔻林,将班达群岛(Banda Islands)的人口几乎屠戮殆尽,这是欧洲殖民造成的众多惨剧之一。当地原本的经济被取代,荷兰人建立了奴隶种植园,并在岛上巡逻,查找不经许可的非法种植者。在以印度尼西亚群岛(Indonesian Archipelago)为中心的所有殖民地中,荷兰人实行强迫劳动制度,推动人口从事农业、远离贸易。其他商人也被认为是潜在的走私者,并被视为威胁。通过这些严厉的措施,荷兰人对丁香、肉豆蔻香料和肉豆蔻、肉桂等商品基本形成垄断。

尽管带有浓厚军事化色彩,荷兰东印度公司在形式上是一个私有组织,虽然它定期向政府发布报告,其高层管理人员必须宣誓效忠荷兰政府(Parthesius 2010:35)。该公司有着复杂的组织结构,反映了荷兰这个国家本身的复杂架构。在它的等级制度顶端是 17 名绅士,或称"十七先生"(Heeren Zeventien)。这些人是从代表阿姆斯特丹、米德尔堡(Middelburg)、代尔夫特(Delft)、鹿特丹(Rotterdam)、霍恩(Hoorn)和恩克惠森(Enkhuizen)的 6 个地区董事会中按比例选出的。董事们往往来自精英阶层,其中也包括荷兰的商人。起初,商人在董事会中占主导地位,但到了 18 世纪,政治家在人数上超过了他们(Boxer 1965:47)。

仿佛是要补充在荷兰国内的多元化结构,荷兰东印度公司将其在东方的控制权合并于一个城市:巴达维亚。1619 年,在扬·彼得松·库恩的指挥下,荷兰东印度公司违抗了"十七先生"的命令,从万丹国苏丹手中夺取了巴达维亚。巴达维亚成为总督(当时是库恩)的首府。政务委员会(raad van politie)、副官、总会计师、法官(fiscaal)和军事指挥官从旁协助总督。其他荷兰定居点也有类似的组织结构,但都属于巴达维亚的管辖范围。巴达维亚的政府负责监督荷兰东印度公司在东方的所有事务。它是战略力量和运营执行的中心(Furber 1976:50, Steensgaard 1996:136)。到 17 世纪初,所有来往欧洲和亚洲的船只都会以巴达维亚为起点或终点,这也使它成了荷兰东印度公司开发的港脚贸易网络的中心转运点(Parthesius 2010:116)。

荷兰人处理私人贸易的方式与葡萄牙人相似。军官和海员们分到了一个用于洲际贸易的小箱子。港脚贸易不向高级职员开放,因为它能为跨大陆航行提供资金,在荷兰东印度公司的商业战略中发挥着不可或缺的作用。在1620年的一段短暂的时间里,荷兰东印度公司曾考虑向自由商人(被称为"vrijburgers"或"vrijlieden")开放港脚贸易,这些商人通常是留在东方进行私人贸易的前雇员,但在1627年荷兰公司又果断采取行动禁止他们参与此类贸易。

荷兰东印度公司在强制执行对私人贸易的严苛规定方面比英国人有优势。公司官员们就住在巴达维亚,离潜在违规者更近;而且由于公司内部大量的军事存在,他们能利用更多资源来监视动静和履行规定。苏拉特的主理人彼得·劳伦斯·福森(Pieter Laurens Phoonsen)涉嫌非法进行私人贸易,他被扣光了薪水并被勒令向巴达维亚报告。回到巴达维亚受审的前景想必是令人难以忍受的,福森冒险逃到了孟买,两年后死于贫困潦倒之中(Winius and Vink 1994:94)。

这个体系尽管存在一些问题,但还是运行了半个多世纪。然而,港脚贸易的关闭意味着荷兰水兵(也就是私人贸易者)没有将新的港口和新的货物引入贸易网络,而是将他们的精力花在走私货物回欧洲上。公司的资金经常被挪用(Boxer 1965:202)。英国的私人贸易则为非法资金汇款提供了额外的路子,加剧了荷兰公司控制雇员的难度(Adams 1996:23—24, Winius and Vink 1994:94)。在荷兰东印度公司的体系中,私人贸易和公司贸易之间缺乏如英国东印度公司体系那般的积极协同作用。

其他规模更小的公司

法国东印度公司（la Compagnie française des Indes orientales），在印度和英国的殖民历史上发挥了重要作用，但它的商业生涯很短暂。事实上还有几家法国公司，每一家的组织方式都略有不同，但与英国和荷兰的东印度公司相比都是短暂的存在（Wellington 2006）。早在1600年，法国东印度公司就首次启航了。这是一趟私人冒险，由“可颂”号（Croissant）和“科尔宾”号（Corbin）两艘船进行了一次航行。1615年，法国东印度公司被授予了东方贸易的垄断权，到1627年期满终止。1633年，法国东方公司（Compagnie d'Orient）获得了垄断特权。它的活动包括一次殖民马达加斯加（Madagascar）的灾难性尝试。1664年，让-巴蒂斯特·科尔贝（Jean-Baptiste Colbert）为法国王室创立的一家皇家公司获得了特许。尽管最终摆脱了在马达加斯加建立定居点的注定失败的努力，专注于贸易，但该公司一直回报平平，到18世纪初濒临破产（Wellington 2006：23—47）。已经声名狼藉的约翰·劳于1719年重组了这家公司，赋予它“印度公司”（Compagnie des Indes）这个新名字。然而正如他的签名一样，1720年公司在短暂的投机热后骤然崩盘（Manning 1996：27）。1721年，一个名为“印度委员会”（Conseil des Indes）的政府委员会成立了，负责管理公司事务。它的成立使国家对公司商业事务拥有了直接控制权。

凯瑟琳·曼宁（Catherine Manning）已经指出，虽然由国家指导公司事务，但在此期间，私人贸易和公司贸易之间存在着积极的动态关系。虽然公司的官方贸易受到国家的严格控制,但法国公司的船只能租给员工,以便他们从事个人买卖,而国家经常是这些冒险行为的首要投资者(Manning 1996:78)。船员们也获得了运货配额标准,在这种情况下,可以免费运输占当次官方航程所载货量4.9%的私人贸易货物(Manning 1996:85)。

在法国公司中,私人利益和公司利益并不像在英国公司中那样交织在一起。私人投资者对公司的政策毫无影响力,因为它是由国家管理的,目前也不清楚通过私人航行获得的信息在多大程度上能够渗透和影响官方的贸易政策。尽管如此,法国公司幸存了下来,在被政府在奥地利王位继承战争(War of Austrian Succession)后将追求目标转为殖民和军事化之前(Manning 1996:29—31),甚至还在18世纪30年代短暂地繁荣过一阵。

由于诸多因素都发挥了作用,很难直接将它与英国东印度公司进行比较。法国东印度公司在18世纪短暂的成功,为观察同一时期东印度公司增加私人贸易津贴带来的普遍性优势提供了一些支持。然而,法国东印度公司严格区分了私人用船和公司用船,与英国东印度公司因时制宜的做法截然不同,而后者的举措对于在东方的船舶之间的本地信息流通至关重要。同样,法国公司在18世纪30年代最终昙花一现的繁荣,与英国公司持续的创新和扩张是完全不同的。即便没有转而追求殖民目标,也很难说“印度公司”的成功是否会在18世纪40年代之后继续下去。事实上可以这么说,通过参与领土侵略,法国改变了在东方经营的欧洲大公司的游戏规则,使那些无法在军事和商业上与它们竞争的组织处于险境。

总部设在奥地利的奥斯坦德公司存在于1715年至1731年间。

它在经济上取得了成功,但由于来自英格兰的外部政治压力而倒闭。英国东印度公司长期以来一直不愿视之为竞争对手,认为该公司不过是英国非法的跨大陆私人贸易的一个陪衬(Hertz 1907)。由于它最终的失败与公司的商业组织结构没有什么关系,它的历史基本无助于阐明本书所要解决的问题。

瑞典东印度公司是在1731年奥斯坦德公司解散后不久成立的。事实上,许多人似乎已将他们的资产从奥斯坦德公司直接转移到了瑞典公司,尽管并无证据显示这家瑞典公司是奥斯坦德公司的延续产物(Koninckx 1980:52)。与奥斯坦德公司一样,英国人对其业务参与度很高,尽管这种参与有违英国法律(Koninckx 1980:80)。其中一个较为重磅的投资者是苏格兰出身的科林·坎贝尔(Colin Campbell)(Koninckx 1980:50)。特许状中明确规定,股东的姓名和公司账户必须保密(Koninckx 1980:45—46),很可能就是在保护英国投资者。

瑞典东印度公司比英国或荷兰东印度公司要小得多,也没什么殖民抱负(Koninckx 1980:55);它也不太可能负担得起。该公司在最初的15年里赞助了25次航行(Koninckx 1980:53)。它不断发展,在1753年成为一家股份制公司,并于1766年至1786年间派出了39艘船;1786年之后开始走下坡路;最后一艘船派出于1804年(Koninckx 1980:65)。

船员们被给予私人贸易货物配额(Koninckx 1980:325),但董事和主要股东们被禁止参与私人贸易。这一限制分量很重,因为董事和股东都兼任船长。私人贸易也以其他方式被局限了。驶往中国的船只除了运载货物外,并没有从事可见的港脚贸易(Koninckx 1980:

119—34)，而它的61次航行中有55次去了中国。总的来说，瑞典东印度公司搭欧洲便车进入了广州的市场，略有小成。

丹麦东印度公司断断续续地存在了两百年。在很多方面，它相当于荷兰人的奥斯坦德公司和瑞典公司。它在名义上属于丹麦，但在资金和人员配备方面严重依赖荷兰的"闯入者"(Furber 1976：212—13)。1636年，曾就职于荷兰东印度公司的伯恩特·佩萨特(Bernt Pessart)成为运营主管(Subrahmanyam 1990a：186)。该公司最早活跃于1616年至1650年间，尽管在这期间，它的贸易绝大部分仅限于在亚洲的港脚贸易，因为缺乏跨大陆航行所需的资本(Subrahmanyam 1990a：186)。在第二段时期，丹麦东印度公司在德伦格巴尔(Tranquebar)(即塔兰甘巴蒂[Tharangambadi])建立了一座堡垒。它最终彻底失败，直到1670年才再次出现。在这一时期，该公司取得了一定的成功，但到1721年又几乎崩溃，此时它出租了自己的垄断特权。1732年，丹麦东印度公司再度出现，走了与瑞典东印度公司相似的路，与广州进行了大量成功的贸易。1772年，丹麦政府取消了垄断特权，向个人和其他组织开放对印度的贸易。在此之后，根据弗伯的说法，丹麦的私人船只通常装载着英国的私人货物，并配备任意数量的外国水手(Furber 1976：212—15)。随着18世纪接近尾声和19世纪拉开序幕，英国的私人贸易对丹麦东印度公司的运营变得愈发重要(Feldbæk 1976：233—34)。直到1808年，公司都在持续盈利。

奥莱·费尔德贝克(Ole Feldbæk)写了一本关于丹麦公司后期(1772—1808年)全方位历史的著作，他将其贸易描述为"一板一眼地按照路线"进行的(1969：14)。港脚贸易似乎可以忽略不计，至少在这个受到最多关注的后期阶段。与倡导自由贸易的主张相反,丹麦公司的例子在一定程度上支持了这样一种观点,即以大公司的形式比以官方许可的私人贸易商形式更具优势。毕竟,它能在丹麦的东印度群岛贸易成为一个开放市场后保持自己的地位。同样真实的是,丹麦东印度公司规模不大但利润丰厚的交易可能与它的重点有限且高度专业化有关(Feldbæk 1969:233),而且它还极需获取由英国私人贸易者带入该地区的本地资金(Hodacs 2013)。

1695 年,在非洲和印度群岛之间开展贸易的苏格兰东印度公司成立,它被称为"苏格兰达里恩公司"(Scots Darien Company)(Bingham 1906:214)。达里恩公司被国家授予了对亚洲——也是对非洲和亚洲——的贸易垄断特权,但在试图在中美洲建立殖民地时失败了。

结 论

与两个最大的竞争对手相比,英国东印度公司既不那么军事化,也明显不那么集权化。它的雇员系统性地享有更多的自治权利和更大的私人贸易特权,而且它不受国家的直接控制。这些都有可能是英国东印度公司取得长期成功的关键因素。在欧洲的东印度公司之间进行的比较,提供了一种评估每个因素重要性的方法,尽管任何结论都受到局限,包括东印度公司数量较少、各公司彼此之间的关系(即观察的非独立性)以及相对过多(相比于案例数量)的潜在重要因素等。

国家控制通常被视为葡萄牙和法国东印度公司衰落的一个因

素;然而,荷兰东印度公司享有高度自治权,却在适应新的市场条件方面遇到了困难;除了法国东印度公司外,规模较小的东印度公司都没有葡萄牙和荷兰那么浓重的军事化色彩。这些公司总是在生意上进退两难,每每都要利用已开发的成熟市场获利,如广州贸易等。尽管很难说他们要是获得更多资金会取得什么成就,但他们都没有表现出英国东印度公司那样的适应能力。在包括法国东印度公司在内的其他较小的组织中,公司和私人贸易之间存在协同作用;然而,通过公司船长们的港脚贸易,私人利益和英国东印度公司的利益以独特的方式交织在一起。[8]

早期海外贸易公司所面临的难题已用特定的历史条件进行了解释;然而,就荷兰和葡萄牙的案例而言,其失败是更大模式失败的一部分,在这种模式下,成功的大型组织也难以适应不断变化的环境。容纳私人贸易的形式可能对许多较小的公司有利,然而缺乏直接的政府监督以及和平——而非军国主义——的战略本身并不足以推动公司取得长期成功。因此,东印度公司之间的比较表明,私人贸易及其伴随的英国公司组织结构的分散化,在提高公司适应性和促进持续增长方面发挥了作用。接下来的两章将专门探讨私人贸易促进英国东印度公司内部创新和分权协调的机制。

注释

1. 布鲁斯·卡拉瑟斯(Bruce Carruthers)在对17世纪英国政治、金融和商业之间关系的深入探索中,写下了一段引人入胜的关于新旧英国东印度公司狭路相逢的历史(Carruthers 1996)。

2. 还有其他汇款方式,包括应急贷款、钻石贸易和在伦敦出售海运货物等。

3. 门茨的估算方法是从乔治·怀特(George White)统计的从英国到亚洲的

出口金银总数中减去乔杜里统计的从亚洲到英格兰的总数。从中得出私人贸易的支出略微超过公司支出的四分之一。

4. 门茨提供的数据显示,从1678年到1742年之间的任何一年,都有大约20名左右的自由商人住在马德拉斯;那里自由商人的数量也明显多于其他较小的公司定居点(Mentz 2005:202)。

5. 公司成员和船员们有时也会出售他们的货运特权,但其份额要小得多。

6. 尤其是对于卖官鬻爵行为(Klaveren 2002:100)。

7. 被赋予这种特许权的人还能利用在海外去世的葡萄牙公民的财产进行投资。

8. 对于规模更小的公司的私人贸易,还没有像英国东印度公司的私人贸易那样得到彻底的研究,此处可能会存在一些偏见。

第四章

社交网络与“东印度人”

英国东印度公司始于 17 世纪，在那时像极了荷兰东印度公司一个规模更小、不那么自信的翻版。这种情况在接下来的两个世纪里发生了逆转。荷兰人为建立对印尼群岛各岛屿的控制，似乎已被常规投入和为此进行的重大投资带来的沉没成本所困；英国东印度公司则通过将新港口和新商品纳入其贸易，充分适应不断变化的市场条件。在东印度群岛的贸易中，公司面临的最大问题之一，就是超越对胡椒和香料的初始追求。正如 K.N.乔杜里所说，“到了 18 世纪的第三个 25 年，所有关注东印度贸易的人一定都已明白，还有其他更有价值的亚洲商品可以被带到有利可图的欧洲市场。但他们当中很少有人愿意承认，应该放弃欧洲胡椒贸易中的国家利益，让位于外国竞争对手”（Chaudhuri 1978：313）。尽管荷兰东印度公司规模更大、实力更强且供应更充裕，但是英国东印度公司率先采取行动将商品棉布作为其新贸易战略的核心部分。这种将新商品引入欧洲市场并大获成功的创举，不是一个孤立事件，而是意味着一种更大的格局。

在本章中,我将探讨17世纪60年代至70年代的私人贸易津贴是如何帮助维持信息传播机制,使英国公司能够进行关乎自身长久存续的创新和探索。

组织理论认为,权力分散的去中心化组织结构有利于跨国企业在复杂的全球环境中运营,它能将本地信息融入企业的信息库(Bartlett and Ghoshal 1989:68, 131—54)。运用于新的背景下,即在组织边界之内,这种本地知识就是创新性的(Burt 2004, Padgett and McLean 2006)。大型组织无法避免的难题在于从身边的世界获取信息。依照马克斯·韦伯的观点,这种困难的产生是由于组织依靠现有的规则和惯例来吸引个人并迫使他们为之服务(Weber 1991:196—240)。僵化的惯例和规则会阻碍对新员工带来的新信息的吸收。根据尼克拉斯·卢曼(Niklas Luhmann)的说法,这种困难的产生是由于组织在根本层面上是用于降低生活环境复杂性的工具(Luhmann 1995)。从结构上看,伴随着大多数官僚行政机构的建立,控制集中化限制了决策者可处理的信息量,也就是说,决策者越少,能处理的信息量就越小。中央集权也使决策者更加远离周边的情况。

就解决这个问题的办法而言,结构性的途径是权力下放或增强地方行动者的自主性。但是,要想使组织继续作为一个组织行事——毕竟要以之为协调行动的形式——就必须存在某种综合机制,将这些半自治行动者的行动关联起来。因此,为了成功促进适应和创新,权力下放必须要能促进地方机构之间的信息传递,进而输入组织内部存在的更大的知识库。本章分析着重于从事东印度群岛贸易的"东印度人"们的船只之间的信息传递,以及这些信息是否被纳入公司更大范围的运营。

信　息

信息收集在对外贸易中总是一个格外突出的问题，对于近现代贸易者尤为如此。货物和市场分散相隔；价格和供求上下波动；政治条件五花八门。根据对国库的影响程度，政治领导人有可能会鼓励对外贸易；但在时局艰难、物资匮乏的时候，当地人可能会激烈地反对外国人。税率和免税额经常发生变化。港口可能会有敌舰出没。未知的浅滩可以让船只沉没。而一句警告或是关于如何雇用领航员的信息又可以使一艘船免于灾难或商业失利。

正如可预见的那样，东印度公司雇员间的信件的绝大部分内容都是与市场条件相关的信息：“东印度公司高级雇员中一些是从事大规模港脚贸易的商人，他们的私人信件里充满了非常详细的信息，包括当地的船运数量和时间及其到达和离开对市场和价格的影响。”(Chaudhuri 1978：192)专门研究该公司书面信件的迈尔斯·奥格伯恩(Miles Ogborn)提出，书面信件能作为非正式社交网络的补充，“董事们和工厂间的官方信件往来同样构成了一个广泛的私人通信网络，以在印度国内以及印度和伦敦之间保持长久影响”(Ogborn 2007：95)。

及时的信息无比重要。联络人一再要求，应尽可能快地给他们提供最新的信息。未来的孟买总督罗伯特·考恩曾令一位朋友通过马德拉斯的船只持续发送新消息，因为这样船来得更快(Chaudhuri 1986：102)。1778年，董事劳伦斯·苏利文(Laurence Sulivan)写信给他的儿子说:“永远不要错过任何可能的渠道,用暗号让我知道每一件要事的最新消息。”(Buchan 2003:109)如果别无选择,两个相隔千里的知己用书面通信就足矣,但历史记录中往往不会记载的面对面交流,是一种更及时、更直接也更值得信赖的信息传递方式(Sood 2007)。正如当下,面对面的对话与互动是推动商业巨轮滚滚前进的核心力量。

对话和直接互动的重要性,使公共会面场所成为海上贸易不可或缺的组成部分。伦敦的咖啡馆则是信息交流的中心,也是保险业务和海外贸易发展的关键一环。这些聚会点中最负盛名的是爱德华·劳埃德(Edward Lloyd)的咖啡馆,从中诞生了伦敦劳合社(Lloyd's of London)*、劳氏船级社(Lloyd's Register)和航运新闻杂志《劳埃德船舶日报》(*Lloyd's List*)。东印度群岛贸易中的金主和指挥官们则都聚集在“耶路撒冷咖啡屋”(Jerusalem Coffee House)**。

在萨顿(Sutton)笔下,18 世纪 60 年代政治动荡的 10 年里,“耶路撒冷”中的经典话题包括印度政治、对外委员会的内讧和私人贸易的传闻(Sutton 2010:102)。1768 年,从马德拉斯的咖啡馆里传出玻璃器皿短缺的消息。出海船只纷纷利用这个机会满载货品,最终造成了供过于求、价格跌至无利可图的局面(Sutton 1981:83)。这是一次信息级联(cascade)事件,这种情况指的是某些初始事件通过信息的传播与影响,在有社会联系的个人中引发类似传染的行为。这是活跃且高度聚集的社交网络的一个典型结果。

虽然不是所有港口都有咖啡馆,但它们都提供了充足的互动机

---

* 即劳埃德保险社,是位于英国伦敦的一家保险交易所。——译者注

** 位于英国伦敦的一家咖啡馆。——译者注

会。考虑到在国外的人一心想通过做生意发家致富，互动话题转向贸易也就不足为奇了。时任“杜灵顿”号（Durrington）大副的威廉·拉金（William Larkin）在一次与安杰戈（Anjengo）* 的代理人们共进晚餐时，“了解了他的上等孟加拉丝绸在沿海港口能卖到什么价钱，安杰戈的胡椒、上等布匹和槟榔在苏拉特又能卖到什么价钱，以及交易中要用的各币种汇率”（Sutton 2010：59）。

船长们也会带来有关不同港口状况和风险的消息。一直到18世纪，公司都没有提供够用的海图。于是船长们不得不拼凑自己得到的信息，这在很大程度上是通过对话完成的：“当时指引航向的可靠印刷出版物也非常稀有，有东方海域航行经验的指挥官和军官们会通过对话掌握大量知识。”（Sutton 2010：22）

船舶、船长与决策

顺流漂泊进热带水域时，船长们有几个因素需要权衡考量：他们正驾驶着一艘大约1 000吨的木船进入遥远的海域；最常见的情况是，由于坏血病、疟疾及许多其他疾病和寄生虫，已有100名或以上的船员死亡，人数锐减[1]；那些幸存的人可能无法全力工作。船长和船员们勇敢地面对这些常见的困境，因为他们想要获得一笔财富，以提前功成身退。

在第一次航行中，船长和军官们通常负债累累；毕竟常见的做法就是给船主钱以获得一个可能获利颇丰的职位，如船长或军官

---

* 即今安楚滕古（Anchuthengu），位于印度喀拉拉邦，英国东印度公司在此曾设立殖民据点。——译者注

(Sutton 1981:72—73)。[2]制服和杂费都是大笔开销。此外,个人参与私人贸易也需要初始资本来购买商品。而在公司历史上的大部分时间里,船长们的月薪只有10英镑(Sutton 1981:73)。他们或许可以通过运送乘客来赚点外快,乘客的票钱会进入船长的口袋,但只有从私人贸易中获得的利润才能补偿他们的初始支出。

确认自身地位稳固且船只已就位后,船长们就会从位于东印度大厦(East India House)的公司总部接收运输订单(Sutton 1981:104)。1720年,"卡桑德拉"号(Cassandra)被派往孟买。船长詹姆斯·麦克雷(James MacRae)的运单包括装载23吨的压舱物、40吨或更多的指定货物,如果是从苏拉特、孟买、加尔瓦尔(Karwar)或马拉巴尔海岸(Malabar Coast)出发,所载货物的三分之一就必须是胡椒。此外,该船不得在马德拉(Madeira)群岛或加那利群岛(Canary Islands)停靠,但可以在印度待上4个月来装货(Chaudhuri 1993:64)。与东方贸易中的大部分事情一样,当船长和船东想为他们的船只争取更好的任务时,寻求庇护是有用的。船东还会为此给自己船只的船长们建议和指令(Sutton 2010:20)。[3]在付出了大约6—8个月的时间,通常还有几条人命的代价之后,他们将在东方进行自己的第一次商业决策。

一旦出海,船长们就基本掌握了控制船只航线的大权。毫无疑问,一方面,他们决心在东方发一笔财;另一方面,他们的继续就业取决于抵达一个或多个在伦敦东印度大厦里被分配到的港口。因此,船长们必须考虑一下从他们的赞助人——船东——那里得到的建议。他们还可能接到公司在东方地区的代理人和董事们的额外命令。有时他们还需要接送公司高层,这或许会使船上的权力结构复杂化。正式的目的地是由伦敦的董事们下达官方命令确定的,并写在船只航海日志的第一页上。

理论上,船长可以在伦敦的公司管理人员指定给他们的港口交易自己的货物。其中很多人都这么做。在孟买、马德拉斯和广州等知名港口完成公司更大规模的茶叶、靛蓝和棉花贸易之外,船长们顺路交易些酒类和放大镜之类机械制造的小玩意儿,满足自己的利益。把船开到私人贸易目的地也是一种常见的做法。船长在前往必去之地的途中可以而且确实会合法地调整到其他港口停靠。

船长可能会在圣奥古斯丁(St. Augustine)或马达加斯加南部海岸几个港口中的任何一个停留。在那里,他们可以重新补充粮食,购买用于在中东或印度出售的奴隶。英国船长更是频繁前往葡萄牙或荷兰的港口,出售在马德拉群岛或亚速尔(Azores)群岛买来的酒。英国东印度公司的高级职员兼船长爱德华·巴洛(Edward Barlow)在日志中记录,自己在指挥官的命令下多次前往果阿,当时后者正积极从事蒸馏亚力酒交易(Barlow and Lubbock [1703] 1934:372)。“皇家公爵”号(Royal Duke)的卡明斯(Cummings)船长错过了通往中国的季节性航道,他决定花时间沿着马拉巴尔海岸进行贸易(Sutton 2010:64)。无论是进行公司的还是私人的贸易,船长都需要找到一个安全的、有“钱”途的避风港,这样才能完成一次成功的航行。

本章要分析的,是船长们在决定船舶航向何处时是否参考了公司其他船舶的经验。我的问题具体说来,首先是在东印度群岛内,当地信息是否为从一艘船向另一艘船横向传递,而不必返回伦敦总部。鉴于信息在海外贸易中的价值,及时获得信息对于公司和私人贸易来说都是一个重要的优势。由于船长们是在充满不确定性的条件下行动的,船舶之间的信息传递或许也可以看作一个理性模仿的过程:船长模仿他们在港口遇到的成功船长们的上一次航行,因为他们缺乏关于整个东方所有港口全部可利用商机的信息(Hedström 1998)。其次,分析考察了公司随着时间变化而改变的组织结构是否对信息的横向传递,即使用这些社交网络在船舶间交流信息,产生了影响。这两步研究了船长所处的社会环境,作为他们最终决定前往某些特定港口的前提条件。

最后是对这些社交网络对公司贸易整体结构的影响的思考。分析的最终阶段,是将船长的个人决策过程与宏观层面的结果相结合。整个过程可以看作一连串动态的社交网络结构,影响船长这一级别做出有条件的选择(Rolfe 2009),并累积构成新的社交网络结构模式。作为一种去中心化的分散通信手段,社交网络可以成为传输本地重要信息的渠道;大型企业若能接收这些信息,即可利用它们进行创新并适应新的市场模式。就此而言,可证社交网络交换确实促进公司层面的组织性学习。

数　据

用来解决这些问题的数据,都收集自“东印度人”所属船只的航运记录。我根据这些记录来辨别船舶之间的通信,以及组织对过去通过非正式联系——即船长之间横向通信——传输的信息的整合。使用“东印度人”船只的航行数据有着方法上和实质上的优势。首先,英国东印度公司以日志系统地记录了船只的航程情况。许多大的历史模式只有通过系统的数据才能揭示。此外唯一可比较的数据来源是保存在欧洲各个港口的航运登记册，但这些航运登记册存在的问题已经在其他地方详细讨论过了（Das Gupta 1979：280—92，Subrahmanyam 1988：179—88，Arasaratnam 1989：104—6，Prakash 1991，Mentz 2005：197，Parthesius 2010：125）。登记只是针对特定时间下的特定港口，即使在这些时间段内也有不一致之处，我们有理由怀疑记录的内容与现实存在很大偏差。虽然登记册在深入了解某些港口的历史方面是有价值的，但在对于更大的贸易体系的思考中，任何将各类登记册整理成一个大型数据集合的尝试，都会放大数据中存在的问题。

相比之下，英国东印度公司的航行记录提取自航海日志，这是船只航行路线的可靠记载。[4]荷兰东印度公司也有航运数据（Bruijn，Gaastra，and Schöffer 1979—87），然而这些数据取自运输登记册而不是航海日志，并不能直接与英国东印度公司的船运数据相比较。英国东印度公司的航运数据不足以用来分析东印度群岛地区所有海上贸易的更大模式，因为它们只涵盖了本公司的船只。但它们的确能用于考察该公司贸易中的系统性模式。对关于知识转移和整合的机制的研究结果，我的解释将仅限于英国东印度公司内部。这有助于阐明英国东印度公司内部权力下放促进其商业成功的具体方式。航运数据是组织的内部数据，也应适用于内部。

船舶是一个引人注目的分析切入点。因为它们是东印度公司组织框架内出现控制权被极端分散的场所之一。可以假设，尽管发生在同一时间，私人贸易和公司贸易是在各不相同的领域内运作。例如，当私人贸易被认为是非法行为的时候，私人贸易者存在强烈的动机将其对公司运营的影响降到最低以掩盖此类行为。同样的原因也导致他们对自己的私人活动保密,以免遭怀疑或谴责。即使在私人贸易合法的情况下,如果把它和公司贸易仅作为独立的问题分开处理,二者可能对彼此几乎没有直接影响。在 18 世纪晚期的改革之前,因为船长们从事私人贸易并且对他们的船只有很大的控制权,所以他们代表了私人利益和公司利益的交汇点。

有关船只航行的数据来自印刷资料《东印度公司船舶船舱日志和航海日志目录,1600—1834 年》(*Catalogue of East India Company Ships' Journals and Logs, 1600—1834*)(Farrington 1999b)。该卷整合了来自英国东印度公司的船舱日志、航海日志、收支账簿、预付款账簿、工资账簿、收据账簿、缺勤账簿、公司文件和海量信件等的信息。该项目的最初阶段涉及对与英国东印度公司所有航行有关的信息进行电子转录,并辅以收集其所访问过的 264 个东印度群岛港口的地理数据。项目成果包括一份从 1601 年到 1835 年参与英国东印度公司贸易的 1 480 艘船(共进行了 4 725 次航行)的清单和 264 个岛屿的地理坐标。航运数据包括航行源自亚洲的船只、新东印度公司的船只,以及东印度公司的船只以港脚贸易为目的的航行。清单列出了所有船只活跃的交易时节,标出了 99% 的船只的预定目的地。每艘船的船长也被系统地罗列出来,他们出现在其中 95% 有港口记录的航行中。在记录中,85% 的航行完成了对一系列港口的访问;未能完成访问的 724 次航行中,有 188 次因为船只腐朽、失事、侵略行为和其他不幸事件而终止。内陆贸易不算在内;在进入 19 世纪前,私人贸易和公司贸易通常都只限于沿海地区(Marshall 1993:292)。

这份"港口—港口"的航行清单是分析的核心,因为它是贸易社交网络演变的基础——每趟港口之间的旅行都构成了这个网络的一条边，抵到一个新港口的航行则为之增添了一个点。因此，我通过查阅原始航海日志的方法，核实法林顿（Farrington）卷中记录的数据是否准确展示了“东印度人”的船只访问过的港口。大英图书馆收藏的印度事务处记录（India Office Records）中存有原始的航海日志。对107份航海日志进行分层抽样调查后，可以证实，法林顿（1999b）所列的目的地港口与原始航海日志中记录的一致：日期和目标港口在所有情况下都准确无误。[5]

人们或许还会质疑事务长和船长（通常负责保存航海日志和船舱日志的两名高级雇员）是否如实记录了船只航行情况。正如历史学家迈尔斯·奥格伯恩所描述的那样，

> （这些日志）是为了向伦敦的冒险家们保证，他们命令要做的事情得到了执行，或者至少在航行中作出的决定不会与这些命令相悖。它们有可能提供为后续航行打下基础的消息，包括关于风、浅滩、有用的港口和休闲场所、良好的路线、所谓友好或奸诈的族群、好货和好市场、葡萄牙人和荷兰人的实力以及亚洲政治趋势的知识等。这些日志被公司以越发系统化的方式进行整理、存档和使用，以便为之后的航行提供“可以导航的”知识。（2007：49）

上文中的“保证”二字指向了一种可能性，即船长和事务长可能会在日志中省略不符合官方命令和规定的港口，以向公司官员隐瞒违规行为，但并没有证据表明存在此类省略。相反，立法限制英国东印度公司贸易商进入的葡萄牙和荷兰所属的港口却有大量记录在案。18世纪晚期前，只要船只在某个时候确实到达了正式指定的港口，公司就不太会去费心监管整个航程的线路。公司官员更关心的

是航行是否按时进行,而改变日志的文字内容并不能隐藏抵达伦敦时的延误。

日志能忠实地记载航行中发生的一切还有一个实际的原因。它们在航程中被用作导航工具,跟踪天气状况和位置。如果没有准确的记录,船只就会迷失,陷入险境,这给了保持准确记录充分的理由。船长们还直接依赖于收集储存在日志中的从前的航行数据。例如,威廉·拉金在苏门答腊岛(Sumatra)和日本之间的未知水域航行时,使用了威廉·丹皮尔(William Dampier)的旅行记录;亚历山大·达尔林普尔(Alexander Dalrymple)大部分有价值的工作都是基于对东印度公司航海日志的仔细阅读(Sutton 2010:83)。

为了额外地检验法林顿卷中所包含数据的有效性,我将《东印度公司船舶船舱日志和航海日志目录》(Farrington 1999b)与马士(Hosea Morse)编写的中国船舶贸易记录(1926)进行比较。马士的记录来自大班(supercargoes)们的日记,到"大班会社"建成后就使用会社的记录。马士列出的211艘船中,只有4艘没有出现在法林顿的数据中。这4艘船分别是"龙"号(Dragon)、"太阳"号(Sunne)、"凯瑟琳"号(Catherine)和"安妮"号(Anne),它们之所以不同寻常,是因为在澳门被出售了。两份清单之间剩下的差异包括:1702年的"麦格莱斯菲尔德"号(Macclesfield)的航行,1702年"联合"号(Union)的航行,以及1741年"皇家守护者"号(Royal Guardian)的航行。对于这几个案例,法林顿称这些船只并没有访问中国;马士则指出"皇家守护者"号是从孟买返程的,航程中有连续两个与孟买相关的日期,即1740年11月29日和1741年1月9日,因此,在广州港停留的记录似乎有可能是从这两次之间停靠的其他港口的列表中被删掉了。他对“麦格莱斯菲尔德”号和“联合”号的记录并没有什么解释，而且两艘船在 1701 年的航行中，停靠港口的日程都相对紧凑。此外，马士没有列出法林顿卷中所包含的 35 次航行。一小部分的原因可能是由于马士在其中 4 次航行中加入了“来自印度定居点的其他几人”或是变相的说明。所有这些都表明，航行数据确实比船舶登记册要可靠得多。

尽管历史数据似乎存在着问题，但与社交网络上的同时代数据相比，这些船只的记录诚然具有一些明显的优势。航行中会运送货物和个人，船上的个人则运送信息。当时，个体之间的互动是信息和商品流通的主要渠道（那会儿还没有现代的交流方式）。虽然在随季节变幻的天气阻碍行程时，紧急信息会通过陆路传递（Furber and Rocher 1997：chap.5，105—6），但直到 1803 年，英国对法国宣战的重要消息都还是通过恒河（Ganges）双桅船传到广州的（Sutton 2010：215）。这些情况使得该数据集对于跟踪国际贸易中的信息流动格外有用。如今，多个社交网络重叠，信息相互渗透；但在现代早期，在这种情况下由船只携带的人，才是传递书面或口头信息的核心。信息、货物和资本沿着与现代世界相比数量少得可怜的可用渠道整合，英国东印度公司的航行正是其中的传递枢纽（Mentz 2005：220）。这是上述数据的绝佳优势。

分　析

考虑到近代海外贸易的不确定性和波动性，船长如何决定前往一个港口还是另一个港口这个问题本身就很有意思。例如，有人可能会对船长是否更依赖个人经验而不是信任从他人那里收集的信息感兴趣。然而,本章的中心理论问题是,英国东印度公司雇员自主权的提升,是增加还是减少了船舶之间的横向交流。雇员自主性在该组织历史上的不同时期有所差别。大约从1670年到1757年,在早期的探索中和随后的时期内,雇员享有较高的自主权利,私人贸易津贴在公司规章制度中获得合法化;最后在殖民时期,雇员自主权利受到压制。因此,分析的重点就在于船长之间通过社交网络交换的本地信息的传递与该组织这些不同的时期之间的联系。

为了测定信息的类型与前往哪个港口的决定之间的关系,数据被结构化为一个选项的集合。因变量反映的是A港和B港之间存在联系。如果一艘船从A港到达B港,其因变量编码就是"1";当船从A港前往B港时,它必然不可能到达集合中其他可能的港口(比如港口C、D、E、F等),这种情况下其他港口的因变量编码为"0"。因此,分析单位是基于每艘船在港口之间的实际航行次数和可能航行次数的集合。值得注意的是,每一趟航程都由数次港口之间的航行组成。通过将东印度公司船只第一次访问前的5年和最后一次访问后的5年这段时间内到达的所有相关港口纳入考察范围,我确定了可能航行的港口集合。这意味着什么?举个例子,现代意义上的新加坡由托马斯·莱佛士(Thomas Raffles)爵士于1819年建立,因此,19世纪时的新加坡才能进入任意港口的选择集合范围中,这才合理。从目标港口出发后从未到访过的港口也被排除在选项集合之外。例如,如果东印度公司的船只没有任何从A港到D港的航行历史,这对港口间的连线就不会被包括在数据中,因为它不属于A港到B港之间的实际航行选项合集;当然,港口D可能会出现在另一个有直接前往港口 D 历史的港口的选项合集里。此外,还对港口在第一次访问前 5 年还是前 10 年进入选择集,以及在最后一次访问记录后 5 年还是后 10 年退出选择集的情况,均以模型进行了估算;这些模型得出的结果与此处所展示的高度接近。

在基本层面上,船长们有三种可能的途径来收集信息:他们可以信任公司下达的命令,并将其作为确定贸易盈利重点(对公司也是对他们自己)的手段;他们还可以依赖其他参与贸易的个人提供的信息;积累了一些经验后,他们就可以利用自己过去对港口的了解,就新的贸易前景做出明智的决策。统计模型将这些选项作为自变量,代表所接触的不同类型的信息源,并在混合效应模型(logistic mixed effects model)中加入若干控制因素。[6]逻辑斯蒂模型(logistic model)是合适的,因为因变量是一个二元的结果,也就是说,船舶只能是到了或者没到某个特定港口。这里展示的模型包含了船长之间和港对港的交叉随机效应、对港口之间距离的控制以及对任何港对港之间交通量的时变控制。[7]

自变量

社交网络

许多人在进行风险投资时,会利用从社交网络中获取的信息来做出金融和商业决策(Powell, Koput, and Smith-Doerr 1996, Powell 1990, Gulati 1995, 1998, Raub and Weesie 1990, Fried and Hisrich 1994, Sorenson 2003, Burt and Knez 1995, Baker 1984, Faulkner and Anderson 1987 等)。信任在形成和使用社交网络的决策中起着关键作用。一段牢固或是长久的关系,会使得行为者信任他们通过社交

接触获得的信息。如果船长在去往海外市场的航行中使用非官方的社交网络,那么他们很可能就会依赖于本国人通过航海社交网络传递的信息,因为同胞拥有共同的文化和语言,通常交易同一类型的货物。关于同质性和信任的当代研究(Lazarsfeld and Merton 1954, McPherson, Smith-Lovin, and Cook 2001),以及基于种族和宗教相似性(或构建出来的相似性)的信任的历史研究(Bosher 1995, Breen 1985:84, Curtin 1994, Grofman and Landa 1983, Hunt 1996:22—23)都证明了这种偏好。组织理论家还提出,当组织隶属关系对处于外国环境的个人来说是一类有意义的存在时,企业内部的社交网络更有可能发展出信任和合作(Simon 1997:278—95),正如英国东印度公司的案例体现的一样。

尽管是在国际化的环境中行动的,大多数东印度公司雇员都受到社区关系强有力的约束。[8]船长职衔在公司中举足轻重,也拥有通过私人贸易积累财富的可观前景。在当时英国高度分化的社会中,这意味着该职位只保留给社会地位较高、与公司内部强大利益集团有关联的个人。在公司历史上的大部分时间里,船长职位由船东买卖;例外的情况是船长在途中死亡(Sutton 1981, 61, 70—72)。在这种情况下,船长将由大副取代;即使没有船长那样强的关系背景,大副也必须是一个至少具有重要社会地位的人。因此,船长既受类似阶级地位的约束,也受连接他们与船东的间接关系网的约束。

出海船只上的海员们显然也属于一个独特的群体。如让·萨顿所言,这些船员都是从在泰晤士河沿岸定居的家庭中挑选出来的,可以通过条纹衫、帆布夹克和色彩鲜艳的缎带辨认出他们(Sutton 1981:85)。船长和船员受到群体社会内部紧密关系的约束,这让他们时不时会互相传达可信的消息。甚至有人认为，英国商人的成功在很大程度上取决于他们“对彼此的无限信任”，这是当时的荷兰商人说的（Price 1989：273）。如雅各布·普赖斯（Jacob Price）所指出的，这种信任对信用贷款的供应至关重要。索伦·门茨回顾了伦敦的经济力量和马德拉斯的私人贸易商之间的紧密联系，对情况作了总结：“东印度公司的员工们离开英国寻求社会流动性，但他们在登上前往亚洲的船只时，并没有放弃自己的社交网络和文化背景。”（Mentz 2005：49）

如果社会联系使船长们可以彼此交流信息，那么前文讨论过的历史证据直接证明面对面的交流被用于传递有价值的市场信息。所有这些都表明，同伴互动是海外雇员的一个信息来源。然而，现有的历史知识并不能系统地描摹出社交网络对该组织及其贸易的影响。为了衡量社交网络的重要性，我们需要建立一个统计模型。该模型通过控制变量，能够检验社交网络相对于其他信息来源和可能影响船长决策的其他因素的重要性；通过控制这些因素能够做到这一点。更重要的是，它可以评估组织结构——特别是对船舶的去中心化控制方面——对社交网络的使用影响如何。

要使用模型，就要对连接英国公司船只的社交网络进行处理。这意味着要明确信息在不同单位（即船只）之间横向传递的机制。东印度公司的船只分散在亚洲各地，但它们经常在港口碰头。如果雇员之间的非正式关系被用来传递信息，那么当英国船长和船员们共用一个港口时，就会出现常规性交流机会。[9]如果港口拥有一间英国的工厂，那它就是该地区所有雇员的住所。在许多港口，地方政府限制英国人进入当地更广泛的社会居住生活。英国人和大多数其他外国商人一样，都被派往名为“纳第奥”（natios）[10]的商人聚居区。如此情形下，这些工厂成为了英国人在海外的社会生活中心。在工厂里，公司的员工们吃饭都在一起（Ogborn 2007：88），更是促进了信息的收集与传递。高级官员不住在工厂，而是在外租住私人住宅（如在马德拉斯），他们应当是通过出席欢迎仪式和宴会等活动来参与港口繁忙的社会生活（Sutton 1981：61）。到了 19 世纪，在加尔各答，高级官员们参加舞会和公开的招待会、去剧院和音乐会——所有这些都构成为了一个常规的社会交际圈（Webster 2007：1）。在广州，船长、大班和重要乘客们每天下午两点钟进行聚餐（Sutton 1981：61）；晚上，他们经常在中国商人的奢华庄园里得到款待（Sutton 2010：97）。

因此，每个船长应该都能从同时或最近停泊在同个码头的其他船长那里获得其最近访问过的全部港口的消息。在港口交汇的船长组成的集合实际上是一个参考组，可用以识别社交网络的效应。尽管不同船只和船长之间肯定存在竞争，但考虑到必须全体船员一致同意隐瞒所有信息或谎报他们过去的行踪，囤积信息、欺上瞒下是不太可能发生的。此外，刚从一个港口出发的船只不太可能有兴趣返回该港口，因此，相比于囤积对自己几乎没有剩余价值的信息，交换关于潜在目的地的有效信息可以让他们获益更多。

克里斯托弗·温希普（Christopher Winship）十分详细地考察了经常被忽视的时间和日程安排的问题（2009），这是航运网络内信息扩散的更大机制的关键组成部分。港口的重叠是允许船长与船长之间传递信息的基本机制。将港口重叠的时间纳入考虑，为社交网络结构注入了大量动态性和复杂性，而这是静态结构分析所无法捕捉到的，因为后者实际上是将许多行动者的观念综合为一张大地图。

这就是为什么在本章中，社交网络结构被具体化为一种本地性结构，是每艘船在准备开始新的港到港旅行时，从对自己有利的角度出发形成的感知；然后，这种本地性结构作为一个变量，被纳入船长选择前往不同港口的决策模型。

在许多情况下，不同港口的航程之间的重叠是无法明确的，因为数据只系统地显示了到达日期。然而，在英国东印度公司存续期间完成的 14 065 次港口间航行中，有 1 012 次列出了出发和到达日期。这里用一个样本来估计航行重叠的标准持续时间。样本取自所有航程，但仅使用其中具有完整出发和到达日期的航程来计算最终估值。在被选取的 72 次航行中，船只在港口的平均停留时间为 3.62 个月。

由于工厂为海外英国人提供了远离家乡的另一个家园，工厂的居民们应能持有信息，然后可以在没有直接重叠的情况下将信息从一艘船传递到另一艘船上。但这些信息必须是及时的才会有用。为了应对这种可能性，我考虑了船长在抵达港口前一个月、两个月和三个月等时间内受到的留在港口的信息影响的概率。船长们前往其他船长近期访问过的港口的次数急剧增加，这些船长在他们抵达前 4 个月就已经启程离港；对于抵达前 5 个月出发的那些船长访问过的港口，这一数据趋于平缓。这种自然的中断表明，信息在 4 个月内仍十分有用，但超过了这段时间，对船长就几乎没有影响了——很可能是因为失去了时效性。该模型在计算船舶之间的信息传递潜力时包括了这额外的 4 个月，但对这一变化，模型得出的估值结果仍是稳定的。[11]有极少数航行是从亚洲启程的。这种情况下，我们假定这些船在出发前 4 个月从港口收集资料以做准备。

利用已知的到达时间和估算的出发时间，并考虑到工厂或其他因素可能在船只之间持有和传输信息的可能性,可以评估哪些船长有机会从其他船只的航行中获得信息。如果一名船长从同事那里接触到有关港口的信息,并选择前往该港口,则其变量“社交网络”记为1。例如,1714 年 11 月 30 日,罗伯特·赫斯特(Robert Hurst)船长带领“阿维利亚”号(Averilla)进入本库伦(Bencoolen);1 个月后,当“阿维利亚”号还在该港口时,“马辰”号(Banjarmassin)在托马斯·刘易斯(Thomas Lewis)船长的指挥下也抵达了本库伦。“马辰”号在东印度群岛的第一站是巴达维亚;3 个月后,“阿维利亚”号离开本库伦前往巴达维亚,作为返回大西洋前的最后一站。由于两艘船同处于一个港口,船长和船员们有机会分享各自的航行信息。罗伯特·赫斯特船长看起来已经对这些信息采取行动,所以变量“社交网络”记为1;如果他去了一个“马辰”号在当时航行中没有去过的港口,“社交网络”就记为 0。该模型控制了其他可能影响赫斯特船长的因素,如港口之间的距离、季节性天气模式、港口的受欢迎程度和个人经验等。

值得注意的是,该变量所反映的是在东方的雇员之间通过关系提供的信息的使用情况,而不是关系本身的存在。雇员们在港口定期接触,并广泛进行相互社交的活动,这就已经可以假定关系的存在。此外,信息也可以从英国贸易网络之外的其他欧洲人或亚洲人那里获得。由于没有关于欧洲和亚洲船只航行的类似系统性数据,因此不能将其囊括在分析中。但我们有理由相信,亚洲常驻商人或其他欧洲人与英国东印度公司雇员之间传递有利可图的信息的概率是低于公司内部的。

英国东印度公司访问过的许多港口都有其他欧洲人出现;然而,他们并不像英国人那样住在同一个地方,因此缺乏固定的面对面互动机制。其他欧洲人也是潜在的贸易伙伴，他们可以从中获利，但更可能是敌非友，因为各东印度公司之间的关系是由竞争主导的。同样，尽管英国代理人在港口期间常会与亚洲商人接触，但尚不清楚船长们在多大程度上拥有同样的机会。跨文化构建关系想必也存在厚重壁垒。代理人与当地商人之间的关系一直都很紧张。例如，在马德拉斯，英国代理人总怀疑所来往的每个商人都以某种形式背叛过他们（Mukund 1999：64，68，70—72，109，111—12，115）。广州的行商也遭到了类似的埋怨。还有一种普遍存在的歧视方式，即种族主义。例如，马德拉斯就存在种族隔离。亚洲精英商人的待遇总是糟糕的，东印度水手（常受雇操纵船只返回欧洲的亚洲水手）的生活条件极其恶劣（Lahiri 2002：180），还有充满种族歧视意味的称呼，这些都表明种族主义早在 18 世纪就进入了亚洲英国人更广泛的话语体系（Nightingale 2008：61）。

船长们更有可能相信其他英国军官或商人在通过公司船只航程进行的私人贸易过程中收集到的信息。不幸的是，目前尚未有关于英国各代理人或自由商人所拥有的小型私人船只的系统性数据。富甲一方的英国私人贸易者可以收拢小型船队。门茨在估量当时理查德·莫恩（Richard Mohun）拥有的舰队规模时，发现那是一个难以置信的巨大数字，其舰队拥有多达 14 艘船（Mentz 2005：166）。[12]数据来自一个指控莫恩行为不当的人的信件，很可能是为了败坏莫恩在伦敦的名声。私人贸易船只的存在确实意味着分析的结果可能只是对英国人之间传递信息的保守衡量，而这些信息有可能来自在公司框架之外行事的个人。[13]因为我不能将欧洲或亚洲商人的私人航行数据包含在内，所以我把研究限制在公司内部而不是跨越公司边界的信息传输上。

组织的不同时期

模型分为三个时期，代表公司组织历史的不同阶段：探索阶段、私人贸易阶段和殖民阶段。如第三章所回顾的，从 1600 年到 1674 年，英国东印度公司处于最初的探索阶段，公司主要目标只是在亚洲和中东复杂的商业世界里建立自己的地位。私人贸易并不完全合法，但也没有得到严格管控。从 1660 年到 1680 年，公司内部几次通过规章制度扩大了雇员的私人贸易特许权，1674 年颁布了一项关键法规。模型将 1674 年作为公司历史第二阶段开始的标志。在此阶段，公司已经发展成熟，同时也通过私人贸易津贴为其员工带来了高度自主权利。我经常把这个时期称为私人贸易时期。1757 年普拉西战役打响后，公司开始了殖民阶段的历史。在这一后期阶段，如第三章所述，船长们的自主权大大减少；监管转变落后于组织转变；1776 年法案禁止航线偏离。正是在 1757 年，组织的目标和激励措施被重新定位。[14]

控制变量

经验

除了同伴社交网络，船长还可以通过自己在东方的旅行积累信息。个人经验的缺点是，与通过社交网络获得的信息相比，它十分有限，而且更有可能是过时的。另外，个人经验可能反映的是超出公司界限的信任关系，或一些涉及深层文化背景、不能轻易传递给他人的信息。从这个意义上说，个人经验可以反映出一组截然不同的社交网络，这些网络延伸出了公司的边界。换句话说，个人经验也可被认为是在公司边界之外建立的过去关系的积累。[15]

或许可以从个人主义角度来看待个人经验。我们有理由认为，在竞争环境下，个人会更愿意依赖自己的经验，而非信任他人来获取可靠的信息。关于价格和货物的最新消息对于海外贸易者赚取财富都是极其抢手的：第一艘和第二艘抵达港口的船所获得的利润往往天差地别。这种差异可能会导致船长藏私商业信息。船长将完全依赖个人经验的假设，最符合市场条件下去中心化行动者的经典假设。根据亚当·斯密的观点，正是个人的自利行为为整体创造了最大价值。狭隘来看，船长们完全依靠个人经验来追求自己的利益；社交网络并没有促进贸易。如果是这样的话，船长和船员就不会通过将自主分配权利协调一致的活动来提高组织的整体效率。

无论哪种情况，个人经验都是船长潜在的重要信息来源，必须将其与通过同伴网络传输的信息区分开来。在这样的贸易网络中，信息不仅通过社交网络传输，还在行动者的位置移动时穿越整个网络。[16]“个人经验”反映的是由穿越信息网络的个人所携带和积累的信息的移动。它在数据中被记录为一个二元变量：如果目标港口是一名船长过去经历的一部分，就记为1；否则为0。

航行次数

与船长在特定港口的经验不同的，是每位船长在组织内获得的职业经验。船长在组织中的任期是依据他在本次航行前所参与的航行次数来衡量的。

正式命令

旅途一开始，公司经理就会命令船长前往特定的港口。为了遵守合同条款，船长有义务在航行中的某个时刻到达伦敦董事会指示的目的地。[17]然而如前所述,船只在这些港口上岸前尚有余地。

每次航行的正式目的地都记录在船舶日志首页,以及船舶航行的总目录中(Farrington 1999b)。但这些指令有时含混不清。如果列出的是一个地区而不是一个港口,则使用该地区的主要英国工厂作为定位。例如,如果名单上出现的是孟加拉,那这次航行的正式目的地就是加尔各答。究其背后的原因,只有当普遍认知程度较高时,才能用不精准的指示,因此,在正确答案就是最明显的答案的情况下,才能给出模糊指令。如果所列目的地过于不精确,即东印度群岛,则不予替换。英国东印度公司的权力枢纽,如总代理区(例如,马德拉斯、孟买和加尔各答)等,也被视为正式的目的地。从事私人贸易的船长不太可能在这些官方港口进行非官方停留。对航海日志的抽样调查证实,不常见的目的地都会在航海日志的第一页中注明。[18]常见的目的地,即孟买和马德拉斯等,可能不会被提及,尽管它们是董事会为该船制定的官方航线的一部分。正式目的地以虚拟变量表示。关于正式目的地的额外信息是无关紧要的——船长们更有可能在往来繁忙中获得关于它们的信息,这是一个重要的变量控制。

东方的代理人或董事也可能命令船长前往某些港口,尽管他们很可能会与船长以及其他在港口的船长协商最佳行动方案。因代理人们也大量从事着私人贸易,因此对船长的命令可能与官方贸易有关,也可能无关。这些命令通常是口头的,且缺乏系统性记录,所以它们不能被直接纳入分析。但无论如何,各代理人的指令也都属于公司本地化决策机制的一部分,并进一步证明了其权力分散的组织结构。这些指令在分析中被概念化为同事对船长决定的影响,并在社交网络部分进行讨论。

其他控制变量

如上所述,模型中包含了基于船长的随机效应,以控制数据中与航行地点决策的个人偏好表达有关的聚类。港口之间有记录的距离也被包括在内,作为对远途航行所涉成本的标准控制。使用距离的对数,是因为较小距离的变化通常比长距离的变化的影响更大。举例来说,杂货店之间的相对距离短,但(它们与我所在地的距离)对我决定要去哪一家影响大;与之相比,洛杉矶和旧金山之间的相对距离远,但对我从东海岸飞去哪个城市的决定影响不大。

季节的固定效应最初被包括在模型中,但在所有维度上影响都不显著,之后便被排除在外。对两个港口之间的交通频率进行控制是极其重要的。这一控制本质上替代了时不变的“港口—港口”固定效应。交通频率的计算范围包括船 35 年来的航程,按照船舶从第一个港口出发那天之前 35 年的交通频率来计算,因此,在每一次航行中出现的港口与港口间交通,都会使交通频率发生变化。考虑这种时间差异是很重要的,因为在公司近 3 个世纪的历史上,不同港口的受欢迎程度均有升有降。例如,苏拉特在 17 世纪是一个重要港口,但到了 18 世纪往来萧条;而许多主要的英属大港,如孟买、马德拉斯和加尔各答等,其在 18 世纪呈指数级上涨。模型还做了额外检验,分别使用以 20 年、60 年和 80 年为期,将相关交通频率作为控制变量进行了估算,并得到了类似的结果。较短的时间段可能恰恰可用于控制由正式命令、个人经验和社会网络等带来的影响而产生的港口受欢迎程度的短期变化。

其他潜在的混杂变量也需要控制,包括战争、贸易商品构成的变化以及公司垄断特权受到威胁的时期等。战争时期,及时的信息无比珍贵。碰上敌对船只是危险的,也是对贸易的阻碍。亨利・米德尔顿(Henry Middleton)驾驶他的船进入前景大好的坎贝湾(Bay of Cambay),却惊讶地发现葡萄牙人的船停在港口;后者没有公然发动攻击,而是赶走了试图通过船只或海岸越境的英国人,成功地封锁了英国人获得急需的补给的通道(Sutton 1981:63)。一个多世纪后,"艾奇科特"号(Edgecote)在奎达(Queda)(即吉打[Kedah])港收到了警告信息,成功地避开了在马六甲海岸附近航行的法国船只,当时"哈德威克"(Hardwick)号和"威格"号(Wager)刚在奎达港逗留过(Sutton 1981:110)。

情况突变时,通过正式命令获取的来自伦敦的过期信息可能不那么有用,而通过社交网络及时获取的本地信息更有分量。因此,战争很可能会降低正式命令的重要性,并增加对社交网络的依赖性。然而,与亚洲强国的战争通常是在陆地上进行的,对贸易的影响不比与欧洲主要大国间的战争。因此,与欧洲列强的战争作为变量被纳入模型,如果战争是正在进行时就记为1。[19]

新商品的贸易也可能影响信息的使用模式。迅速找到有价值的新商品的最佳货源,可能会增加对从社交网络提供的及时信息的依赖性,同时削弱正式命令的重要性。在某几个时期内,某一种特定商品的贸易迅速扩大。1660年到1685年,棉花的重要性急剧增加;1717年到1722年,欧洲的茶叶消费量持续上升;1700年到1710年,咖啡在贸易中的份额大涨。这些由商品和港口变化形成的变量用一个虚拟变量来表示,贸易扩展期记为1。尽管东印度群岛的贸易包括数百种甚至数千种特定的出口贸易商品,但上述三种商品能涵盖进口模式关键的大规模转变。

最后，还有一段时间也需要纳入控制变量，即议会没有延长公司的特许权而竞争对手公司同时成立的时期。1694 年，关于公司的特许状未能在下议院获得通过；1698 年，竞争对手公司成立。旧的东印度公司实施了各种战略谋划，两家公司于 1709 年合并，但关于公司管理的政治争议一直持续到 1711 年（Carruthers 1996：149）。由于这种混乱的情况可能会削弱公司要员的权力和正式命令的效力，这一时期（1694—1712 年）被包括在模型中（“双公司”[two companies]）。[20]表 4.1 展示了变量的描述性统计数据。

表 4.1　描述性统计数据

	计　数[a]	均　值	标准差
社交网络	49 631		
正式命令	16 277		
经验	30 474		
航行次数		2.269	1.53
战争	192 250		
棉花	2 458		
茶叶	5 232		
咖啡	10 264		
双公司	15 523		
距离		2 659	2 096.9
港口间的交通频率		7.229	32.154
探索阶段	13 515		
私人贸易阶段	100 874		
殖民阶段	221 685		

a. 统计包含了二元和分类变量。

结　果

表 4.2 给出了标记为“模型 2”的列中的基本结果。“社交网络”

“正式命令”和“经验”三点尤其重要。“正式命令”的影响最显著,因为船长必须在航行中按时履行它们。正如预期的那样,距离的对数呈现负相关,而港口间交通频率为正相关。对其余变量的控制似乎确凿表明,在棉花和茶叶这两样新商品拓展市场的时刻,交通活跃度明显增强了。模型 2 中增加了航行次数的交互效应。结果显示,正式命令和社交网络的重要性随着船长职业生涯的延续而下降,经验的重要性则随之增加。举例来说,“航行次数”反映了在组织内部的不同经验水平,“航行次数”与“正式命令”之间的互相作用,可用于研究“正式命令”对此产生的影响效应。该效应是通过将“航行次数”的系数与交互项(“正式命令”和“航行次数”)的乘积相加来计算的。如果是第一次出航的船长,就是 2.516+(−0.22×1),“正式命令”效应系数为 2.296;如果是第六次出航的经验丰富的船长,就等于 2.516+(−0.22×6),效应估算为 1.196。

表 4.2　独立变量和控制变量与前往港口航行之间关系的系数估值

前往港口的航行	模型 1	模型 2	模型 3	模型 4
截距	−2.136 ***	−1.879 ***	−2.078 ***	−2.005 ***
	(0.044)	(0.049)	(0.05)	(0.05)
社交网络	0.211 ***	0.439 ***	0.421 ***	0.187 ***
	(0.024)	(0.042)	(0.041)	(0.05)
正式命令	2.069 ***	2.516 ***	2.489 ***	2.411 ***
	(0.024)	(0.042)	(0.042)	(0.051)
经验	0.615 ***	0.403 ***	0.476 ***	0.540 ***
	(0.027)	(0.059)	(0.058)	(0.063)
航行次数	−0.021 ***	−0.133 ***	−0.082 ***	−0.092 ***
	(0.0)	(0.011)	(0.01)	(0.01)
战争	0.004	−0.028	−0.044 8 *	−0.028
	(0.023)	(0.022)	(0.022)	(0.022)

续表

前往港口的航行	模型 1	模型 2	模型 3	模型 4
棉花	0.976 ***	0.842 ***	0.616 ***	0.656 ***
	(0.101)	(0.098)	(0.092)	(0.093)
茶叶	0.38 ***	0.287 ***	0.164 *	0.195 *
	(0.083)	(0.081)	(0.076)	(0.077)
咖啡	0.043	0.043	0.032	0.024
	(0.098)	(0.094)	(0.087)	(0.087)
双公司	0.563 ***	0.433 ***	0.288 ***	0.296 ***
	(0.082)	(0.079)	(0.074)	(0.075)
距离对数	−0.262 ***	−0.263 ***	−0.277 ***	−0.279 ***
	(0.006)	(0.006)	(0.006)	(0.006)
港口间的交通频率	0.021 ***	0.021 ***	0.022 ***	0.022 ***
	(0.0)	(0.0)	(0.0)	(0.0)
网络×航行次数		−0.115 ***	−0.114 ***	−0.084 ***
		(0.016)	(0.016)	(0.016)
正式命令×航行次数		−0.22 ***	−0.212 ***	−0.199 ***
		(0.016)	(0.016)	(0.017)
经验×航行次数		0.173 ***	0.145 ***	0.138 ***
		(0.017)	(0.017)	(0.017)
探索阶段			1.256 ***	1.071 ***
			(0.04)	(0.052)
私人贸易阶段			0.411 ***	0.296 ***
			(0.016)	(0.031)
网络×探索阶段				0.444 ***
				(0.017)
网络×私人贸易阶段				0.420 ***
				(0.051)
正式命令×探索阶段				0.312 ***
				(0.093)
正式命令×私人贸易阶段				0.108 *
				(0.053)
经验×探索阶段				−0.206
				(0.158)

续表

前往港口的航行	模型 1	模型 2	模型 3	模型 4
经验×私人贸易阶段				−0.105
				(0.059)
Groups	13 503, 1 561	13 503, 1 561	13 503, 1 561	13 503, 1 561
N	335 905	335 905	335 905	335 905

注:混合效应逻辑回归,结合了船长层面的聚类(1 561 个)和作为交叉随机效应的"港口—港口"组合(13 503 个)。* $p<0.10$, ** $p<0.05$, *** $p<0.01$。

这些系数在逻辑模型中的表现是指数化的比值比(odds ratio)。它们表明,一个毫无有经验、第一次航行的船长前往正式命令指定的港口的比值比为9.934;在他的第六次航行中,其估值就下降为3.306。同样,对"社交网络"进行操作后显示,船长们第一年接触社交网络提供的信息,得出的比值比是1.383,第六年则为0.778,表明船长通过同行网络接触信息这一行为的概率下降。随着在组织内部的经验增长,对他人的关注逐渐减少,无论是对高层还是同事。这一发现额外证实了社交网络指标能反映同伴间的信息传递情况,因为按照我们预计,它将会随着经验的增加而下滑。

模型3添加了根据组织历史不同时期编码的分类变量。在这种情况下,殖民阶段是一项参考类别,所以没有出现在表4.2中。模型4展示了关于组织不同时期中,正式命令、经验和社交网络对船长决策的影响如何变化的主要发现。殖民阶段是参考类别,因此应根据这一类别来解释相互作用。该模型反映了信息传递的不同类型("社交网络""经验"和"正式命令"等)与时期这一变量的交互,以了解它们在不同组织制度下的影响力变化。

核心的发现是"社交网络"与"探索阶段"、"社交网络"与"私人贸易阶段”之间的互动是显著且积极的。与殖民阶段对比，在这两个时期接触社交网络信息时产生关联的概率更高。相比之下，“经验”被证明对组织变革的敏感度较弱。“经验”与不同时期的交互在统计上并不显著；不过，个人在港口方面的经验似乎在贸易中稳定发挥重要作用。此外，模型还表明，“正式命令”增加了在初始探索阶段出现联系的可能性，但在整个殖民阶段和私人贸易阶段的影响差别不大。

对贸易的影响

在本节中，我评估了社交网络对英国东印度公司贸易的更大影响，并给出证据表明，东方当地信息的流通在任何年份都增加了与公司船只进行贸易的港口数量。

在公司的海外贸易中，港口之间的航线代表着贸易商机。例如，船只频繁通行于加尔各答和广州之间，表明孟加拉鸦片在中国市场上价格高昂。对英国东印度公司来说，利用现有的机会意味着在已建立的航线上派遣更多的船只，以追求人尽皆知的利润。图 4.1 表明，一方面，以过去 20 年对港口的访问次数来衡量，出自高层的正式命令始终将贸易引向交通流量高于平均水平的港口；另一方面，社交网络将贸易导向不那么炙手可热的港口，除了在公司存在的最后 40 年里，那时社交网络对船长决定贸易地点的影响显著降低。

通过社交网络传输的信息为船长提供了一套范围更大的已知选项集合，用于指引船只的路径。船长们收到的信息反映在他们所做的选择中，这些个人选择累积起来就影响了整个贸易网络。为了表现这一效应，首先考虑一幅关于英国东印度公司船只访问的港口数量的简单图表，如图 4.2 所示。在公司成立之初，探索热潮贯穿了 17

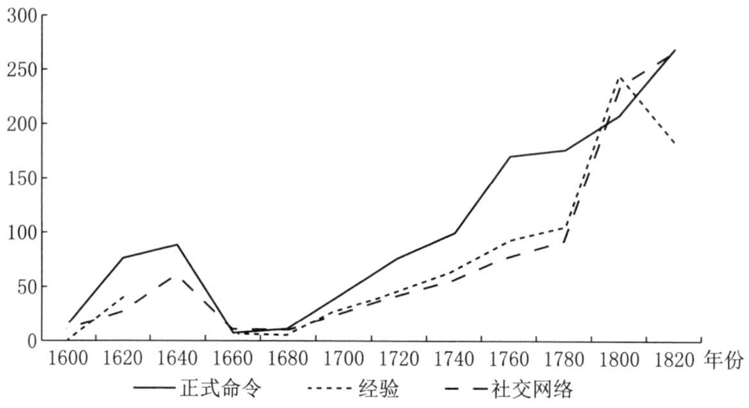

图 4.1　港口的平均交通频率

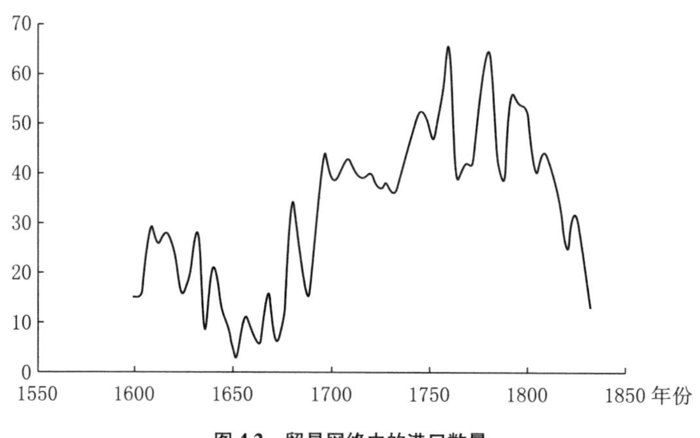

图 4.2　贸易网络中的港口数量

世纪的头几十年,但在 40 年代和 50 年代的政治动荡中不可避免地有所减弱。这一时期,奉命出海的船只实际寥寥无几。但在与奥利弗·克伦威尔(Oliver Cromwell)建立政治同盟后,公司一改颓势,进入了其唯一的持续扩张时期(1674—1757 年)。1760 年,当公司在东方登上权力巅峰时，船舶所有者重新掌控了船长，被访问的港口数量肉眼可见地下降。

简单地计算贸易网络中每年涉及的港口数量，并不能完全反映与英国东印度公司进行贸易的实时港口数量。公司的资源有限，特别是在早期，所以它即便与某个港口保持良好的贸易往来，也可能无法每年派船到该港口。因此，活跃于公司贸易中的港口并不一定是在给定的时间框架内公司唯一到访过的港口。因此，在给定时间范围内，频频出现在公司贸易中的港口并不一定是同期被访问的那些。但它们是公司一再往返的港口，表明维持贸易伙伴关系需要持久的参与。图 4.3 显示了贸易活跃(公司船只反复前往)的港口数量。当公司不再持续往返某些目标港口时，这些港口就会在贸易网络中进进出出。

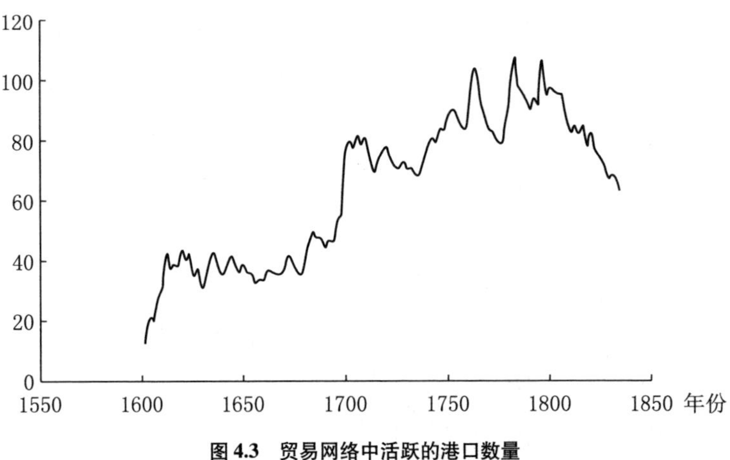

图 4.3　贸易网络中活跃的港口数量

图 4.3 表明了 17 世纪 40 年代和 50 年代贸易网络的情况。尽管公司不能在每个季节——甚至每两三个季节——访问所有的港口，

但他们并没有放弃与这些港口的贸易。事实上,在东方经历了最初几年的探索高潮之后,公司能够维持着较为稳定的贸易伙伴数量。另一波探索的热潮始于 1700 年,而公司从 1700 年到 1760 年同样设法与数量相对固定的一批港口维持了关系。1780 年,此类港口的数量达到了顶峰,我们可以看到,贸易网络中唯一持续下降的时期自此开始。对正式命令的依赖使贸易集中于少数港口。相比之下,更早的时期里,通过社交网络传播的信息提高了船长前往更多目的地的可能性,尤其是正式航线以外的目的地,鉴于公司可用的资源,参与贸易的港口总数也得以增加。

如果我们将活跃港口的数量与公司能够出海的船只数量做成图表进行对比,这种关系就尤为凸显。[21]图 4.4 中虚线表示公司雇佣的船舶总数。最初,公司对船舶的投资很少,所以参与东方贸易的程度很低。但在 17 世纪末,公司开始加速发展。在接下来的一个世纪里,公司稳步发展壮大,在 18 世纪的最后几年中对船舶的投资急速飙升。与之相比,活跃港口的数量在 1750 年就进入高峰,而公司当

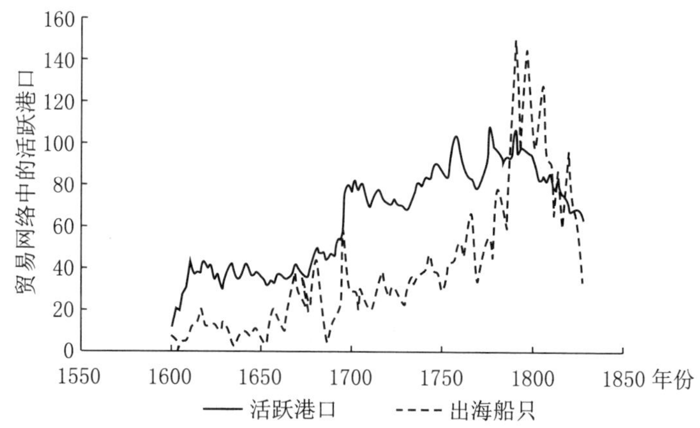

图 4.4 活跃港口与贸易中使用船只的数量

时对船只的投资仍然相对较少，还不到世纪之交时的一半。图4.4显示，当公司内部社交网络活跃时，公司不仅维持了与更多港口之间的贸易，而且利用更少的港口实现了更大盈利。港口数量的变化并不一定意味着公司利润下降，然而，它确实能够表明公司从探索模式到利用模式的明显转变，即集中精力于已知领域，在这里就是指港口与市场（March 1991）。[22]

下一个图表显示的是社交网络在将这些港口整合到更大的贸易网络中的直接作用。图4.5按照港口首次进入公司贸易网络时的信息传播方式对其进行了细分。如果最先是通过正式命令指示船长到达港口的，该港口就被标记为正式命令港。通过个人经验和社交网络也可以进行类似操作。[23]其结果是惊人的：在新港口中，有45%是因为社交网络传输的信息被访问的。[24]新港口往往意味着新商品，大宗商品通常经历了类似过程。私人贸易商将少量商品带到英国，这些货物一旦被证明是持续有利可图的，通常就会进入受限货物名册，因为公司将其纳入了更大规模的大宗商品贸易。例如，白胡椒被排除在合法的私人贸易之外，因为它“已经变得非常受人喜爱且常用”（Sainsbury 1925：233）。

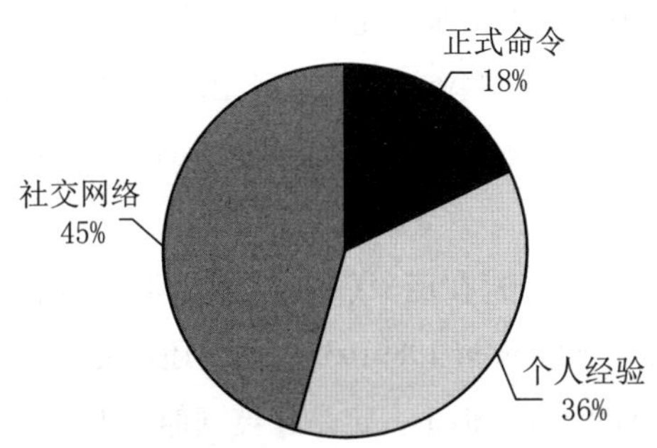

图4.5　按信息传播类型分类的各港口比例

社交网络的应用对英国东印度公司寻求贸易的模式产生了直接影响。这些模式对亚洲内部以及亚洲和欧洲之间更大的全球贸易网络也造成了结构性影响。社交网络扩大了活跃港口的组合,降低了贸易在任何一个港口的集中程度。船长们偏离既定的路线,有效利用他们的自主权去发掘当地的商机。1757 年至 1833 年,当董事会对此施加控制时,过去在某些港口的经验持续影响着船长对交易地点的决定,但“社交网络”的效应减弱了,资源在几个港口的集中程度也大幅增加。社交网络的使用,扩大了世界贸易的规模、范围,增强了可持续性;但社交网络信息交换的通畅程度,取决于公司的组织结构和员工自主性。

结　论

长期以来,英国东印度公司的董事们一直怀疑,有些参与者阴谋罗织了紧密且隐蔽的网络,试图引导东方贸易的进程(Ogborn 2007:98)。但是他们弄不明白这些网络是怎样影响东印度公司的官方贸易的。事实证明,东方的社交网络流传着有关潜在停靠港的信息。当船长们利用其社交网络来决定在哪里进行贸易时,他们倾向于去不那么热门的港口。这些港口本来不会出现在英国人的航线上,因此,船长们对社交网络的使用扩大了英国东印度公司贸易网络的整体规模。

从文献资料中可得,在暹罗(Siam,今泰国)的港脚贸易商中,英国人保持了存在感(Bassett 1989:633),他们还在河内(Hanoi)展开了贸易(Bassett 1989:634),但不一定是在英国船只上进行交易。另外,来自非正式商业冒险的信息会传递到正式经营决策过程中。例如根据D.K.巴塞特(D.K. Bassett)的记录,正是由于私人贸易商的非正式建议,奎达而非亚齐(Aceh)被当作鸦片和布匹的出口地(Bassett 1989:640)。本章的研究表明,非正式社交网络是信息获取和传递过程中存在的一个常规特征。

社交网络对贸易的发展大有裨益,因为它们扩大了向任何一个人开放的可能性范围。社交网络也可能会增加贸易中的集群行为和地域主义,在更广泛的意义上,它们确实如此——社交网络本身并没有将新的港口或新的区域纳入贸易网络。根据定义,社交网络用于传递关于已经存在于网络中的港口的信息;然而,通过在整个网络中传播有关某一个港口的信息,它们增加了较小的港口被持续纳入更大的贸易范围的可能性。例如,如果一个广南(Quang Nam)的商人在一批瓷器上给了一名英国船长一个好价钱,希望能打入欧洲市场,他就因为利用英国东印度公司内部社交网络而受到了影响。如果东印度公司的社交网络被抑制,瓷器商人就只能依靠这一个船长来继续做生意;如果社交网络在发挥作用,这笔成功交易的消息就会传到其他英国船长那里,他们就有可能访问该港口。每多一道这样的声音,就是增加伦敦听说有良好贸易前景的机会。

利用社交网络获取信息的船长不可避免地会获得一个更大的信息集合,关于可能的贸易口岸,从而扩大他们的可行选择范围。这一过程导致更多港口有了英国人的存在,这是英国贸易成功的因素之一。前往新的港口使公司能接触到更多种类的商品。整个信息传播和流通的过程涉及几个更小的机制,包括动态网络过程、以社会环境为条件的决策、社会信任,以及船舶之间的时间表协调——这在很大程度上是较受欢迎港口交通的副产品。私人贸易阶段结束,1757年殖民阶段开始,这一更大过程的关键部分停止运作,社交网络的影响减弱。

普拉西战役之后，特别是在19世纪，内陆贸易对公司及其员工来说日益重要（Marshall 1993：292）。解释社交网络使用变化的另一种假设是，非正式的网络转移到了内部。在本章的分析中，内陆贸易增长的问题并不重要，但正如图4.4所表明的那样，就船舶数量而言，尽管是以一种集中的形式，公司的海上贸易在殖民阶段仍有所扩大。既然海上贸易没有减少，就没有理由预期社交网络会减弱，当然，除非新的组织结构压制了它们。伴随英国东印度公司转变为政治和领土实体，组织控制呈现集中化，这种压制就是其无意中造成的后果之一。

注释

1. 个人退出英国东印度公司的原因有很多，但大多数人是在为它工作期间去世的。总体上，61%的人是因死亡而退出，或者说，不同工作群体的死亡率约为35%（Hejeebu 2005：508—9）。

2. 正如在书中其他地方提到过的，为了降低成本和分摊风险，英国东印度公司并没有建造或拥有自己的船只。船只所有者被称为船东或船舶代理人；这是一个很有声望的职位，其中许多人都成了董事或是有权有势的股东。

3. 我没有发现任何证据表明，船东除了给经验不足的船长们提供建议——或许还有指导方针——以外，还做了什么事。

4. 我将在下面的数据部分讨论有效性问题。需要明确的是，我并没有说这些数据一直以来都是百分之百准确的；与所有的大数据集合一样，它们也存在随机误差。然而，这些数据总的来说较好地反映了英国东印度公司船队的航运动态。

5. 这一步骤看似无关紧要，因为法林顿的文献只是一份船舶航行的目录，但系统性收集数据的目的往往与使用数据者的目的不一致。这一数据样本使我所用的数据几乎不会因为收集过程中的某个环节而引入任何系统性扭曲。

6. 该模型使用 R 语言中的 lme4 包建构(Bates, Maechler, and Bolker 2013)。

7. 另一种可作为替代的模型,是使用每对“港口—港口”组合的固定效应,而不是港口之间的距离和对港口之间交通率的时变控制。“港口—港口”的固定效应是取港口间连线的基线概率,并估计与该基线的偏差。在这种情况下,固定效应的数量巨大,因为它等于可能的“港口—港口”组合的数量。所以,直接纳入港口到港口的交通量作为控制,而不是使用二元定向的固定效应,其核心优势是显著提升了效率。对交通量的控制也可以随着出发时间的变化而变化,而“港口—港口”的固定效应要么是时不变的,要么受到时间段的限制(如果固定效应里有时间段要素的话)。在这种情况下,我仍用固定效应模型进行了估算。不同的模型产生了非常相似的结果,因此,本章提出了更有效的模型,即对港口间流量的时变(time-varying)控制,而不是采用“港口—港口”的时常(time-invariant)固定效应控制。

8. 一个重要的例外是,当一艘船因为的船员死亡和离弃而耗尽人力时,常常雇佣东印度水手(lascar)用于返程,这些水手可以使用自己的本地信息网络;然而,考虑到其从属地位,尚不清楚他们可以在多大程度上影响船长甚至与船长交流。

9. 船长也可能在海上遇到其他船只,但这是一个非系统性的偶然事件。

10. “纳第奥”体系早在欧洲参与亚洲贸易前就存在了。

11. 无论是基于 3 个月或是 5 个月的存储期,结果几乎都没有变化。

12. 理查德 · 莫恩是 17 世纪末马苏里(Masulipatnam)的总代理,当时马苏里城是英国私人贸易的中心枢纽。

13. 在殖民阶段,越来越多的代理商被迫退出私人贸易。取代他们位置的自由商人都是英国人,但与公司业务无关。

14. 该模型也以 1776 年作为截止时间进行了估算。结果表明了同样的模式,但程度稍弱,证明 1757 年是组织变革的真正开始。

15. 一位匿名评审提出以这个框架来构想个人经验。

16. 这种双重移动、传输和穿越发生在许多现实世界的网络中,例如,运输、迁移和贸易网络等。

17. 给船长的指示通常列在航海日志的第一页,并分散在与每次航行相关的工作文书中,在伦敦大英图书馆的“印度办事处记录”中单独成册。

18. 这是可以肯定的,因为受命进行探索性航行都会令人声名远播。

19. 战争的数据来自美国校际政治及社会研究联盟(Inter-University Consortium for Political and Social Research, ICPSR)中对“大国战争”和“大国—国战争”的研究(Levy 1989, Midlarsky and Park 1991)。

20. 考廷协会在查理一世的许可下成立,是公司垄断特权的另一个挑战者;然而,它并没有那么成功,也没有被普遍认为对旧的东印度公司构成了任何真正的威胁(Prakash 2002:2)。因此,它不被包括在分析中。

21. 并非所有的这些船都能真正到达东方,特别是17世纪40年代和50年代的几次航行都失败了。

22. 这里的“利用”没有道德意味。它表示企业利用已知资源或专门化运作的情况,这可能就像只生产螺母而不是螺母和螺栓一样无害。但同样,值得注意的是公司的利润在殖民阶段有所下降。这种下降与战争和治理的成本而不是贸易缩减有关,尽管很难理清这两者。

23. 虽然经验和社交网络都有赖于已有航行,但有些航行与这些类型的信息都没有关联。就算第一次到港口的航行与正式命令无关,随后的航行也有可能是基于社交网络、经验抑或正式命令。

24. 只包括那些被访问过10次以上的港口。

第五章

权力下放、贪污腐败和市场结构

前一章的分析表明，当英国东印度公司拥有一个权力分散的去中心化组织结构，也就是重要的自主权掌握在雇员工的手中时，社交网络鼓励了本地信息的流通，让更多港口和商品融入公司的贸易网络。船长和私人贸易者鱼龙混杂，纷纷跻身这些社会性网络之中。许多船长成功地将个人商业利益与公司贸易相结合，而不会直接干扰官方业务；其他人却把私利置于遵守公司规则的义务之上。本章重点关注的是这些渎职的私人贸易商。

在公司不知道的情况下，那些怀有投机心理的雇员越过了合法行为界限，但提高了英国东印度公司在亚洲的贸易网络的连通程度，无意间带来了另一种利益。他们将公司、港口和区域经济体连接成一个复杂的多边交流网络，加强了公司内部的信息流动，从而促进了业务单元的整合。这些员工在探索私人商业机会时，还会将新的港口带入贸易网络。

渎职的私人贸易者的影响，可以通过进一步探究他们协助建立的贸易网络来衡量。权力下放影响了本地通信模式，增加了纳入贸易范围的港口数量。通过渎职行为者，这种去中心化的权力分散，还影响了将港口联系在一起的全球或宏观的结构模式。从1601年到1835年，英国东印度公司作为商业企业存在的这234年中，贸易网络始终贯穿其间，表现为法林顿记载的公司进行的4 572次航行中港口到港口的连结（由26 000多次行程组成）。[1]通过观察这个网络随时间演变的图像，可以观察到一个密集的、完全一体化的全球贸易网络在形成，也能看出存在非法行为的私人交易商对该网络结构的影响。

如果没有投机倒把的船长们搭上权力高度分散的便车，公司的贸易网络就会七零八碎，变成互不相干的区域集群。当英国东印度公司绕好望角航行时，横跨亚洲和欧洲的市场被联系起来，但并未形成一个紧密凝聚的整体。海外贸易的结构是通过重叠部分进行"横向"整合的；实质上，全球经济被分割成了相互联系但彼此独立的市场。

在亚洲，欧洲人的进入导致旧有贸易关系被逐渐侵蚀及中断，使研究人员开始提出各种"系统"（Lombard 1981：181）、"社交网络"（Marshall 1993：294）、"商业区域"（Chaudhuri 1978：193）和"世界"（Braudel 1992c：533）等，来表达"一个由互连的系统组成的网络"（Arasaratnam 1995：15）或是"紧密相扣的循环"（Barendse 1998：5），又或者将它描述为"离散的""松散结合的"（Das Gupta and Pearson 1987：42）、"被分隔的"（Prakash 1997：xvi）等。它并不是我们对现有全球经济所认为的那样的一个"体系"。这并不是说在1600年以前的年代里，亚洲的贸易联系不那么紧密。有重要证据表明亚洲的经济早已更好地进行了一体化，但随着欧洲人开启通往亚洲的海上航线,其凝聚力下降了。这种下降为套利提供了结构性机会,它也许是欧洲人的竞争力来源之一。

投机取巧的雇员们帮助英国东印度公司将这些松散的商业区域编织成一个紧密相连的网络,增强了在亚洲的英属港口之间以及这些港口与英国本身之间信息的流动性。信息流动的增加,有助于该公司针对近现代时期波动的市场进行规划和调整,同时将英国和亚洲的经济牢牢捆绑起来,从而也改变了亚洲内部的贸易结构。用社交网络分析的语言来说,违规交易者们的微观层面活动使复杂的多边交换循环得以发展和完善,这种循环催生了紧密相连的社交网络的各组成要素。

我是如何学会停止焦虑、爱上"搭便车"的

理性人理论认为,在缺乏监督的情况下,行动者会将资源转用于追求私人利益。无论是在17世纪还是21世纪的公司,负责人(经理们的主人)经常试图控制他们的代理人(或雇员),防止他们一味谋私。从曼瑟·奥尔森(Mancur Olson)开始,社会学家们通常使用"搭便车"一词来指代一个集体行动问题:如何让个人平等地为集体的努力作出贡献。这个词最初是指一种特定类型的"委托—代理"问题:如何防止雇员利用自己的雇主。雇主监督员工,以防他们违反合同、利用委托人提供的资源投机取巧,也就是说,在工作上偷懒,不为大局作贡献,把为公司工作的时间用来干自己的事情。[2]

在欧洲与东印度群岛的贸易中,这种"搭便车"问题来自雇员对私人贸易的过度投入。雇员们的私人贸易符合理性行为者模式,但

同时给所有进行海外贸易的欧洲公司带来了问题。雇主很难视察和规范远在6 000英里外的雇员的行为。这使雇员能够通过追求个人利益来占雇主的便宜。东印度公司的董事们并不总是明白,在这种情况下,“搭便车”行为给公司带来的是纯粹积极效益。就个人而言,雇员们看起来是在“搭便车”;但就集体而言,他们的行动为公司带来了积极的结果,但公司试图从个人层面上制止这种为其带来成功的行为。[3]公司雇员们的机会主义和利己主义活动,实际上帮助公司收集了信息,并使信息在东方的工厂和总负责人之间传播。

如第三章所述,私人贸易有许多不同的方面。这一章主要着眼于船长和船员的私人贸易,更具体地说是一种叫作“错过季节”的做法。这种做法扭曲了公司从亚洲进货的机制。这是受该公司雇佣的私人交易者们的特殊伎俩,他们故意将航行时间延长到公司官员规定的最后期限之后,这样做是为了继续在东方寻求私人贸易机会。英国东印度公司对待私人贸易的宽松政策,助长了船长和船员的这种行为。他们被允许从事私人贸易,因而也就一心寻找各色各样的商机。随着越来越深地融入东方的商业生活,他们开始试图延长航行时间,以趁机得利。由于绕好望角的航行仅限于天气条件允许安全通行的特定季节,船长所要做的就是将原定出发时间延误几周,然后他们就能安然在东方海域再待上四五个月。“错过季节”是组织性和环境性的机会结构引导个人行为的一个简明例子。然而,与组织层面所追求的目标背道而驰的结果凸显出,不仅要考虑组织规则和制度结构,还要考虑个人对这些规章制度的反应,二者都是重要的。

被“困在”好望角以东时,船长们利用自己商业上的最大优势,即一艘相对大型、快速、装备精良的船,来运输货品,这意味着他们不会待在港口，而是满亚洲买卖货物。这种行为最终恰恰有助于整合海外业务，从而增加了公司贸易的内部凝聚力。这种渎职行为——或者说官方对船长在东方行为的缺乏控制——通过增加有关价格、货物、市场状况乃至雇员的活动等信息的流动，为公司带来了长期收益。

尽管无意中带来了好处，“错过季节”的普遍做法仍严重违背了公司的官方政策。无论过去还是现在，及时交货一直是海外贸易中的一个核心问题。比如东印度公司的第一次航行就令人大失所望，哪怕最后成功地把大量胡椒带回了伦敦。公司无法通过这次航行实现盈利，因为在货物到达之前市场上就已经充斥着胡椒，其价格也随之大跌（Furber 1976：39）。为避免冲击伦敦市场，董事们引入了按季度拍卖的机制（Chaudhuri 1978：37）。他们没有立即在市场上倾销供货，而是将货物储存起来，全年四次定期拍卖其中的一部分。这些拍卖平衡了供应的流量，稳定了价格。

季度性拍卖制度起到了一定作用，但无法完全弥补一年中的违规行为。稳定的年度出货量仍是维持季度拍卖平稳运转的重中之重。因此，伦敦的董事们关心的是让船长们正常工作。此外，公司还会因船舶逾期遭受短期严重损失。东印度公司租用了船只并需要支付延误航行的滞期费；与滞期费相关的成本经计算已占到通航季节总利润的36%（Chaudhuri 1993：54）。

因此，毫无意外，英国东印度公司的记录和信件里会有“尽快发货”和“快速通行”等要求，以及对船只故意错过绕好望角的季节性航行的不满（East India Company 1689，Chaudhuri 1978：73—74，Jones 1988：291）。在另一次监管尝试中，公司给守时的船长发了奖金

（Anderson，McCormick，and Tollison 1983：233n7，Datta 1958：134）。董事们认为有目的地拖延航行是渎职行为，试图遏制这种做法，但他们只有克服了行使权力的环境障碍和合同障碍后才能取得成功。

许多船长无视了命令和正向激励措施，部分原因是他们可以逃脱惩罚。按照惯例，船长由船只所有者雇佣。由于英国东印度公司是租用了船只，船只所有者保留了将船长大权作为可转让和可继承的财产出售的权利，而船长大权通常也就落在船长自己手中（Furber 1976：195），这限制了公司执行法规的能力。董事们直到 1790 年后才能够对这一过程实施改革。

此外，所有进行海外贸易的欧洲公司都面临着权威方面的障碍。船长和船员们远在公司总部千里之外出生入死。一旦老练起来，这些人就是具有宝贵贸易经验的高级技工。大约有 35% 的雇员在海外为公司工作时死亡（Hejeebu 2005：509），他们有充分的理由去享受当下——在这种情况下，就是最大化个人收益，消除为了更多商业利益再度返回东方的需要。

那些不服从命令、延长航行时间的船长们，反而就此为英国东印度公司建立并完善了稳定的基础设施，连接了公司早先通过参与港脚贸易而再现的区域性集群。船长能够从事自己的买卖，助推了英国东印度公司新兴的全球贸易网络的结构性凝聚力。这种权力分散也使他们能进入新的港口，从而确保了稳定的供应流，并有可能降低价格，同时增强公司内部的通信能力。

在最基本的层面上，其机制是船长的自主性增加了航行模式的可变性或随机性。渎职的船长们创造了自行运用船只的条件，至少暂时地摆脱公司施加的日程限制，与循规蹈矩的船长们相比，他们更有可能在公司正常运营中不经常联络的港口之间航行。这些随机链接增加了网络的整体连通性。从这个角度上看,其过程可以被看作一个小世界机制,其中少量的随机链接显著地减少了整体路径长度(Watts 1999)。

引导贸易网络

最后一章的分析重点是重建社交网络,这些网络在奉命航行的英国船长之间穿梭传递着及时的当地讯息。本章的分析使用了相同的数据,但采用了不同方式进行社交网络分析。不是分析通信,而是使用船只的路径来搭建一个英国与东印度群岛港口之间的贸易结构的网络。这些数据反映了在不同港口的个人之间的模式互动,以及商品、资本、人员和信息等的流动。船舶的路径构成了公司运营的运输和通信基础;航行记录提供了交换系统的实质性痕迹。由此产生的由船舶和港口组成的网络代表了三个活跃的因素:港口,当地商人、英国东印度公司的官方贸易,以及公司雇员从事的非官方贸易。

在本章使用的网络中,点(或节点、顶点等)表示港口,点之间的链接表明船舶路径。图 5.1 给出了一个简单的示例。以英国东印度公司历史后期活跃的港口为背景,它包括了詹姆斯・兰开斯特爵士指挥下的"苏珊"号、"龙"号、"扬升"号和"赫克托耳"号进行过的著名探险航行。在这一案例中,我将节点编码并以它们的位置代表地理上的位置,印度次大陆的轮廓在图像中心应当清晰可辨。这些早期向东方航行的船只是为了寻找胡椒。因此,他们于 1601 年 2 月 13 日起航前往印尼群岛,沿途在加那利群岛、好望角、马达加斯加和尼科巴群岛(Nicobar Islands)停留。他们在亚齐与一艘葡萄牙船舶交战后分头行动,一些人去了普里亚曼(Priaman)(即帕里亚曼[Pariaman]),另一些人前往更遥远的万丹。其中最后一艘船于1603年9月11日返回英国。我们马上可以观察到,大西洋港口被排除在图像之外;它们也被排除在分析之外,因为重点是亚洲的垄断贸易。

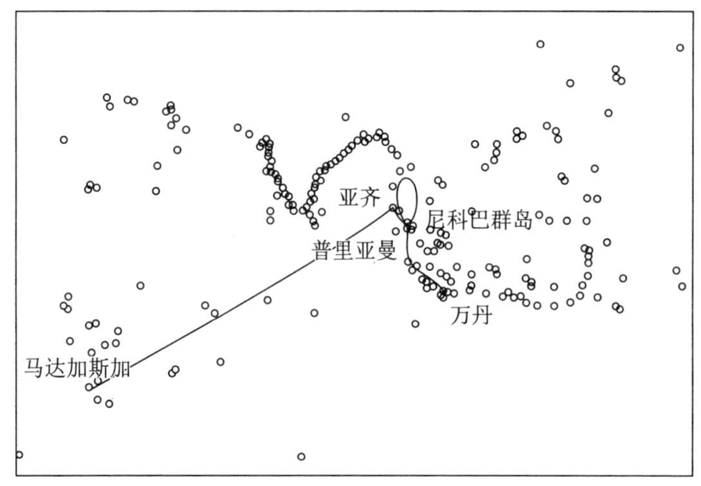

图5.1 "苏珊"号、"龙"号、"赫克托耳"和"扬升"号的航行,1601—1603年

点代表港口,线代表船舶路径:相邻的点通过行程连接。箭头表示移动的方向,同时也代表了社交网络的移动方向。将数据转换为图形的过程中,产生了58个网络;每个网络都根据船舶的路径进行定向,权重相等,记录了4年内的航行活动。这58个网络就像给英国东印度公司活动期间的贸易结构拍下了一张快照。数据翔实到几乎能够重现船舶每日所在的位置(通过参考到达时间和目的地港口),从1600年12月31日公司被授予皇家特许状到1835年3月3

日最后一艘船“帕尔默将军”号(General Palmer)返回,时间跨度为85 838天。本章中的分析使用4年为间隔来呈现社交网络随时间发生的变化。[4]

大英图书馆还出版了一本关于12 000名东印度公司员工职业生涯完整记录的作品,所有这些员工都曾在船上服役并担任过六副或以上的职衔(Farrington 1999a)。这些数据用于检验私人贸易代理数据的有效性。

随时间变化的网络结构

图5.2面板A至F显示了英国东印度公司贸易网络结构的转变。这些面板展示的是1620—1624年、1660—1664年、1720—1724

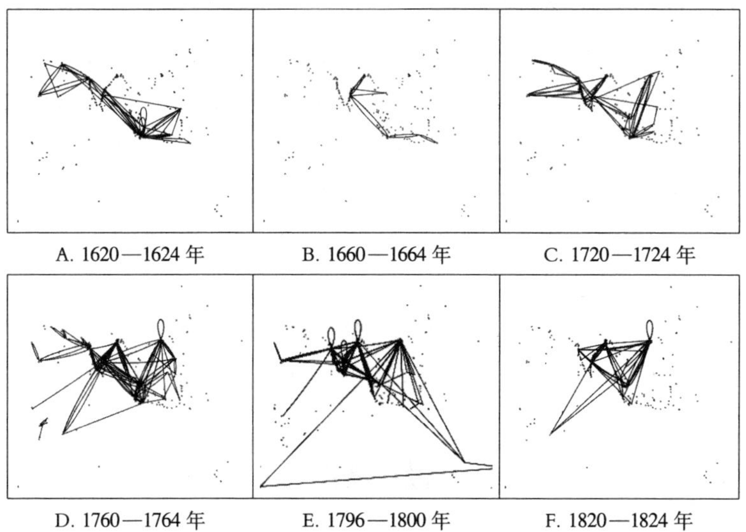

图5.2　6个4年时期中英国东印度公司的东方贸易在地理区域上的发展

年、1760—1764年、1796—1800年和1820—1824年六个交易季的完整网络。该序列涵盖了英国东印度公司在东方进行商业活动的全部时期。与表示首次航行的社交网络的图表一样，用带经纬度的圆圈表示港口，线条表示航程。[5]这些数字并没有反映出公司贸易在19世纪向印度内陆地区的扩张。

尽管看上去只是示意图，但这些网络图像揭示了大量关于公司历史的信息。例如，面板A中连接印度次大陆、印度尼西亚群岛和中东港口的密集线路网反映了对港脚贸易——亚洲境内的国际贸易——的早期参与。从这些图像中还可以明显看出，公司在头60年里尚未与中国建立常规的贸易往来。1660年退出港脚贸易时，公司在东方的足迹显著减少，这在B组中很明显。到1720年，出现了显著的增长和扩张(见面板C)：一体化程度提升，社交网络的地理范围扩展到波斯湾，穿过印度尼西亚群岛，进入远东的中国市场。历史学家认为，私人贸易者参与港脚贸易，推动了这段密集扩张时期(Furber 1965:46, 1976, Asaratnam 1995:16)。到1760年(见面板D)，在私人贸易阶段结束时，英国东印度公司的贸易网络已经完全整合了过去连接松散的东方贸易区，通过港口间数不胜数的路径，连接了红海、波斯湾、西印度、孟加拉、锡兰、印度尼西亚、马来西亚、菲律宾和中国。到1796年(见面板E)，对贸易的集中、合并和控制都显而易见。如1820年的公司贸易所呈现的(见面板F)，这一趋势有所增强。此时，由于公司的贸易集中在英国领地内的主要港口，路径和地区的数量都急剧减少。

微观进程

如前文所述，英国东印度公司的私人贸易津贴创造了一种反常激励机制:从事私人贸易的船长经常违反公司规则以延长在东方的航行时间,借此追求商业机会。船长们“故意从孟买缓慢地挪到其他亚洲港口,以‘错过季节’推迟回欧洲的返航,对他们的‘特权’进行投资和再投资”(Furber 1948:280;也参见 Furber 1976:195, Watson 1980b:71, Anderson, McCormick, and Tollison, 1983:233)。[6]与英国私人贸易者在印度大陆非法利用公司税收特权、借机将公司深深嵌入当地的政治的方式类似,船长“错过季节”的渎职行为也将英国东印度公司的跨大陆贸易纳入区域国家贸易模式。东印度公司的正式贸易和船长们为了增添私利而意图篡改规则的越界行为,为其打造了一个高度密集且充分整合的世界贸易网络。

为了能看出这种行为的影响,就要辨别出哪些是船长“错过季节”的航程。非法转移公司资源以获取私人利润的船长们并不会有意在公司记录里记下自己的渎职行为,但他们确实留下了犯规的痕迹。特别是航程的延长和航程内的循环同时发生,这表明公司资源被滥用了。船只预计会在东方停留大约 6 个月。此处,延长航程指的是超过每个航行季节的平均航行时间,即从到达东印度群岛第一个港口的时间到抵达东印度群岛最后一个港口的时间。[7]大多数最终被认定为“错过季节”的船只都在东方停留了 1 年以上。因此,这个估计还是保守的。

从事港脚贸易的私人交易者从一个港口买入货物,到其他港口卖出。相比之下,公司指定的航行就是离开英格兰前往东方的港口,英国的代理人们带着将要运回的货物等在那里。当船只从东方的一个港口来到另一个港口时,要么是为了进行私人的港脚贸易,要么是为了购买新的货物运回英国。由于时间紧迫,从事公司合法贸易的船长应该避免折返已经去过的港口,也就是不在航程中产生循环。循环的主要目的就是贸易,而在公司正式退出港脚贸易后,东方的贸易商都是私人贸易者。因此,出现循环的航行就可被归类为以私人贸易为目的的航行。[8]过长的航行时间和港口间的循环往复,基本能够指向那些为了寻求额外的私人贸易机会而增加非必要航行时间的船长,也就是那些"错过季节"的船长。该测量方法难免会囊括一些由于恶劣天气或其他不可预知的情况而"错过季节"的航行;它试图捕捉那些看起来与无辜行为无法区分的非法行为。然而,这也是对公司高级职员和雇员公认的对贸易影响明显的行为模式的最佳近似。进一步的分析也证明了该方法的准确性。

18 世纪,被欧洲人定义为东印度群岛的地区是一片社会和政治多元化的广袤区域,包括数千个彼此独立且截然不同的社区。各个港口的对外贸易协议各不相同;每个港口各有一群官员,他们对缴纳关税、收受礼物和贿赂所要求的具体程度和仪式也大异其趣。不同的贸易地区习俗各异;在印度次大陆的经验到了香料群岛(Spice Islands)或是中国就很难用得上了。从事公司贸易的船长和船员能够依靠公司相关的知识来应对这些复杂状况;私人贸易商则要承担更大的风险,而且缺乏合法航行所拥有的保障机制。因此,私人贸易者往往不得不依靠他们的个人经验来寻求商机。由于之前在东方的经验对于私人贸易的谈判极为重要,因此,对航行正在前往的目的地,从事私人贸易的船长应当比从事合法贸易的船长拥有更多具体的经验。渎职行为的指标即以循环往返并延长停留为特征的航行,可以通过为船长生成一个特定的经验测量方法来进一步评估,并具体到每个航次。私人贸易者应具有更丰富的经验。表 5.1 显示了经验与私人贸易之间的联系，展示了每一趟目标航行中船长曾去过的不同区域的数量，范围是1680年至1760年间从英国出发的所有航程，这一时期公司内部私人贸易合法化，其组织结构也最为去中心化。

表5.1的结果显示，航行中有渎职行为的船长们可能拥有更高水平的当地经验，以适应当前的航行；对东方缺乏经验，则与延长滞留期密切相关。没有经验的船长比那些曾去过东方履职、经验丰富的船长更有可能错过航行季节。因此，这种评估是保守的——"错过季节"和经验之间的强关联性额外地保证了该指标确实是在衡量非法私人贸易。[9]因此，以循环和持续时间过长为特征的航行，就可认为是由渎职行为者担任船长，他们故意拖延航程以中饱私囊。

表5.1　1680—1764年前往特定目标的航行中非法航行和合法航行的交叉总表

经　验	合法贸易	非法贸易	总　计
0	224(1.01)	79(0.97)	303
1	301(1.12)	66(0.67)	367
2	178(0.96)	76(1.11)	254
3	65(0.85)	40(1.42)	105
4+	14(0.19)	27(2.45)	41
总计	782	288	1 070

注：Pearson $\chi^2(4) = 54.432\,5$，$Pr<0.000\,1$，括号中为比值比。

若要评估为私人贸易进行的不法航行的影响，可以将这些航线从组成英国公司贸易网络结构发展的58条航线中删去。这将产生一组新的贸易网络，可称为"合法贸易图"(legitimate trade graphs)。这些都是没有渎职的私人交易者的贸易网络。衡量不法私人贸易的影响的最直接方法,就是将有渎职行为发生的网络与删去这些行为的网络(见“合法贸易图”)进行比较。不过,删减航线势必会导致原有网络密度下降。因此,“合法贸易图”和完整的贸易图之间的差异,可能只是删减了航线的结果——也就是说,删掉的可以是任何航行,而不必是非法私人贸易商们的航行。为了确保结果不是由人为地删减航线造成的,我们从完整的贸易图中随机删除了一组与不法航行数量相同、按目的地匹配的合法航行。这些被定为“匹配航行”(matched voyage)。从完整的数据中删除这些匹配航行,就会产生另一组新的网络,即“非法贸易图”(malfeasant trade graphs)。对比“合法贸易图”和“非法贸易图”,就可以直接评估私人贸易对宏观网络结构的影响,通过航次的减少可控制这一网络的关键特征。[10]

将渎职行为概念化为一种影响网络建设的处理或许很管用。将经过这种手段处理的网络与作为对照组的网络的宏观结构进行比较。在这种情况下,“合法贸易图”即包含那些没有私人贸易商航行的图,应被视为对照组。它们缺少的是渎职私人贸易。因此,“非法贸易图”可被视为实验组。

图 5.3(面板 A—E)显示了私人贸易阶段开始、中期和结束三个时期的贸易网络,分别是 1680 年、1712 年、1720 年、1728 年和 1760 年的贸易网络。每组都比较了“合法贸易图”和“非法贸易图”的结构,揭示了私人贸易者对该网络的影响。此处定位港口使用的是流行网络软件包 Pajek 中标准且常用的弹簧算法(spring algorithm)。弹簧算法有助于揭示潜在的结构性差异(如密度和连接性的增强),根据地理位置排布港口会使这些差异不易显露。[11]作为参考,图中还展现了每个时期的完整贸易网络。

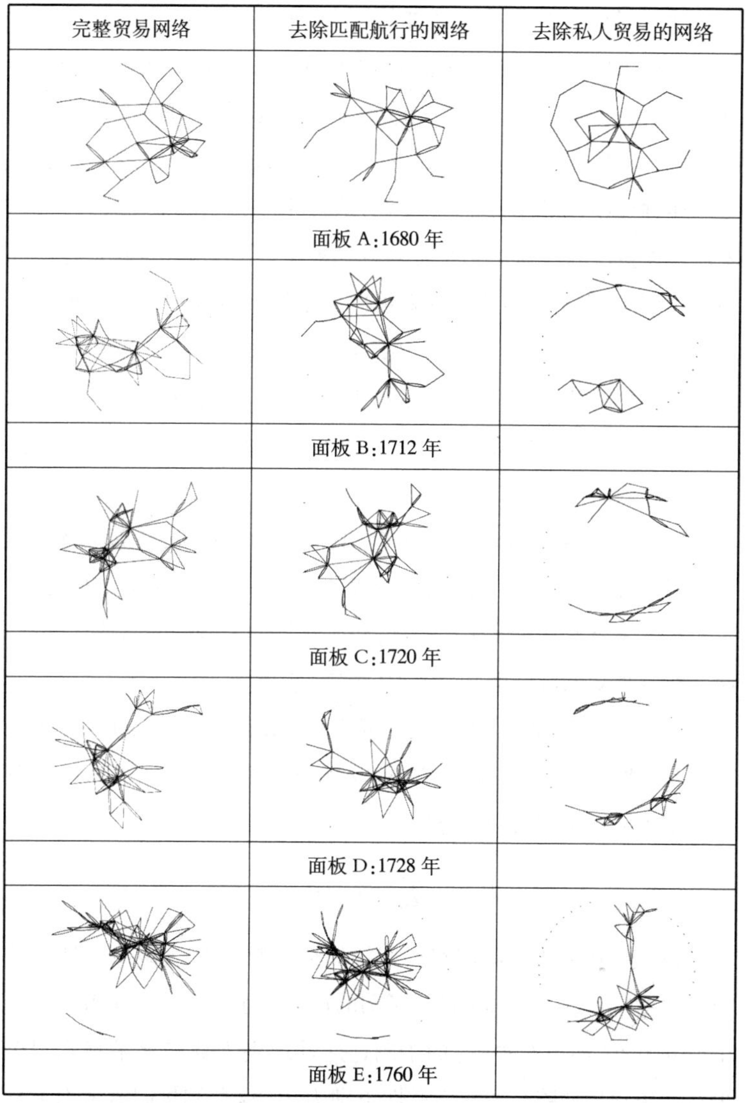

完整贸易网络	去除匹配航行的网络	去除私人贸易的网络
	面板 A:1680 年	
	面板 B:1712 年	
	面板 C:1720 年	
	面板 D:1728 年	
	面板 E:1760 年	

图 5.3　英国东印度公司的东方贸易网络可视化

除了 1760 年到马达加斯加的一次探险航行(见面板 E,1760 年完整贸易网络的左下角),完整贸易网络包括整个时期内的一个个相互连接的组分(component)。组分是一个网络术语,指的是网络中的一个节点子集,这些节点彼此之间至少有一条路径相连(它们未必直接相连,可以通过其他节点链接)。这种相互联系非常重要,因为它表现了连接性的增强——所有港口都被接入一个大型网络,有关价格、货物和港口条件等的信息就可以有效地在网络内传输或是送到伦敦。渎职行为对这一网络产生的效应意义重大。首先聚焦于 1680 年私人贸易的开始阶段,明显可见,移除了匹配航行和移除了私人贸易的图像实质上是相似的。与此形成鲜明对比的是私人贸易在该世纪中期夺人眼球的影响。1712 年、1720 年和 1728 年的图(如面板 B、C、D)显示,如果没有私人贸易,公司在东方的整个贸易系统将分成两个不相交的部分,大致以印度半岛为界。到了 1760 年,随着公司对船长的贸易活动重新施加控制,私人贸易的影响减弱但依然可见;两个相互独立的区域由一个节点(港口)连接。

图 5.3 已经表明,在私人贸易的高峰期是没有明显的连接性图像的。私人贸易的主要影响是将原本不相干的区域相连。改进的异质性测量可以量化网络的整合程度,

$$H = \left(\sum_{i}^{n} (a_i/z)^2 \right) + c$$

其中,a 表示由 $c+1$ 条不同路径连接的港口数,z 代表网络中港口的全部数量,c 代表感兴趣的图或子图的连通性水平。这意味着只有一个孤立节点(即没有关联)的子图连通性级别为 0,所有节点之间至少有两条独特的路径的图连通性级别为 2。这种测量同时考虑了分散组分的数量和每个组分中港口的比例。如果整个社交网络被分成

两个组分,但其中一个组分中只包含一个港口,那么整体的连接性也不会大幅降低,大多数港口仍会相互连接;然而,如果该网络被分成大小相同的两个组分,许多港口将彼此隔断,这将大大降低整体连通性。连通性级别为 1,表示所有的节点(港口)都集成于单个连接的组分中;连通性级别为 2,意味着所有节点都集成于单一连接的双组分(bicomponent)中。双组分与组分类似,只是所有节点必须通过两条独立的路径(直接或间接地)相连接。随着整合程度的提升,测量结果将更接近下一个连通性级别,例如,从分散孤立到单一组分(从 0 到 1)或从单一组分到双组分(从 1 到 2)。图 5.4 中用分数表现了完整贸易网络图、去除私人交易的图和去除匹配航程的图的整合程度。

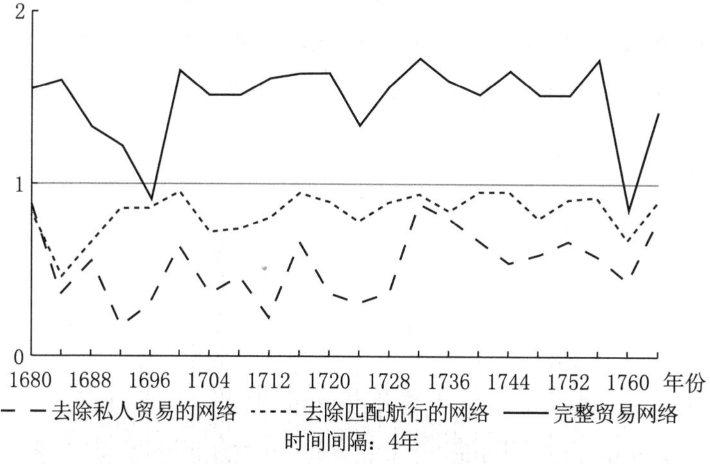

图 5.4 从 1680 年到 1764 年的每四年期间,完整贸易网络、去除私人贸易的网络和去除匹配航行的网络的整合水平

分数越高,表明整合程度越高。从图 5.3 中可以明显看出,从 1680 年到 1760 年的完整贸易网络几乎始终是一个完全连接的组分。

只有在 1696 年和 1764 年,该图分成了两个组分——值得注意的是,这些年里完整贸易网络的整合得分低于 1。而在所有其他时期,该网络是一整个完全相互连接的组分,其核心部分密集地嵌合,因而整合程度远高于 1 分。[12]关键的发现是,去除匹配航行的图像总是比去除私人贸易的更密集。图 5.3 所示简洁直观地显示了非法私人贸易商在整合东印度贸易网络中的作用。图 5.4 量化了这种作用,表明它不是人为制造的可视化社交网络。因此,渎职的私人交易者们对于整体贸易网络的整合作用更为显著。没有这些交易者,社交网络就会从一个主要组分分裂成大型的区域性集群。

虽然反向的异质性测量反映的是整体的整合度,但渎职雇员们的影响在对网络结构的标准衡量中也很明显,表现为密集程度、最大组分和最大双组分的大小。图 5.5 展示了这些结果。对于每一个衡量指标,首先从整个网络的观察结果中,减去“合法贸易图”和“非法

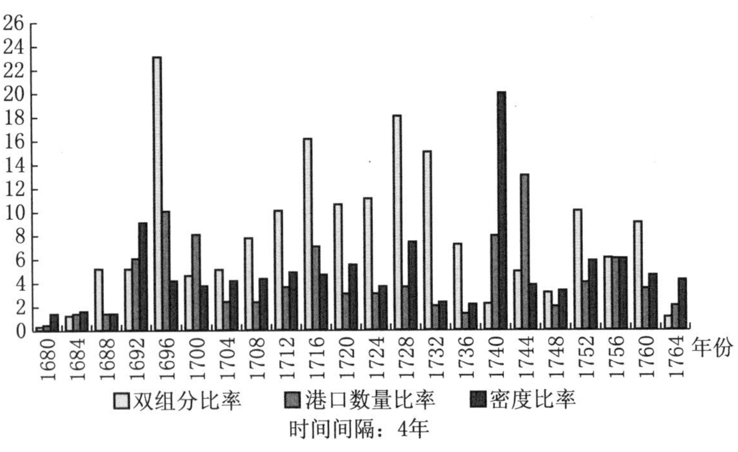

图 5.5 1680—1764 年,非法贸易对网络密度、贸易网络中港口的数量和东方最大双组分规模的相对影响

贸易图”的观察结果作为对照，然后计算每种对照结果占整个网络的百分比，即它们的影响大小。图 5.5 所示的相对影响是私人贸易者对其他贸易者的影响比率。当数值超过 1 时，表明以私人贸易为目的的航行对网络结构的相对影响大于匹配航行的；很显然，不论什么时期的观察结果都是如此。

密集程度仅仅是港口之间的实际航次相对于可能发生的总航行次数的数值。因此，加权测量密集程度，主要反映的是出海船舶数量的增加。为了避免这种结果，我使用了二元的“港口—港口”网络密度。如果遭遇恶劣天气或其他类似的不可测事件，船舶可能会从一个港口出发后折返，这些循环不被包括在密集程度的测量中。如上所述，非法贸易航线的密度数值通常达到合法贸易航线的 5 倍以上。这意味着除了将各地区联系起来，渎职者们的活动也大大加强了地区内部联系，从而为价格、条件、贸易条件和适宜商品等信息的传递建立了多条有力渠道。

除了建设区域内社交网络和跨区域贸易网络外，非法贸易商还直接将市场纳入现有网络。渎职者们不断扩展网络的规模，即增加港口的绝对数量。这说明与众多市场建立和维持联系的过程，只是雇员过于热衷自己的私人贸易时持续产生的副产品。有渎职行为的雇员发现新港口后将其并入英国东印度贸易网络的可能性，是其他船长的两倍。

最后，图 5.5 考虑了私人贸易对最大双组分内嵌入的港口数量的影响。对大型复杂网络的研究（Moody 2004，Moody and White 2003，White and Harary 2001）已经表明，双组分体高度适用于分析嵌入性和结构性凝聚力。此外，通过识别出图中的双组分，可以发现以富余为特征的网络脆弱性明显降低,更不易被破坏。这一结构性因素对市场环境至关重要,因为货物和信息的随时传递是市场效率的核心。

富余还减少了信息不对称。双组分在每个节点之间都有多条路径,因此没有单个节点需要负责将所有信息传递到任何其他节点。例如,如果所有来自东方的商业信息都通过一个港口传输到伦敦,这在单一组分中是可能的,但在一个双组分中是不可行的。其中存在一项重大风险,就是可能有人会控制这一港口,为了个人目的操纵信息,即选择性地传输甚至伪造信息。荷兰东印度公司就真实发生过这种情况。一群经过挑选的荷兰官员在巴达维亚指挥运营,而巴达维亚是荷兰人全部通讯往来的中心枢纽(Adams 1996:19, Steensgaard 1996:136)。文件清楚地记载了他们对有关东方市场状况的信息被贪腐所左右,并对荷兰东印度公司的衰落有着巨大影响(Adams 1996:21)。非法私人贸易者打造的网络结构则产生了这样一种情况:若没有多个港口的协调,是做不到这种欺上瞒下行为的。没有哪一组或哪一个港口对总信息流有足够的控制。[13]

结　论

1738年,亨利·肯特(Henry Kent)作为"萨默塞特"号(Somerset)的二副,随英国东印度公司开始了他的第一次航行,目的地是本库伦。8年后,也就是1746年,肯特已是"龙"号的船长,在前往中国的途中,他穿越印尼群岛,在婆罗洲(Borneo)的坦婆罗(Tamborneo)港登陆了两次,这是以前任何其他英国东印度公司的船只都没有去过的港口。这次航行之后，肯特两次航行到印度，分别在马德拉斯、加尔各答、卡尔皮（Culpee 或 Kalpi）和本库伦停留。在这些航程中，肯特在港口之间航行，但从未错过任何一个通航季节，在离开大约 26 个月后就返回了英国。到 1752 年，在不同的航行中，肯特的足迹遍布东印度群岛的所有地区。

1752 年 11 月 16 日，肯特作为"龙"号的船长进行了最后一次航行，从唐斯出发前往孟加拉。他碰上了好时候，在 2 月初抵达好望角。3 月 24 日，"龙"号驶入圣奥古斯丁湾。肯特没有直接前往马德拉斯，而是沿着马达加斯加海岸到达穆龙达瓦（Morandava）。肯特在穆龙达瓦从 4 月待到了 7 月，在那里，他帮助建立了一家工厂；用枪支、弹药和酒交换了肉类、水和奴隶；与马达加斯加的国王和王后进行了一次仪式性的交流，他们带着随从去见了肯特；带 74 名奴隶上船；对付叛变的船员，其中 3 人是在附属的小艇上被抓住的，镇压了一场小型的奴隶起义；还遇到了另一艘东印度公司的船（"燕子号"[Swallow]，它在"龙"号离开后的几天内从唐斯出发，船长是同样正在进行自己最后一趟航行的约翰·贝尔[John Bell]，公司记录中对这趟航程的数据少有记载）。离开穆龙达瓦后，肯特在穆伦加里河（Morungary River）稍作停留，然后起航前往马德拉斯。一到马德拉斯，肯特就前往加尔各答和卡尔皮，再回到马德拉斯，完成了一次循环；然后驶往本库伦，折返马达加斯加形成循环（East India Company 1752）。在这一路上，他错失通航季节，因而得以在东方多待了一年，这给公司增添了额外的成本投入。关于肯特拿那批奴隶做了什么，并没有记录。公司没有正式参与这场奴隶贸易。

并非所有私人贸易者都进行奴隶买卖，但在其他方面，肯特是一个典型例子。在其职业生涯中，肯特执行过合法和非法的航行。和其他私人贸易商一样，肯特发现并两次返回了一个新的港口，从而为公司开辟了潜在的新市场。他的循环航线将孟加拉贸易区、印度尼西亚群岛以及非洲东海岸充满活力的贸易世界交织起来。从这些记录中，人们很少能像透过肯特看到的那样，清晰地观察私人贸易商的世界，但可以看出他们的活动轨迹——在东方长期停留，在港口之间循环往复。要想看到这一点，就必须建立起适于结构性分析的贸易网络。船舶的路径构筑了公司运营中运输和通信的基础。航行记录提供了关于英国东印度公司商人信息交换系统的实质痕迹。随着时间推移，这些路径交织成东印度公司贸易的整体图像，使合法贸易和非法私人贸易的情况得以就此再现。

这些结果讲述了一个错综复杂的故事。好心办坏事，坏心办好事。其过程的核心是英国东印度公司将私人贸易合法化，增强了船长的自主权。公司退出港脚贸易，是为其雇员们开辟了一条康庄大道，他们十分乐意趁机占用公司的宝贵资源。船长们即使违背了直接命令，也对公司贸易的总体成功作出了重大贡献。私人贸易商将本地的互动融入了一个全球性机构（即公司本身），创造了我们眼中与全球化过程相联系的密集结构。这些结构为英国东印度公司打造了一个规模更大、一体化程度更高的内部贸易网络。

本章所描述的大机制将四个组分合并进一条总的链路（chain），连接了微观行为和宏观结果。当个人处于竞争激烈的市场环境中时，他们应当采取行动以实现利润最大化。组织控制不完全，物理距离和沟通艰难使这种失控加剧。追求个人目标（此处为个人利润)而不是集体目标的个人,会在进行组织事务的常规行为中引入随机扰动,由此产生了一个小世界效应,其中的随机链接增加了整体网络的连通性。

渎职者们造就的紧密型贸易结构,为改善与伦敦以及在东方的工厂之间的沟通提供了更有利的途径,公司和英国私人贸易商同样会因获悉通过非法航行进入网络的新港口而受益。由于社交网络在东方贸易中扮演的重要角色,由渎职交易者创建的链接网络,即使未被察觉,也将成为行为合法的、循规蹈矩的船长们的重要资源。由于船长们在决定交易地点时会从其社交网络中获取信息,由渎职船长创建的稳固且紧密的社交网络,在将信息传送给外围参与者方面能够做得更好。最终的结果是私人贸易带来了额外的益处,即一张密集的社交网络,这个网络同时为合法和非法的贸易者提供信息。

注释

1. 尽管垄断公司于 1833 年被解散,但在这之前出发的最后一次航行直到 1835 年才返回。

2. “委托—代理”问题构建了合同关系的模型。因此,尽管通常假设公司所有者和经理是委托人,员工是代理人,但这种模型也可能反过来。例如,如果雇主没有为雇员的工作时间支付报酬,雇员就面临“委托—代理”问题,此时雇员是委托人,雇主是代理人。我在此使用的是传统意义上的框架——英国东印度公司的所有者和董事会被认为是委托人,船长和船员被认为是代理人。

3. 正如琼斯(Jones)和威尔(Ville)所指出的(1996a:912),英国东印度公司、哈得孙湾公司(Hudson Bay)、皇家非洲公司和荷兰东印度公司等的公司历史,提供了“持久的投机行为的充分证据”,以及持续但基本上不成功的反制代理人滥用自主权的尝试。

4. 使用4年为时间间隔可以确定结构随时间的变化,同时,为可靠起见,保留足够数量的港口连接以考察结构属性。为保持完整性,航行的日期是按出发地来确定的,否则,按时间划分的分割线会将航程划成不同的时间段,易错失在时段分隔时或接近分隔时发生的联系。这意味着一艘1701年启程、一直航行到1705年的船只,仅被纳入1700年这一时期进行观察。采用两年为窗口期进行的比较分析,显示的结果与此处报告的结果类似。

5. 在每个面板上都有一些看起来比其他的颜色更深、更粗的线条,但图中的线条并不以航程的多少为标准。线条看起来比较粗,是因为同一航线上有重叠的航行,这是路径相似或地理位置接近的航线密集的表现。

6. 这里提到的特权是上述高级雇员分配到的在英国船舶上的私人货运额度。

7. 这种测量方式避免了航行持续时日的稳步减少导致的偏差和由天气波动引起的变化。随着时间的推移,航程平均持续时间的减少并不是由于技术创新,而是因为公司增强了对贸易路线的控制(Menard 1991:250)。

8. 然而,公司偶尔也会出租船只在当地进行货运航行。例如,1702年,"科尔切斯特"号(Colchester)被租给亚美尼亚商人萨哈德·伊斯雷利(Sarhad Israeli),用于将货物从马德拉斯运往巴拉索尔(Balasore)和阿巴斯港(Bandar Abbas);一段时间后,"海斯特"号(Hester)也被租用(由印度商人贾纳尔丹·赛特[Janardhan Seth]租借)进行类似的货运航行(Prakash 1994b:chap. 4, 48)。为了不把这样的行程包括在内,只包含长度为2的循环的航程被排除在外,也就是排除只涉及两个港口的循环,例如A↔B。例如"科尔切斯特"号和"海斯特"号的航程都只包括了长度为2的循环,就没有被记为私人贸易航行。只包括循环大于2的航行,也减少了将在东方执行军事任务——比如运输军队或保卫港口——的船只被包括在已确定的私人贸易范围内的可能性。1757年后,随着公司进入殖民阶段,这类军事活动变得更加普遍了。

9. 该评估是保守的,因为它假设没有经验的船长在海上更有可能犯下错误,带来灾难。这一假设得到了数据证实。下表显示,缺少经验的船长,即公司那些进行过少于两次航行的船长,遇到事故的几率明显要高。

船长的经验	航行结果:无事故	发生事故	总计
已进行过 0—1 次航行	1 003(0.97)	85(1.60)	1 088
已进行过 2 次以上航行	3 138(1.01)	127(0.80)	3 265
总计	4 141	212	4 353

注:Pearson $\chi^2(1)=27.104\ 6$, Pr = 0.000。事故包括弃船、沉船、火灾、被敌军俘获、在海上迷路、遭遇海盗袭击和兵变等。括号中为比值比。

10. 这种命名惯例乍一看似乎有些不合时宜,但考虑到去除合法航行的网络仍然包含非法航行,这就是为什么这些网络被称为“非法贸易图”。

11. “合法贸易图”按不同地区进行划分。例如,1712 年的划分线是在印度和印度尼西亚之间,而 1720 年和 1728 年的划分线是在西印度洋和东印度洋之间。

12. 如果整个网络的整合度为 2 分,这就意味着每个港口都有至少两条富余路径通向网络中的其他港口,也就是说,该图将呈现为一个双组分——出现了交织循环的网络所特有的极高分数。

13. 埃里克松和比尔曼 2006 年的研究(Erikson and Bearman 2006)进一步证实了使用模拟方法得出的结果。

第六章

东方的港口

一般来说,组织由它们的周边环境塑造。英国东印度公司格外容易受到外部因素的影响。它并非基于一个已经存在的模板。公司的形式在17世纪尚属新颖。英国东印度公司也没有成为一个完全成形的固定实体。它最初是一系列投资项目的联合,随着时间的推移合并成了一个拥有永久资本池的稳定组织。公司的行政机构、与英国政府的关系以及运作程序依时变化发展,以应对不断变化的环境压力和机遇。

塑造了公司制度发展轨迹的许多外部压力都源于英国和欧洲。英国政府与东印度公司之间形成的推拉,是露西·萨瑟兰(Lucy Sutherland)关于向殖民权力过渡的研究的中心主题(1952);詹姆斯·沃恩(James Vaughn)的研究重新审视和修正了我们对大都市与公司帝国主义之间关系的理解(2009);菲利普·斯特恩考察了公司运用主权权力的形式(2011);鲁帕莉·米什拉(Rupali Mishra)详细地探究了公司最初几十年的发展(2010)。在这些作品的背后,有一幅更恢弘的经济史画卷，它将欧洲的制度成长脉络，如产权的发展等，与其经济腾飞联系起来，而东印度公司的财富正是其中一部分(North and Thomas 1973)。

或许，即使没有对亚洲制度背景的补充研究，这项工作的关键假设也是不容置疑的，特别是公司的制度创新和组织创新完全来自欧洲。这种解释并非错在上述研究，而是源于西方社会一套更大的符号系统，其中，开放、包容和市场自由主义等被条件反射般地当成西方的，暴政、等级制、专制等则被认为属于东方。出于这种文化图式，许多人可能会直觉地将私人贸易和公司雇员自主权以及他们所促进的英国商业发展同英格兰的文化图式联系起来。比较历史社会学最近的两部重要著作直接质疑了欧洲的影响与欧洲殖民地出现宽容、民主的发展和经济制度的进步之间的联系。朱利安·吴(Julian Go)和詹姆斯·马奥尼(James Mahoney)都强调了殖民地的制度环境在建立殖民统治的制度和模式中的重要性，而不是假设其为从欧洲到殖民地的单向流动(Go 2011, Mahoney 2010)。

负责处理公司在亚洲(而不是欧洲)事务的机构从未构成对欧洲机构设置与公司组织创新之间存在关联的质疑。相反，关注重点主要集中在其他同等重要的问题上，即公司对东方港口的影响和欧洲公司对已有贸易模式的整合与依赖。在接下来的两章中，我将通过考量东方港口的环境及其与英国东印度公司权力下放的联系，来挑战公司的组织创新源自欧洲的观点。

虽然大部分分析都集中在公司的理事会和私人贸易者身上，但他们不应是公司去中心化结构的主要原因。英国人的贸易成败，在很大程度上取决于东方成熟的商业和外国商人所处的机会结构。如果分散的外贸准入为多个贸易商带来了多重机会，那么其中英国人的生意往往会取得成功。如果没有打入东方分散经济的市场，私人贸易就不可能繁荣兴盛。鉴于英国东印度公司内部分散的组织结构与私人贸易交织在一起，第四章和第五章中写到的信息流动和创新的增加也与东方港口的制度环境有关。虽然这两章描述了不同港口之间巨大的制度差异，但都在一个简单的分析原理下运作：机会塑造行为结构（Petersen 2009）。

将员工的高度自治和对私人贸易的公开立场解读为英国反对垄断的文化倾向这种诱惑，是我们需要抵制的。无论它可能发挥了什么作用，这种强调都忽视了来自东方港口更强有力的影响。是许多东方港口的开放和包容，才使公司的商业扩张及其雇员的私人贸易成为可能。最后，英国东印度公司创新的去中心化结构，以及随之而来的商业利益，也都有赖于亚洲的商业组织。

东方在塑造组织结构上的重要性，也影响了学者们进行网络研究的方式。网络机制和结构，如第四章和第五章中所辨析的，经常被网络研究人员单独拿来分析，也就是说，它们被视为与环境彼此分离且可以分离出来。尽管不同网络结构的影响或许可以被抽象出来，跨越不同的背景进行概括，但这些结构产生背后的动力不可避免地与其出现的特定时间和社会条件有关。人们彼此建立关系，形成社交网络。他们如何建立这些关系以及与谁建立这些关系，从根本上总是会受到其所生活的社会的影响，包括其中的文化倾向、偏见、思维习惯和日常行为规范等。甚至组织内部的社交网络联系也会受其所处社会的影响，正如英国东印度公司的案例一样。因此，本章开始探讨东方的制度环境及其对英国贸易的影响。

东印度

亚洲港口在现代之前的先进性是有目共睹的。亚洲的一些地区似乎已经处于类似工业革命的边缘。许多人认为,中国自 10 世纪以来就一直存在经济持续发展所必需的基本条件。宋朝时期,长江流域引进的一种新型水稻掀起了一场农业革命,带来了长时期的繁荣、扩张、城市化和创新(Findlay and O'Rourke 2007:60—67)。那里有一众强大而富裕的商人,政府已大举投资基础设施建设来支持贸易,钢铁工业也有大幅增长。通常我们认为与 19 世纪英国的快速崛起相关联的,也正是类似的时间、地点。

印度当时也达到了经济发展的顶峰。1602 年,当英国人绕过好望角时,莫卧儿帝国正值鼎盛。阿克巴(Akbar)大帝征服了印度北部,包括马尔瓦(Malwa)、孟加拉和古吉拉特(Gujarat)等地。他的帝国从现在被称为阿富汗的地区延伸,穿过巴基斯坦,从印度北部到孟加拉国,一直南至马哈拉施特拉(Maharashtra)。在奥朗则布(Aurangzeb)(在位时间为 1658—1707 年)的统治下,帝国的疆域达到了次大陆最南端。印度纵使不是一个初具规模的全球性超级大国(若说中国可能是的话),也拥有异常强大的制造业和复杂繁荣的商业经济,以及一个相对稳定并通过税收政策鼓励商业化的政府(Findlay and O'Rourke 2007:268)。毕竟,东方富饶的市场是吸引欧洲人涉足海外投资的首要原因。

另一组历史学家阐明了亚洲商人团体在东西方经济一体化中的举足轻重。菲利普·柯廷(Philip Curtin)(1994)和费尔南德·布劳德(Fernand Braudel)(1972, 1977, 1992a, 1992b, 1992c)强调了英国商人群体和亚洲商人群体之间商业伙伴关系的重要性(Furber 1948, 1976, Lach and Kley 1965, Ferrier 1973, Kling, Pearson, and Furber 1979, Chaudhuri 1985, Chandra 1987, Subramanian 1987, Frank 1998)。在英国东印度公司持续成功的故事中,少不了亚洲经济的发展,以及当地商人与英国公司和私人贸易者合作的意愿。17 世纪的海外贸易商只是找寻新市场的野心家。他们开启了贸易事业,但成功与否取决于所前往的港口的社会和文化特征,受文化壁垒、语言障碍、法律限制和制度规定的影响。英国人在东方港口通常都能获得的商业机会的数量和类型决定了公司的成功,东方港口之于私人贸易的发展,正如从事私人贸易的雇员一样,是十分必要的。

港　口

在进行贸易的港口,英国东印度公司相对自主的本地代理人(即从事私人贸易的船长和代理商们)也需要有相对自主的参与者与之交易。港口必须能够应对公司的大规模需求和私人贸易商的小规模业务——为了满足雇员和公司的要求,权力分散性和商业成熟度是必要的,而绝大多数英国人都会选择商业成熟且权力分散的港口进行贸易。

东印度群岛是一个广阔且多元的地区。港口形形色色,从摩卡(Mokha,或 Mocha)尘土飞扬的集市,到卡加延苏禄(Cagayan Sulu)(即马潘[Mapun])雾蒙蒙的河流与满怀敌意的船只。这里还有独立的村落和庞大的城市。英国人在一些地方成功地定居下来,而在另一些地方却没有。我将在本章中通过对代表性港口的描述,引入一种基于海外贸易管理制度特点的港口分类。这种分类是根据涉外贸易的社会组织最突出的特点归纳出来的。分类代表的是理想型,但每个港口难免有独特之处。港口被归类为多个在英国东印度公司贸易存在初期最具代表性的类别。对其进行描述并非是为了表现出英国人自己形成的大规模转变,重点是拼凑出港口环境对英国东印度公司的影响。第七章中基于完整船舶数据的对港口互动效应的分析,也是为了描述港口对公司的影响。

本章展现的港口包括马德拉斯、万丹、圣奥古斯丁湾、广州、拜蒂克洛(Batticaloa)和新几内亚海峡(Straits of New Guinea),还讨论了英国人在两个欧洲殖民港口的经验,即葡萄牙的据点果阿和荷兰的殖民首府巴达维亚。马德拉斯代表了一系列广泛的港口,它们均拥有发达的、行动高度自由的商业阶层,这种自由源自我所说的"市场社会"(market societies)国家。万丹也拥有发达的商业阶层,但与马德拉斯作为城邦和东部自由贸易中心的地位有所不同。万丹和类似的港口被称为"开放城市"(open cities)型,虽然它们曾经被叫作商业中心(emporia)。圣奥古斯丁湾的贸易则与政府组织、军事力量和社会阶层有更紧密的联系。我将这种类型称为"受管制互惠"(regulated reciprocity)型。广州高度发达,但政府严格控制着对外贸易,我把这称为"受管制市场"(regulated market)型。巴布亚新几内亚则是与广州相反的另一个极,几乎毫无监管,但市场也很不成熟。它和类似的港口被称为"无管制互惠"(unregulated reciprocity)型。在拜蒂克洛,皇室直接控制着所有的海外贸易,因此它代表的是"皇家垄断"(royal monopoly)型。最后,果阿和巴达维亚作为非英国的

"欧洲殖民地"(European colonies)型社会模式的代表。

这些港口均代表了某一种东方常见的港口类型,但这些类别并非来自已有的理论框架。现有分类过于粗放,无法反映在东方已知的种类繁多的商业组织,而且大多数描述的是整个经济体系,而不是专注于对外贸易。我的分类方法受到了卡尔·波兰尼(Karl Polanyi)著名的互惠、再分配和市场社会类型学的影响(Polanyi 2001:45—58)。在波兰尼使用术语"互惠的"来描述的社会中,大型单元、部分或细小分支都通过礼物交换(gift exchange)形成相互依赖关系——这意味着对交易的社会或政治方面的考量与对经济结果的考量同等重要,甚至更重要。我也用"互惠"来表示个人之间进行礼物交换的社会。皇家垄断型非常类似于再分配的组织形式,即货物集于一个核心的权威角色之手。根据波兰尼所言,市场经济是一种以个体交易追求利润为主导的体系。如其所述,行为人的动机将市场与他认为的"早期"经济组织形式明确地区分开来。尽管实现匿名交易的可能性始终重要,但他使用的定义是以市场交易产生的互动模式为核心。

J.C.凡·勒尔(J.C. Van Leur)也采用了一种三分法:农业(agrarian)、城市与家庭(oikos),其中最后一种意指以家庭为单位和目的进行的生产(Van Leur 1955:56)。在此情形下,以生产为依据无法帮助区分农业和家庭。另一个有用但最终不尽如人意的方案是划分仓库(échelles)型和梯子(entrepôts)型。仓库型是坐落于农业生产腹地以便收集货物的城市,梯子型则是收集货物并作为对外贸易转运区的城市,二者间的区别影响了港口的政治经济,但并不能完全决定国家在对外贸易中的作用。因此,这种区别无法充分体现许多港口之间的差异。

在对港口进行描述和归类时,我不仅借鉴了同时代的历史研究,还参考了相关或相邻时期的资料。这些资料包括大量年鉴、日历、游记,以及18—19世纪为鼓励英国自由的贸易商人涌入而出版的东印度港口名录(Fryer 1698, Barbosa 1918, Barlow and Lubbock [1703] 1934, Blakeney 1841, Dodwell 1773, Hamilton and Foster [1732] 1930, Herbert and Dunn 1791, Horsburgh 1841, Milburne 1813, Milburn and Thornton 1825, Pires 1944, Tennent 1860, Staunton 1797, Stevens 1775, Wright and Gilbert 1804)。其他没有在描述中引用,但用于识别和分类完整的港口集合的资料来源,包括《伊朗百科全书》(*Encyclopedia Iranica*)(Yarshater 1990)、《印度、东亚和南亚百科全书》(*Cyclopedia of India and of Eastern and Southern Asia*)(Balfour 1895)、《马来西亚:国家研究》(*Malaysia:A Country Study*)(Bunge 1984)、《沉船与海难》(*Shipwrecks and Disasters at Sea*)(Anon., 1812)、《亚洲杂志与月刊汇编》(*Asiatic Journal and Monthly Miscellany*)(East India Company 1843)、《菲律宾群岛》(*The Philippine Islands*)(Foreman 1890)和《另一个越南? 17—18世纪的阮氏王朝》(An Alternative Vietnam? The Nguyen Kingdom in the Seventeenth and Eighteenth Centuries)(Tana 1998),等等。在线的"互联遗产地图集"(Atlas of Mutual Heritage)(Don et al. 2012)堪称无价之宝。港口的船舶数量相关信息取自《东印度公司船舶船舱日志和航海日志目录》(Farrington 1999b)。[1]

在一些港口,存在刺激英国私人贸易扩张的机会;而在另一些,类似的机会并不存在或被强行封锁。结果就是在一些港口形成了持久的贸易关系,而在另一些,来自英国的生意消失无踪。英国东印度公司在开放海外贸易参与和商业活动的港口生意蒸蒸日上;其间每个案例中,交互的历史都表明了权力分散和商业发展成熟使私人贸易得以维持。商业发达的亚洲港口和权力分散的海外贸易,共同产生了英国东印度公司崭新的组织结构,由此间接使其获得成功并对英国的社会和外交政策产生影响。

马德拉斯:市场社会型

马德拉斯可能是最成功的英国在东方的贸易场所。共有 2 262 艘东印度公司的船只曾停靠在马德拉斯,源源不断,稳定持续了 192 年。英格兰和马德拉斯之间的贸易在 1833 年之后继续进行,但那时英国政府已经取消了东印度公司的贸易特权,其职能变为殖民管理而不是商业经营。这都是英国政府完全控制公司运作和印度领土的过程的一部分。然而,这一结果直到印度和英国商人之间近两个世纪有利可图的稳定的贸易结束后才得以实现。与马德拉斯的常规贸易并不是英国东印度公司史上持续时间最长的,但该港口比其他任何东部港口都接收了更多的英国船只。

定居点建立以前,外行人很难看出这个港口的优势所在。英国人来之前,马德拉斯是印度科罗曼德尔海岸上一小片不毛之地。科罗曼德尔大致在印度东海岸地势较低的三分之一处。那里当时是一个富裕的织造区,拥有大量熟练纺织工人。然而,马德拉斯没有一个自己的港口,不能很好地接收来自其他密集环绕着科罗曼德尔的富饶生产地区的货物。它位于葡萄牙建立的一个港口圣托米(San Thome)港附近。

与同在这片次大陆的其他地区相比,科罗曼德尔的政治史相对独特。马德拉斯初建时尚未被并入莫卧儿帝国。莫卧儿帝国在16世纪中期开始从信德（Sind，现在被称为巴基斯坦的地区）征服印度半岛。到17世纪晚期，印度次大陆的大部分地区已处于其控制之下。科罗曼德尔顶住了这次扩张的压力，仍然是一个独立的王国。它是毗奢耶那伽罗帝国（Vijayanagara Empire）的最后残余力量之一。毗奢耶那伽罗是一个印度教王朝，在莫卧儿帝国入侵前控制了印度次大陆的大部分地区。政府的分裂和莫卧儿王朝入侵的持续威胁，都使该地区陷入政治不稳定之中（Mukund 1999:56）。

1641年，英国人从昌德拉吉里（Chandragiri）的拉贾那里租下了马德拉斯。不到10年，这块地就被据说更擅长"敲竹杠"的高康达（Golkanda）苏丹从拉贾手中夺走了。不久之后，该地区最终被莫卧儿王朝占领。英国人经受住了所有风暴的洗礼，重新谈判租约、重新确定租金并欢迎新的官员到来，尽管新官上任时总喜欢增加税收。伦敦的理事会一再质疑在这样一个政治动荡的地区定居是否为明智之举。当地的英国人竭尽全力为他们对马德拉斯的承诺辩护，声称马德拉斯便于抵御陆上进攻，然而，它的防御不尽如人意，并没有阻止法国人在1746年到1749年间占领马德拉斯。

17世纪中叶，马德拉斯仍处于莫卧儿帝国控制下，英国东印度公司从一位柴明达尔（zamindar）* 那里租借了这块地方。柴明达尔是在莫卧儿王朝制度下的一个官方头衔，指作为收税者的贵族阶层地主。1688年，中间人被废除，英国东印度公司正式进入莫卧儿政治体系，成为马德拉斯的柴明达尔。这一转变给定居点带来了些许长期渴求的稳定，也表明了在印度存在的一种政治调和的宽泛

* 也译为"印度地主"。——译者注

模式。

就如在封建制度下的欧洲一样,地方冲突往往终于调解。给有威胁性的精英们相对让渡一些主权,以换取其履行征税职责。这种制度使英国人能够避免发动军事侵略的高昂代价,同时又能建立有效的政治控制。此外,英国人被赋予了引进英国法律体系的权力,但他们只是有选择地这样做。不同的几个外国商人群体间的互动会造成复杂的局面,用不同方式处理延迟交货、价格波动、供应下降以及外贸中其他数百种能够谈判的紧急情况,都有可能导致一片混乱;再加上多种行为准则、解决争端的不同方式和不同的司法标准等,成为冲突的最终仲裁者必然占据上风,既能减少在几种不同法律制度之间谈判的复杂性,又使英国人获得了巨大的商业优势。

在鼓励贸易的英国人领导下,港口蓬勃发展,不断壮大。到18世纪早期,据亚历山大·汉密尔顿(Alexander Hamilton)估计,这个曾经荒凉的地方已容纳了约8万名居民(Hamilton and Foster [1732] 1930:203)。历史学家阿辛·达斯·古普塔(Ashin Das Gupta)认为,英属港口的繁荣缘于莫卧儿王朝的衰落(Das Gupta 1998:46)。值得注意的是,马德拉斯即便被并入莫卧儿帝国,也仍在逐步成为一个充满活力的贸易中心。

马德拉斯的兴盛以科罗曼德尔海岸的地区特征为基础。因为它地处这片高产区域内,很快便吸引了大量的织工和商人。阿文德·辛哈(Arvind Sinha)断言,科罗曼德尔的商业活动在毗奢耶那伽罗王朝统治时期达到顶峰,并于1565年结束(Sinha 2002:176)(他指的是科罗曼德尔地区,而不是尚未建立起来的马德拉斯城市)。该地区内部贸易兴旺,盐、原料棉、成品棉、槟榔、咖喱、烟草、胡椒、丝绸、其他香料、安息香(也称山胡椒)、线、毯子、生丝、各种棉布、枣、杏仁、“美图塔”(mailtuta,一种牙膏)和染料……这些仅仅是当地商品可选范围的冰山一角。欧洲传奇珠宝商让-巴蒂斯特·塔维尼尔(Jean-Baptiste Tavernier)曾告诉别人说自己看到过一支由4万头牛组成的商队满载着货物穿过这片地区(他可能善于夸大其词)(Sinha 2002:33)。该地区负有盛名的熟练织工制造着质量不俗的纺织品,包括白棉布、密织布、印花布、色织格子布、菲律宾彩绘布和帆布等(Babu 1995:262—63)。英国人主要用白银交换这些优质棉纺品以及生活必需品,如小麦、大米和柴火等。

贸易和生产是通过社会和种族的分裂自下而上组织的。纺织工人们围绕产品类型被归入不同种姓。例如,德万加(Devanga)种姓编织深蓝色的布料,沙尔瓦(Salewars)制作普通的白色领巾。有几个种姓是指不同类型的商品或不同地区市场的商人。例如,班贾拉(Banjaras)从事内陆贸易,而古奇瓦(Coorchivas)做的是从更遥远的内陆到沿海地区的生意。一系列常规节日和每周集市也在整片地区传播。节日的出现产生了杜巴舍(dubashes)和戈马斯塔(gomastahs)。杜巴舍和戈马斯塔是指帮忙谈合同的本地中间人,他们担任翻译,了解英国贸易的大部分细节。杜巴舍跟英国东印度公司独立签约合作,戈马斯塔则受雇加入公司。这些长期商业活动的重要成果,是孕育了一个发达的资本市场,以及为公司和个体户提供支持的金融机构网络。小额放贷者和大型银行家族居住在此地。放债人通常是出口商品的大宗经销商,也是该地区最强大、最富裕的商人(Mukund 1999:62)。他们主要通过在科罗曼德尔各地经营的代理商们携带的汇票进行交易(Sinha 2002:44)。

马德拉斯本身就拥有独特的社会组织。这里住着两个相互竞争的商人团体，巴利贾（Balijas）和贝里切蒂（Beri Chettis）。这些群体分属不同的种姓——右手种姓和左手种姓；这座城市依据不同的种姓划分不同的街道。群体之间的对立是采取暴力行为和商业谋略的基础（Mukund 1999：67—68）。公司主要依靠一批豪商（历史学家卡纳卡拉塔·穆昆德［Kanakalatha Mukund］称他们为商人资本家）在如此复杂的世界中谈判，这群人有效地掌握了英国人称之为“黑镇”（Black Town）的金奈城（Chennapatnam）的控制权——即便不是名义上的（Sharma 1998：263）。很明显，英国人和其他欧洲人都严重依赖本地商人。

穆昆德认为，早在欧洲人出现之前，马德拉斯地区的精英商人就形成了一个界限分明、自我意识强烈的阶层（Mukund 1999：xi，61）。常驻此地的精英商人是管理欧洲事务的关键中介，不仅将后者与生产网络联系起来，还协助处理其与政府当局的谈判（Sharma 1998：265，Mukund 1999：61）。显然，英国人和其他欧洲人都重度依赖当地商人。英国人通过他们与不同种姓的织工之间订立每年的预付合同，从而与内陆地区的经济联系起来；织工们得到预付报酬，有了生活来源。英国人想要成为织布工的物资供应者，但这一举动遭到了抵制。

在早期的马德拉斯，出现过4位杰出人物：17世纪50年代的塞夏德里·纳亚克（Seshadri Nayak）和克奈利·切蒂（Koneri Chietti），60年代的贝里·蒂曼纳（Beri Timmanna）（Mukund 1999：70），以及70年代的卡西·维拉纳（Kasi Viranna）（Sharma 1998：265）。尽管存在一些彰显英国代理人和马德拉斯精英商人之间友好交往的证据

(Sharma 1998:283, Mukund 1999:10),二者的关系并非一直和睦。譬如蒂曼纳和维拉纳曾在 1665 年被英国人逮捕(Sharma 1998:271, Mukund 1999:71)。公司成员也多次控诉不同的商人贪污欺诈。

到了 17 世纪 70 年代,公司就定期与 26 名领头商人打交道,由他们负责监督更多的小商人(Mukund 1999:105)。马德拉斯建立后,另一个由葡萄牙人、穆斯林和亚美尼亚商人组成的国际社群迁入,并开始大量投资与波斯、中国、甘贾姆(Ganjam)、奥里萨(Orissa)(即奥迪沙[Odisha])、苏拉特、孟加拉和第乌(Diu)的海外贸易。经验丰富的海外商人社群将马德拉斯变成了一个繁荣的商业中心,值得注意的是,葡萄牙人在其中处于核心地位。如其所示,以长远的眼光看,靠近葡萄牙定居点让马德拉斯更富有魅力,因为葡萄牙商人们会被吸引到马德拉斯。

总而言之,政治上的不稳定并没有让英国人离去,其他欧洲人的出现也鼓励而非阻碍了这个定居点的成功发展。但最重要的因素是其灵活的政治调解、大规模的生产能力、广泛成熟的金融水平和发达的市场。大量技艺娴熟的商人的存在,为英国公司在各个层面的运营都提供了充足的机会。马德拉斯的环境不仅有利于更大的公司利益,而且让员工(资本投资水平较低)对他们的商业前景也深表满意。贸易的去中心化,商业的高度分化,成就了一次极为出色的建设。

万丹:开放城市型

在英国人进入东方之前,马德拉斯几乎是不存在的。它的发展是英国商人和本地商人共同努力的结果。在欧洲人参与进来的数百年甚至数千年前,东方就有无数繁华鼎盛的商业中心。贸易是这些城邦实打实的命脉:进出口税则是其政府收入的主要来源。因此,政府有充分的动力减少准入壁垒以鼓励对外贸易。这成就了去中心化的分散市场。成功的市场吸引了来自世界各地的经验丰富的海外贸易商人,提高了商业成熟程度的平均水平。这些结合起来对英国人形成了难以抗拒的诱惑。万丹就是其中最为繁荣的贸易中心之一。

万丹接近爪哇岛(Java)西端。早在欧洲各公司成立之前,这座城市就是商人们从印度西部到中国北部港口的转运区,拥有一个发达完善的商业世界。这是一个四通八达、富丽堂皇的城邦,其税收基于对外贸易。它位于两个海峡之间,一个分隔爪哇和苏门答腊(Sumatra),另一个将印度尼西亚群岛和马来半岛分开,使万丹横跨近东和远东的经济区域。城里的集市和街道中挤满了络绎不绝的商人。万丹长期接待多样化的国际商人群体,拥有应对英国官员、船员和代理人的各种需求的制度性和商业性机制。

英国东印度公司第一次航行就登陆了万丹,并在接下来的 50 年里定期往返于此。由于荷兰对港口施加压力,这段贸易关系结束了;当时荷兰人已经把印尼作为他们的领土扩张基础。17 世纪之内,他们将领土扩展到整个爪哇岛,通常采取间接政治控制作为对岛上出产的丰富香料建立商业垄断的手段。荷兰人还通过武力威胁,对万丹的苏丹和他的议会施加压力,干涉其对外贸易政策。苏丹原本在不同派别的外国商人之间维持着微妙的平衡,他们都在寻求政治影响和贸易特权,但荷兰人的干涉破坏了局面。到 17 世纪末,荷兰人成功地将爪哇的国际贸易推向他们在巴达维亚的总部,导致万丹的贸易如无根之水而枯竭(Chaudhuri 1978:16—17)。1682 年,荷兰人占领了万丹,将英国人从他们的工厂赶了出去并禁止再建立定居点

(Farrington 2002a：111)。这是一个转折点，英国和其他地方的海外商人离开了这个曾经车水马龙的大都市。整个18世纪，英国人返回万丹不到12次。

在商业巅峰时期，万丹以作为转运中心为主，主要货物包括来自该岛的胡椒、中国丝绸、茶叶、瓷器、锌、铜、象牙、鸦片，以及来自印度的棉制品。更具异国情调的物品包括龙血（一种鲜亮的猩红色树脂）、大象的牙齿、姜黄、亚力酒、樟脑、芦荟油、乌木、稀有且令人垂涎三尺的糖果、苏木、朱砂、水银，以及欧洲的零碎物品，包括啤酒、奶酪、红葡萄酒、各类香水、乐器和玩具等。这个港口是各类异国商人的枢纽。正如凡·勒尔援引的第一个登陆万丹的荷兰人所说的话："这里有许多爪哇人，还有来自其他各国的人，如土耳其、中国、孟加拉、阿拉伯、波斯、古吉拉特等，摩肩接踵，几乎走不动道。"(Van Leur 1955：1)

苏丹依靠对外贸易维持着挥霍无度的奢靡生活。围绕着万丹统治者的神话建立在他与南海女神基杜尔(Kanjeng Ratu Kidul)结为眷侣的基础上。这次成功的联姻是统治者受神眷顾的象征，构成了他主张政治权力合法的基石。由于其本质超凡脱俗，这段婚姻难以考察；不过，宫廷和百姓会通过评价苏丹作为配偶的可取之处来判断这个说法。苏丹的合法性的基础，是在全宫廷人眼中他是女神合格的配偶："如果他肉眼可见的荣耀低于标准，如果他的国库不甚殷实，如果他不能平息持久叛乱，那么这个人决计无法称得上是南海女神的男人。"(Ricklefs 1974：25)

可见的荣耀需要千金一掷。[2]苏丹依靠自身力量，巧妙地平衡与外国商人的关系，以最大限度地增加港口贸易，从而提高政府收入。

商人的重要性是如此之大，以致苏丹直接让他们参与政府事务。最为功成名就的外国商人在苏丹的议会也享有一席之地。港口的最高职位沙班达尔（syahbandar）和拉克萨玛纳（laksamana）* 也可以由外国商人担任。17 世纪初，一位科罗曼德尔的商人就任沙班达尔，并成为皇家议会的一员；大约 50 年后，一位名叫阿卜杜勒·加富尔（Abdul Gafur）的中国商人获得了同样的职位（Kathirithamby-Wells 1990：110—13）。机会的大门向外商打开，这是西方世界无法比拟的。

大力支持自由贸易的政府政策，为东印度公司和英国的私人贸易商提供了多种多样的机遇。尽管有宗教或神话性质的装饰，政府以及外商和原住民们的商业素养都是极高的。英国东印度公司与万丹定期进行贸易往来，直到荷兰人打碎了万丹商业繁荣的基石。

圣奥古斯丁湾：受管制互惠型

与马德拉斯和万丹相比，圣奥古斯丁湾的社会的商业发达程度不那么高，但受到的管制更为严格。该港口位于马达加斯加的西海岸，在 17 世纪还未发展起来。这样的一个结果是精英和地方商业活动之间缺乏严格的分界。有一段时间，流动的穆斯林商人控制了海外贸易，但当地的统治精英在与欧洲人建立联系之前就取代了他们（Kent 1968：528）。与旅行商人的互动深深扎根于当地的宗教信仰和仪式之中，而它们有效地润滑了与新外来者之间的交易。统治阶级主导着贸易，但在 16 世纪，当地市场规模渐增，日趋成熟，一个新兴的商人阶层从内陆地区兴起。

---

* 分别为封建王朝时期掌管港务的文武官职。——译者注

英国东印度公司的船只“苏珊”号、“龙”号、“赫克托耳”号和“扬升”号在印度洋上访问的第一个港口,正是圣奥古斯丁湾。在接下来的一个世纪里,英国人偶尔出现在该地区,还有一次尝试建立殖民地但失败了。1644 年,140 名移民在约翰·斯马特(John Smart)的带领下,独立于公司之外行动,登陆了圣奥古斯丁湾,但移民短时间内大量死亡——进一步殖民的企图化为泡影,并给 12 名幸存者带来了极大的痛苦。直到 18 世纪,才开启了另一种常规的贸易模式。自 1718 年起,公司的船只定期在圣奥古斯丁登陆,绵延 80 余年。在这 80 年里,共有 110 艘英国东印度公司的船只在这个港口从事过某种贸易。

奴隶是马达加斯加最大的出口物。其他交易品包括牛、山药、椰子、香蕉、绵羊、家禽、猪、牛奶、盐、土豆、鱼、长矛、蜡、腰布、垫子、贝壳、玉米、龙涎香和黑醋栗壳等。在欧洲人进入印度洋之前,马达加斯加人用这些商品从西拉莫人(Silamo)处购买丝绸、棉花、毛瑟枪、燧石、火药、玻璃、珠宝、盐和鸵鸟蛋等东西。西拉莫人是阿拉伯或穆斯林商人,传统上从事与马达加斯加西海岸的贸易(Campbell 1993:130)。这些穆斯林商人通过马林迪(Malindi)* 和蒙巴萨(Mombasa),将马达加斯加的西北海岸与更广阔的印度洋贸易网络相连。虽然他们也买卖其他商品,但主要利益来自奴隶贸易。

观察家们认为,早期的马达加斯加在政治上是四分五裂的,因为这个岛包含了数个不同的政治团体。欧洲人倾向于低估该岛的面积,然而它占地 587 040 平方公里,比大多数欧洲国家都要大得多。到 1710 年,萨卡拉瓦人(Sakalava)已经征服了该岛西部的大部分地方(Kent 1968:544)。英国的船员们能分辨不同等级的萨卡拉瓦贵族,

---

* 中国古称“麻林地”,见于明朝书籍。——译者注

并对他们的皇室地位印象深刻。

萨卡拉瓦精英参与海外贸易的历史有些模糊。但有证据表明，就在穆斯林商人更大的国际贸易网络受到葡萄牙人威胁之时，萨卡拉瓦的酋长或国王从这些外国商人手里夺走了奴隶贸易控制权。这个时间点表明马达加斯加精英们直接参与了对外贸易。格温·坎贝尔（Gwyn Campbell）称，马达加斯加的统治阶级在更早的阶段就已发展了国际贸易；但为了表明这一论点，她将绑架和（大规模地）劫牛都视为长途贸易的形式（Campbell 1993：122）。

英国人在岛上的贸易遵循的是一种标准的协议。在与港口的管辖者达成协议后，英国商人们通常会建立一个小仓库（即工厂）。船运日志详细地记录了这些经历。外来者们不得不花很长一段时间等待统治者的到来，因为在国王或是女王驾临并给予许可前，民众会拒绝交易。国王和女王到达后，仪式开始，商人和精英之间交换礼物。人类学文献称之为呈赠仪式（prestation ceremony）。仪式的圆满落幕，标志着贸易的开始。自此整个社区都可以自由参与贸易，尽管商品的类型始终受到限制。[3]奴隶是战争的产物，貌似都掌握在国王和女王手中；当地农产品、家禽和肉类等贸易则是与广大民众进行的（East India Company 1752）。价格由事先签订的合同约定，但英国人发现，频繁地向统治者赠予礼物是持续顺畅交易的必要条件。这种必要性使得最终成本难以预估。

这些贸易规则适用于萨卡拉瓦河沿海。内陆贸易则是另一回事。外国商人要冒险进入岛屿内部，需要与当地首领或执政群体存在血缘关系。这种关系被称为法蒂德拉（fatidra），模糊了缔结双方的身份（Campbell 1993：137）。比如一对关系结合者应当共享妻子。因为得到接纳的陌生人被给予或借予了酋长的身份,社区的人民就应当像对待酋长一样对待他们。具体来说,他们有义务向陌生人提供食物和住宿,从而促使贸易成为可能。法蒂德拉是一种社会创新,利用现有的习俗为商人创造了一个定义明确、受官方保护的社会地位。

到 17 世纪末,一群兼具欧洲和马尔加什(Malagasy)* 血统的新代理商和翻译开始在海外贸易中发挥更为显著的作用。1643 年,法国在圣奥古斯丁岛的对面建立了殖民地。这里还有臭名昭著的海盗定居点,例如位于南端的避风港圣玛丽角(Cape St. Mary)是大海盗罗伯茨(Great Pirate Roberts)的老巢(Nutting 1978:205)。海盗定居点在 18 世纪 20 年代被剿灭,但他们留下了一笔遗产。马尔加什人愿意和外国人结婚或将女儿嫁给他们——或者干脆只是与外国人发生性关系——以示热情好客(Campbell 1993:136)。法国人和海盗定居点的幸存者必定常与当地居民通婚,因为这些妇女,也就是欧洲人的妻子以及他们的子女,都是欧洲贸易中必不可少的代理人和翻译。

18 世纪末,土著商人团体掀起了一场名副其实的市场革命。安坦卡拉人(Antankarana)或说"贝洛—萨卡拉瓦"人(Belo Sakalava)从事盐的贸易,他们在伊梅里纳(Imerina)王国的内部地区建立了一个临时的移动市场。大麻、木材、棉花和丝绸市场纷纷涌现,它们通常位于岛屿内陆,与特定地点捆绑在一起。格温·坎贝尔将市场体系的开端追溯到 17 世纪中期。到 18 世纪,关于连锁市场和集市的区域性制度已然建立(Campbell 1993:147—48)。

与万丹或科罗曼德尔等城市相比,马达加斯加的贸易尽管在增长,但并不发达。这个社会不能被定性为分割的和相互依赖的——

---

* "Malagasy"即今"马达加斯加(的)"。——译者注

这是市场社会的两个基本特征。资本市场、铸币厂和法院都不存在于此,但市场社会的基础正在孕育成型。甚至还有马克思主义思想中经济发展的基本前提:雇佣劳动力。欧洲人雇用一群叫马罗米塔(maromita)的工人作为搬运工(Campbell 1993:135)。贸易和商业并不完全局限于社会的精英阶层内部,互惠交换也随处可见;机构的商业素质随着时间提升,于是往返该港口在英国人眼里愈发有利可图了。

广州:受管制市场

中国社会比马尔加什人的更为中央集权,商业也更发达。中华帝国可以说是这个星球上最强大的政治单位,掌管着一个无比复杂、相互依赖且商业兴隆的社会。尽管都是富裕发达的帝国,中国看待对外贸易和万丹截然不同。在万丹,政府生存全然依赖海外贸易收入;在中国,对外贸易税收在政府财政中的作用相对微小。虽然关税给政府收入锦上添花,但对外贸易收入远远无法与来自中华帝国广袤的农村腹地的巨额税收相媲美。有时,中国政府会暂停所有海外贸易,并关闭对外港口。即使在1684年,海禁解除后重新开放港口,清王朝也一直限制中国人与外国人的接触。为此,他们建立了一个精心设计的监管体系,迫使英国东印度公司采取了几项不同寻常的让步。

公司最初试图通过厦门(Amoy)和台湾与中国开展贸易,但清政府希望隔绝外国人的影响并将所有海外贸易引到广州(Van Dyke 2005:6—7)。1689年,英国东印度公司的船只首次抵达广州的黄埔(Whampoa)港,并定期往返直到其垄断特权终止。在此交易期间,曾有1 453艘公司船在黄埔停靠。这些年中,公司与中国的贸易呈增长趋势但并不稳定。1690年到1748年之间,每年大约有3—4艘英国东印度公司的船只入港贸易;1748年增至每年9—10艘,并在接下来的30年里稳步增长至20艘;1775年到1786年是一段停顿期;从1786年到公司组织的消亡,每年都有20多艘船抵达此地。

广州位于一条又长又浅的内陆河上游。为了到达那里,欧洲船只首先必须在澳门或附近雇佣本土引水员(pilot)。这些引水员带领船只航行到上游,通常会在虎门(Bocca Tigris)暂时停靠,让“钤子手”(tidewaiters)上船——这是一类监视上游通道、防止走私的中国官员(Van Dyke 2005:21—22)。在黄埔,大型船只靠岸后,货物在最后一段路程要通过被称为“官印船”(chop boats)或“驳船”(lighters)的浅水船漂流到广州。这些船只在前往广州的途中会经过一连串的收费站,每碰到一个就要停下来付上一笔钱(Van Dyke 2005:22)。航程的最后一段,使大型船只距离广州太远而无法用炮火威胁它;这一整条曲折的路线,意味着船只不经中国政府允许就无法离开。

除澳门以外,欧洲人不被允许在中国建立定居点或工厂;在中国永居也不受支持。直到18世纪70年代,英国人才获得了为一小撮东印度公司的精英商人“大班”延长居留的许可。一般来说,欧洲人在广州停留做生意时,主要被限制在官方给定的住所,与百姓隔绝。交易所产生的一切次级工作,例如装卸货物等,都由港口官员指定的劳工负责。英国人必须使用特别指定的船只来装卸货物,通过官方翻译与商人沟通,由官方买办(compradors)(即向导)来处理食宿等生活需求,依靠政府择定的语言学家进行翻译和交流(Van Dyke 2005:53, 74, 77—79)。

哪怕存在这些限制，英国东印度公司仍只是频繁光顾这个主要港口的欧洲公司之一。中国的贸易伙伴包括法国、丹麦、荷兰、奥地利、葡萄牙、西班牙、瑞典、北美、暹罗(Siamese)和东京(Tonkinese)*，以及来自南圻(Cochin China)、日本、巴达维亚等地的商人。英国对好几种商品都兴趣浓厚。《东方贸易》(*Oriental Commerce*)(1825年)列出的一份1813年广州商品清单包括：茶叶、丝绸、瓷器、糖果、丝制品、漆器、大黄、糖、肉豆蔻、蚕丝、布匹、玛瑙、明矾、珠宝、茴香、铜、黄金、墨水、黑玉、麝香和一些异域奇物，等等。英国人进口里亚尔(reals)——一种在西班牙美洲铸造的银币(Pond 1941)，以及叫作"八音盒"(sing-songs)的机械小玩意，后来将印度棉制品也加入了贸易清单；往后的几年里，私人贸易商主要做的是鸦片生意。

船舶要进行贸易，就要得到粤海关的监督(hoppo)(受命主管港口和海关的官员)的许可。一旦进入港口，它们就只获准与海关监督择取的商人进行贸易(Van Dyke 2005:11)。负责对外贸易的商人群体就叫作"行"(Hong)。他们往往是福建人的后代，过去是在帆船上做生意的流动商人(Cheong 1997:33)。随着欧洲贸易的重要性的增加，他们的方向发生了转变。英国东印度公司的贸易大多是与一两个商人进行的。1703年至1710年，连官(Linqua)和晏官(Anqua)供应了大部分货物，18世纪20年代，则由陈寿官(Suqua)主导(Van Dyke 2005:11)。然而，英国东印度公司以及其他欧洲公司都不满于将贸易局限在少数官选商人身上的方法，这种紧张关系在18世纪一直困扰着公司与中国的相关贸易。

行商们希望能强制推行贸易限制，他们有时还会签订正式协议

* 时为法属越南北部，也称"北圻"。——译者注

以集体设定价格,并为潜在损失集资。但海关监督们更关心的是扩大对外贸易以满足朝廷的关税收入要求,并中饱私囊。因此,在欧洲人提出控诉后,掌握海关监督权力的人相对迅速地解散了这些组织(Van Dyke 2005:10, 20)。无论如何,官方限令似乎对英国东印度公司的影响很是有限,因为该公司经常绕过指定交易对象的约束(Cheong 1997:61, 94—96, 110)。事实上,行商本身往往招募自非法从事对外贸易的商人队伍(Cheong 1997:92, 97)。

为了适应广州的限制性规定,英国东印度公司不得不改变其标准操作流程。公司聘用了"大班"(supercargoes)而非建立工厂,因为后者是不被允许的。大班这一职务在公司内部地位超然,他们负责处理所有船舶货物在广州期间的相关商业往来。其他港口的代理人们也履行了类似职责。在对华贸易的早期阶段,英国人不被允许在广州居住,所以大班们一次监管一艘船。随着时间的推移,大班会社成立了,这样两艘英国船只间就不会降价抢生意。委员会是由 3—4 名乘坐不同船只同时抵达的大班组成的团体。渐渐地,在中国当局允许的情况下,大班们在广州定居,有时被驱逐到澳门,并成立了一个常设小组,负责督管所有英中贸易。1770 年后,该团体成立了正式机构,由 12 名常驻的英国商人组成,负责监督公司所有对华商业往来(Cheong 1997:109)。

哪怕东印度公司在中英两国相关事宜上的集权程度高得异乎寻常,私人贸易依旧兴起。通往广州的漫漫长路上有许许多多的走私机会,朝廷非常乐意看在一定报酬的份上对此视而不见(Van Dyke 2005:117—40)。应中国朝廷的要求,鸦片禁止进入英国东印度公司的贸易清单,于是它几乎完全落入了英国私人贸易商手中。据研究英国在广州贸易的早期历史学家马士记载，在早年间的航行中，公司慷慨大方地给私人贸易以优惠，鼓励其克服重重困难打入广州受保护的市场（Morse 1926：73）。马士还发现，有文件显示，1729 年“林恩”号（Lynn）的船长在广州有一批价值足足 3 744 英镑的私人贸易货品（Morse 1926：74）。雇员的私人贸易并没减少，而且随着时间推移，或许权重还增加了，因为它成为了公司和行商的重要资本来源（Cheong 1979：9）。

1683 年贸易开放后，英国人在广州有了一个稳定的环境。尽管这片大陆的政治震荡频仍，但整个 18 世纪，广州贸易持续稳步扩张（Cranmer-Byng and Wills 2011：222）。其他欧洲人也出现了，但强大的中国政府控制着一切潜在冲突。中国有大量优质商品，而且茶叶是其所独有的。广州的商业成熟度极高，但对英国人而言，政府对外贸的严格监管无疑是广州最突出的特点。然而，严格的监管被非正式和非法的活动所包围，或许还得到了这些活动的支持。中英商人也习惯性地藐视这些法规。因此，广东的贸易只是名义上的集权。私人贸易机会充足，且随时间推移越来越多。历史学家张荣祥（W. E. Cheong）认为，18 世纪 90 年代，英国东印度公司积极参与了新行商的任命，因为这些商人过去都是其雇员的私人贸易伙伴，能够满足公司和私人贸易者们的需求（Cheong 1997：92）。透过现象看本质，这对英国东印度公司的混合贸易模式来说是环境一流。

拜蒂克洛：皇家垄断型

拜蒂克洛与广州相似。海外贸易权力集中，完全控制在精英阶层手里；然而，它缺乏中国所具有的其他许多优势。因此，英国人没有什么动力通过调整组织结构来适应港口的需要。东印度公司和港口之间的不匹配最终导致贸易关系破裂。

拜蒂克洛贴近锡兰东海岸的中心地带。最初,在东印度公司董事们眼中,与拜蒂克洛的贸易前景一片光明。公司努力与锡兰开展贸易合情合理:它物产颇丰,有着悠久的海外贸易历史(Bastiampillai 1995:79—95)。欧洲人经常抱怨东印度群岛大多数港口有毒烟雾和恶臭空气,却认为该岛是一个天堂。丛林里满是大象,印度的宫廷圈子对此需求量极大。椴木、大米、蜂蜜、蜡、槟榔、贝壳、红宝石、珍珠、猫眼、黄玉、碧玺、蓝宝石等自然资源丰富。那里生产的肉桂被誉为世界上质量之最。纵观亚洲贸易史,锡兰在连接波斯、古吉拉特、马拉巴尔、科罗曼德尔、孟加拉和暹罗的繁荣商业网络里位居中心。但外国商人经手了这些贸易。来自印度的穆斯林商人前往锡兰,把货物带回大陆(Arasaratnam 1967:110—11, Schrikker 2007:18)。这些外商直接从国王那里购买货物。皇家垄断的贸易包括肉桂(Schrikker 2007:18)、大象、槟榔和珍珠(Pieris and Naish 1920:29—31, 171, 186),都是当时岛上出口最多的产品。产品被收集、加工,并转移到国王在科伦坡(Colombo)的仓库。服务于皇家的村庄系统为国王和宫廷社会生产必需品和商品。其经济组织非常接近理想的再分配经济类型。

由于国家占有盈余收入,因此不需要依靠本土商人来流通货物。尽管国内精英后来皈依了佛教,岛上主要是印度教徒,按种姓组织。有些渔民做点沿海贸易(Arasaratnam 1985:44),但不存在专门的商人种姓(Loten 1935:27—31)。不同的种姓被指派生产不同商品供皇家出口。例如,扎利亚(Chalia)这个种姓的人从一种小植物的树皮上刮下肉桂来制备。家家户户被分配了“潘古”(pangu),即几块土地。每一块土地都是几种类型(高档、低档和废土)混合的,如此安排使各家可以生产不同商品以满足自己的需求。这里没有常备军,而是将服役的责任与某些地块挂钩。在那些土地上生活和耕作的人们知道,一旦有召唤就要从军(Pieris and Naish 1920:37)。尽管存在种姓分化,但专业化程度很低。

没有跨社区的交换往来,就没有什么社会基础来指导和规范陌生人之间的关系,比如对外贸易中发生的关系。司法由当地的村长管理,但只有国王有权定生死。一种常见的惩罚是强迫罪犯坐在地上,在他们周围画一个圈并禁止其越线(Pieris and Naish 1920:187)——这种手段不足以应付对外贸易争端。而大多数港口都有复杂的规章制度来处理对外贸易和跨文化交流中的具体问题。僧伽罗人(Sinhalese)的社会里基本不存在这样的规则。虽然他们的精英具备在海外做生意的能力,但大多数僧伽罗社会缺乏常规贸易所必需的经验、习惯和习俗(Arasaratnam 1985:44)。然而,值得注意的是,缺乏体制基础并没有阻止其他欧洲人来建立永久性根据地。

1716年,当英国人作为贸易者登陆时,葡萄牙人早已来了又去。后者于1510年抵达锡兰。许多葡萄牙人留在岛上,给不同的精英团体当“雇佣兵”,在无休无止的王位继承斗争中赚钱(Pieris and Naish 1920:38—63)。到了1597年,他们真正开始对该岛实行领土占领。葡萄牙人大获全胜,大到能够任命一名士兵掌握庞大的僧伽罗王权。多姆·杰罗尼莫·德·阿扎维多(Dom Jeronymo de Azavedo)获得了“锡兰之王”(The King of Ceilam)头衔,并很快攫取了已故僧伽罗国王达玛帕拉(Dharmapala)的特殊权力和仪式性地位:“他受跪拜礼,象征君权的白色盾牌和遮阳伞伴随他巡视全国上下。”(Pieris and Naish 1920:140)这个王国最初并不包括锡兰的东部,也就是拜蒂克洛的所在地,不过葡萄牙人最终于1602年左右在那里建立了一个小堡垒。到1658年,荷兰人赶走了葡萄牙人,接管了他们留下的地盘,征收苛税并严格维持皇室垄断。荷兰人和葡萄牙人的部分持久影响就是将基督教引入了该岛,导致穆斯林商人的生活和贸易变得艰难。在荷兰人眼里,这种干扰只是旨在促进殖民地发展的政策不可分割的一部分(Van Goens 1932:8)。他们通过垄断行为、严格监管或是两者的不定结合,将其他贸易商赶出了该岛。大多数专研这一地区的历史学家都认为,荷兰人破坏了锡兰在更大的东印度贸易网络中的地位,使财富成为当地苦苦挣扎的商人们遥不可及的目标(Arasaratnam 1985:51, 1967:110, Schrikker 2007:34—35)。

18世纪中期,当英国人试图与拜蒂克洛进行贸易时,虽然暂未将其领土扩展到东部海岸,荷兰人已经接管了锡兰的大部分地区。拜蒂克洛在锡兰是一片野地,居住着走私者和摩尔人(mocquas),后者与荷兰人关系不睦(Van Goens 1932:44)。葡萄牙人被驱逐后,这块土地被正式归还给了强大的内陆国家康提(Kandy)的国王。直到1766年英国人离开后,荷兰人才能够强迫康提国王屈服,并占领了东部沿海地区。荷兰人在岛上的活动仍然影响着拜蒂克洛。只留下少量的穆斯林商人,但他们遭受着加重的关税和条条框框的限制,其目的是干扰和阻碍他们的商业活动(Arasaratnam 1985:51)。

关于在拜蒂克洛建立英国工厂的记录十分稀少。据法林顿的《东印度公司船舶船舱日志和航海日志目录》记载,英国东印度公司的船只曾在1716年和1749年停靠该港口。目前尚不清楚工厂是自哪次航行起建立的。当地对外贸易一直在统治精英的控制下，由流动商人进行，缺乏大规模的本土市场和商人。英国人的工厂最终失败。该地区商业很不发达。这里有大量的货物，然而，没有掮客可以负责英国商人和乡村农场之间的交易。这种缺乏本身也是该港口的政治经济产物。僧伽罗人的经济体制具有一种再分配的形式。对外贸易权力集中，先是属于僧伽罗精英，其次是葡萄牙人，再后来是荷兰人。直到英国东印度公司沿着殖民地路线进行重构，才能有效地将货物运出该地区。权力分散的英国东印度公司和集权的僧伽罗人之间的遭遇，同时给双方都造成了挫折。

新几内亚：无管制互惠型

在上述港口中，权力去中心化对于英国东印度公司及其私人贸易商都有着至关重要的作用。在马德拉斯和万丹，商人相对高的自由度促进了与英国的私人贸易；在马达加斯加，对外贸易受到的集中控制随着时间的推移而减弱，推动了东印度公司参与其中；在广州，集权式政府将私人贸易商排除在外，但非正式甚至非法的市场涌现出来，填补了这一空白；在拜蒂克洛，权力集中化导致了贸易关系的破裂。新几内亚则展现了英国东印度公司遇到的另一类问题。新几内亚大部都是权力分散的，然而也缺乏商业成熟度，更没有证据表明它像中国、爪哇和整个印度次大陆那样，拥有构成繁荣商业社会基础的金融体制。

1760 年 1 月，托马斯·巴迪逊（Thomas Baddison）船长驾驶着他的“奥古斯塔公主”号（Princess Augustus）进入了新几内亚海峡。靠岸后，他派小船上岸找些柴火。1 月 7 日星期六，事务长记录了以下

一段话:

> 下午4点,有一小船的人登上甲板。那是一些自称为“加纳人”(Janas)的马来人。他们手中除了三四百个腐烂的肉豆蔻一无所有。这些人告诉我们,他们来自位于我们西北方的一个小镇,走的时候承诺会再回来并带来一些猪和龟。一开始,他们害怕登船,问我们是荷兰人还是西班牙人,当知道我们是英国人时,他们欣喜万分。(East India Company 1760)

2月9日,在同一停靠港,事务长再次记录了当天的活动情况:

> 下午3点,有4艘小舟的人来到船上。他们是巴布亚人(Papuas),带来了一只300磅重的大乌龟。除了要出售的木豆垫子和弓箭外,他们什么都没有。他们认为这些东西很值钱,会卖得很贵。这些人很想让我们随船前往他们的镇子,说在那里他们能带来大量的猪和龟。他们说那里有很好的锚地,(水深)20英寻,没有浅滩和岩石。……其中一个人误以为我们仍在询问猪的事情,上岸去带来了6只狗。(East India Company 1760)

这些段落在字里行间隐藏了丰富的信息。它们描绘了文明的西方人和原始的当地人之间带着刻板印象的相遇。这一肤浅的比方掩盖了段落中不甚明显的证据,那就是里面这些巴布亚人相当老练。首先,我们可以认为是巴布亚人碰上了这艘船。他们带着货物到处寻找英国人,而且会说英语。若非故意,他们不可能把猪误认为狗。他们对欧洲船只下锚要求的了解程度惊人,使用英寻为单位衡量水深。然而,英国人只是经过此地,没有回头。这一次是英国人不看好此地的贸易前景。

巴布亚人努力且有知识,为什么贸易会失败呢？不幸的是,这份航行日志并没有准确地记录“奥古斯塔公主”号在新几内亚的锚地,因此很难讨论他们所遇到的群体属于什么社会组织。对新几内亚的大多数研究都集中在高原地带和东部沿海,即“库拉交易圈”(Kula Ring)的发源地。如果马来西亚人加入其中,那么肯定会产生海外贸易,尽管它在任何更大的海外贸易网络中都没有突出地位(例如对华贸易网络)。尽管新几内亚的社区相对孤立,但它们一直富有商业活动和创业精神,几个世纪以来也享有擅长贸易和谈判技巧之名。然而,贸易总是服从于更大的身份地位和威望的系统。严格的互惠规则使礼物交换成为高度组织的分层体制的基础,该系统将社会地位建立在参与交换仪式的基础上(Malinowski 1984, Strathern 1971, Schieffelin 1981);货物根据内部交易规则进行估价,作为提高本地声望的一部分进行交易。

事务长特别提到,他认为巴布亚人卖得太贵了。这是因为交换并不以积累物质财富为目的,而是为了调节社会地位,所以商品并不是通过市场来定价的,而是具有一种仪式上的价值。积累威望促使交换进行,因此交换的物品通常是珠宝、头饰和一些饰品,其价值与使用价值不成比例。这种定价方式是贸易的一个主要障碍:双方无法达成一致。基于地位的定价系统和基于市场的定价系统之间的协调是一个严重问题,因此无法达成双方都满意的价格。

如果第二个条件得到满足,时间一长,这种议价失败本可以就自然解决。然而,事务长还记录了对货物数量和质量的明显不满。因为商品是为仪式交换而生产的,这是有限制的,所以没有理由过多地生产英国人认为有价值的特定商品,也就是根本没有足够的商品值得英国东印度公司花费时间。

如果新几内亚政治上并非四分五裂，一个大人物，比如说一个在部落中颇有影响力的人，本可以动员足够多的人口来生产吸引英国人所需的剩余产品，但这可能仍无法解决商业从属于社会组织所造成的贸易壁垒。新几内亚拥有与东印度公司及其私人贸易雇员建立持久关系的基本要素之一——多种多样的交易机会。然而，它太过分散了。每个人都愿意进行交易，但那里并不存在大规模的商品市场。商人和交易者并不是作为一个独立的阶级而存在的。交换已然深深融入这些社会的内部动态，也就没有外部市场。因此，商品的生产仅限于村民的生存需要和仪式交换，根本没有足够多的货物来满足公司本身庞大的利益。那里缺乏满足客商特殊需求的机构，跨文化边界进行价格谈判也遭遇了无尽困难。最终，洲际贸易需求根本得不到维持。尽管巴布亚人尽了最大的努力，英国东印度公司还是离开了。

果阿：葡萄牙殖民地

与在东方进行贸易的欧洲大公司之间充满敌意的说法相反，英国东印度公司发掘了大量与其他欧洲人做生意的机会。葡萄牙人也不例外。果阿在葡萄牙人占领前后都是一座极其国际化的城市。它位于印度物产丰饶地区的中心，长期以来始终是印度洋上纵横交错的贸易体系间的一个枢纽，这些体系一直延伸到地中海和中国的海岸。果阿商业高度发达，拥有富裕强盛的独立商人阶层可进行贸易，也就毫不意外英国人认为访问果阿有利可图了。

果阿久享美丽富饶之城的盛名。它坐落于印度次大陆德干海岸

(Deccan Coast)。当时,它作为充满异国风情的豪华度假胜地的美誉已经传承了几个世纪。1512 年,汤姆・皮雷斯(Tome Pires)描写了众多旅行者到果阿的果园里放松身心,咀嚼当地种植的槟榔叶(一种温和的兴奋剂),他将那里的槟榔叶称为世界上最好的;他还看到了美丽的女人和动人的舞蹈(Pires 1944:57)。人们认为果阿比印度大部分地区的气候都更温和,因此更宜人。坚固的城墙环绕着这座城市,城内满是郁郁葱葱的花园和供应充足的甘甜水源。然而在 16 世纪,大批失业且贫穷的葡萄牙士兵的到来,使它变成了一座危险的城市(Pearson 1996:26—27)。

葡萄牙在东方的战略是占领关键港口,从而能够纯粹依靠武力控制印度洋的海外贸易。为此,他们占据并掌控了哥伦坡、马六甲、霍尔木兹、第乌和果阿。果阿是这一连串港口的核心,是皇冠上熠熠生辉的宝石,也是葡萄牙殖民东方的首府。早在葡萄牙人到来之前,它就已是转运枢纽,是印度次大陆内陆与非洲沿海地区以及中东之间的贸易中转站。阿拉伯马是一种重要的军事商品,其买卖市场被认为是最重要的。人们还可以在此找到槟榔、印花布、平纹细布、槟榔叶(当然)、大米和东印度群岛许许多多的香料等。

几个世纪以来,这个避风港之岛一直遭到许多不同帝国的争夺。其人口包括印度教徒、穆斯林、犹太人、帕西人(Parsis)* 和基督徒(甚至早于葡萄牙人的到来),以及许多不同民族的人,如土耳其人、波斯人、阿比西尼亚人(Abyssinians)和库尔德人等。外贸税费和泊船费用是政府的传统收入来源。1510 年,在阿方索・德・阿尔布开克(Afonso de Albuquerque)的指挥下,葡萄牙人占领了这个港口,并满

---

* 印度拜火教(信仰琐罗亚斯德)信徒。——译者注

怀希望想保持其在广大印度洋贸易网络中的优势地位。

葡萄牙人持续控制着果阿,然而,他们的进驻打击了该港口的贸易。葡萄牙人惯常在其所有港口建立皇家垄断。果阿也不例外。直到16世纪70年代左右财政不景气,才使葡属印度尝试允许私人不同程度地参与贸易。从1576年开始,果阿和里斯本之间的香料贸易垄断权被出租给各方;1628年后,合并成立的葡萄牙东印度公司抵达该港口。两者对于果阿的商业衰落并没有多大影响。

葡萄牙人一边干涉一边又依赖于当地已有的商业和金融体系。他们试图使所有居民皈依基督教,部分举措包括在1653年将印度教徒驱逐出这个港口(Scammel 1988:477—78)。就像在安特卫普(Antwerp)一样,宗教不宽容给这座城市的经济生活带来了毁灭性的影响。葡萄牙人做出了多次例外让步,以留住维持港口经济活力的熟练工人,并挽留更富有的印度教商人们——葡萄牙当地政府要向这些人贷款来维持殖民地的运营。这种典型三心二意的干涉,是因为葡萄牙人在资金、贸易、生产以及船只和军队的人员配备等方面完全依赖现有人口(Scammel 1988:477—78)。

英国东印度公司于1635年首次接触果阿,并与葡萄牙的葡属印度建立了友好关系。雄心勃勃的英国船长们会在前往某个英国工厂的途中在果阿下船,作为私人生意企划的一部分,快速脱手亚力酒。17世纪,葡属印度衰落,果阿的财富也随之缩水。到了1670年,其大部分海外贸易已然消亡(Scammel 1988:477)。英国人也不再来了。当果阿还是一个有生命力的港口时,他们非常乐意常常光顾,几乎完全是为了进行私人贸易。葡萄牙东印度公司并不排斥英国东印度公司,一点也不。后者是一个现成的欧洲商品交易市场,在东方要找到这些商品难度惊人。然而,由于葡萄牙人的政策,当资金耗尽时,没人觉得这个一度花天锦地的城市还有什么贸易前景。

巴达维亚:荷兰殖民地

巴达维亚是位于爪哇岛西北海岸的一个荷属大型港口。就如同在果阿一样,欧洲海上列强之间的零星敌对行为并没有阻止英国人经常光顾巴达维亚的港口。尽管荷兰官员们以官方身份尽了最大努力,英国东印度公司的私人贸易仍在那里蓬勃发展。在非官方场合,荷兰东印度公司高级员工、自由的荷兰人和巴达维亚各类公民都参与了繁荣的非法市场,交易东方商品,从事金融服务,其中也包括英国东印度公司的雇员。在许多方面,巴达维亚社会的表象与港口的现实日常相去甚远。

巴达维亚建立在曾经繁荣的贸易城市巽他格拉巴(Sunda Kalapa)的遗址上。16 世纪初,强大的万丹苏丹夺占了这座城市,并将其重新命名为查雅加达(Jayakarta),意思是"伟大的胜利"。在万丹统治下,查雅加达不复往昔繁华。1610 年,查雅加达的王子做出了一个欠考虑的决定:与荷兰人合作,作为试图同苏丹分裂的部分努力。1619 年 3 月,荷兰人成功占领了这个港口,并为纪念他们的祖国而将其重新命名为巴达维亚。

许多人会把这一胜利归功于巴达维亚第一任总督扬·彼得松·库恩的才能。他的一生多少反映了荷兰商业帝国在东方的影响和生活在巴达维亚的矛盾性和复杂性。一方面,他为荷兰东印度公司创新设计了一套多边商业战略;另一方面,为对香料群岛实行严格垄断,他主导了对超过 15 000 名万丹人的屠杀。从欧洲的角度来说,荷兰东印度公司是第一家股份有限责任公司,看起来像是一个现代的奇迹;但对东方,它有一副跋扈恣睢的暴君嘴脸。这第二副面孔并不是留给亚洲社区看的,而是施加于公司雇员和巴达维亚的荷兰公民身上。众所周知,尽管表面上看起来像是荷兰的民主制度,但该公司以铁腕统治,对正当程序或是个人权利几乎毫无尊重(Blussé 1986:5)。

巴达维亚的荷兰社区以将穷奢极欲提升到苛求细枝末节的新高度而闻名。禁止奢侈浪费的法律规定了不同职业水平男性的着装细节,包括用什么鞋扣。只有基督教徒可以穿皮鞋。荷兰商人的妻子们,通常是讲葡萄牙语的印度裔基督徒,在一群为她们打伞的奴隶簇拥下在城镇里游荡,炫耀着财富和地位(Abeyasekere 1937:37)。

联排别墅外的城墙内,一个有毒有害的环境形成了。巴达维亚在从查雅加达王子手中被夺取后,按照荷兰模式重建,拥有 16 条水渠和高层联排别墅构成的水道。到 1730 年,这种规划已经造成滋生瘟疫的温床。沟渠的污浊死水成了蚊子的繁衍地;高层的住宅阻挡了新鲜空气和通风。这些导致巴达维亚成了有名的病患之都。旅行者抱怨有害健康的环境,有"低垂飘荡的毒雾"和"致命的水蒸气"。其医院被称为"谋杀地"(De Moordkuil)或说"死人坑"(the death pit)(Blussé 1986:29)。

那时,荷兰东印度公司很难招到稀少的荷兰自由小商人为公司雇员们服务,这也许并不令人惊讶。这些人似乎成天忙于调酒、酿酒和管理酒馆。公司对他们也是爱恨交加。东印度公司希望在巴达维亚有一个繁荣的荷兰商业阶层,但不想给他们提供得以繁荣的手段,特别是不受限制地从事海外贸易。他们许多人对这些限制条件的应对则是参与腐败行为和城里广泛的非官方贸易(Blussé 1986:20, 95)。非官方贸易是这座城市双重性的另一个表现。虽然受到严格约束,但在这种情况下,规则似乎还是被打破了。公司的雇员和居民们一同直接违反荷兰东印度公司的规定进行私人贸易(Kathirithamby-Wells 1977:8)。

荷兰东印度公司雇员的非法贸易对英国人产生了强烈的吸引力。前现代贸易中的一个核心问题,就是远距离转移大量资金。东印度公司则是唯一真正有能力从亚洲将大量资金汇到欧洲的大型组织。这意味着私人交易商不得不依靠这些公司将其获益带回欧洲。对于被严格禁止从事任何形式私人贸易的荷兰东印度公司的雇员来说,这是一个严重的障碍;对英国的雇员们来说,这就是一个黄金机遇。只要支付一大笔费用,后者就非常乐意行个方便,通过自己的东印度公司帮忙转移资金,该公司并不禁止通过私人贸易追求和积累利润。因此,英国人在巴达维亚的经济中扮演了一个虽不光彩但重要的角色(Adams 1996:23—24)。

巴达维亚的一个大型华人社区是荷兰东印度公司唯一合法允许在其主导之外从事海外贸易的群体。具有讽刺意味的是,这一让步最终直接导致了巴达维亚和荷兰公司本身的垮台。在17世纪,欧洲人很难与中国建立直接贸易往来。正如前文关于广州的部分所说,中国人强烈抗拒与外国“野蛮人”接触,他们眼里的欧洲人也是如此。起初,巴达维亚庞大的华人群体对于港口来说是重大利好。中国侨民已深深地融入华南贸易网络。他们的船只,即帆船船队,以极低成本将极难获得的中国商品,如丝绸、糖、瓷器、铁锅、钉子、针头、雨伞(在巴达维亚需求旺盛)、纸张、水果和纺织品等运入港口。荷兰人事实上从向入境船只收取的各种费用中获益颇丰,包括锚地费、安全通行证费(葡萄牙人在笔记本上玩弄的一个小伎俩)、进出口费、给港务长的礼物、给收税员的礼物、给秘书的礼物和给收银员的礼物等。到了 18 世纪,与中国的贸易对所有欧洲东印度公司都是重中之重。不幸的是,荷兰人与巴达维亚华人社区的关系多年来不断恶化。1740 年,巴达维亚的华人奋起反抗荷兰政府。这场起义被残暴镇压,大多数华人要么被杀害,要么被驱逐出爪哇岛。尽管这个社区最终自行重建,但与此同时,荷兰人对中国贸易的参与急剧减少(Blussé 1986:115)。华人遭遇的大屠杀只是巴达维亚衰落史上又一出悲剧性的灾难。这个港口仍是一个贸易中心。中国和荷兰的商人带来了当地商业的高度成熟;在当时相对复杂的商业手段,即汇款交易,推动英国人也参与到港口的经济中。虽然荷兰东印度公司努力规范其雇员的商业行为,试图实现海外贸易权力的完全集中,但他们未能实现这一目标。相反,私人贸易和非法商业活动泛滥猖獗。这种事实上的权力分散使英国东印度公司在 17 世纪到 18 世纪期间多次访问巴达维亚。

结　论

英国东印度公司在亚洲贸易的增长不仅仅是英国的扩张;它是该公司和数个亚洲经济社会体系的整合。拜蒂克洛的失败贸易则表明有必要直视事物的正反两面。英国东印度公司是权力分散的,僧伽罗社会却不是。倘若东印度公司更加等级森严,它在像拜蒂克洛这样的港口就会更为成功。在锡兰,其他欧洲公司如荷兰和葡萄牙东印度公司等，实际上要成功得多。反过来讲，如果一群愿意与英国人合作的商人出现在拜蒂克洛，应当能为英国人提供接触当地生产网络的途径。

在港口，代理人和船长们同时料理公司和他们自己的生意，而高级员工和船员们关注自身利益。组织层级结构中的所有级别都在寻求商业伙伴关系。然而，贸易是双边的。英国东印度公司的雇员要做有利可图的交易，就需要潜在的合作伙伴。在拜蒂克洛的例子中，可以看出当地社区缺乏一系列可以让他们轻松地与外部群体建立市场联系的习俗、宗教仪式或是商业经验。所以毫不意外英国人不再停留。拜蒂克洛也没有一个商人阶级可以在与英国的贸易中作为委托人和代理人的合作伙伴。

英国东印度公司派遣的“东印度人”的船只到达过东印度群岛的 264 个港口。如果所有的东方港口都像拜蒂克洛一样，那公司将不得不限制雇员的私人贸易活动或是放弃此类贸易。由于雇员的私人贸易是公司长期成功的关键，因此选择第一条路就将昭示最终的失败。如果没有私人贸易商，公司将失去珍贵的本地知识信息，丧失探索新港口及可交易商品的动力。如果没有前期公司运营与东方港口的机会结构之间的契合，英国向东方市场的持续扩张以及随后的商业和政治霸权或许永远都不会出现。东方的制度和港口也推动塑造了英国东印度公司自身的组织结构。

注释

1. 上述引用文献既不是我所参考过的作品的全部记录，也不是对相关研究的罗列，它只包含那些有助于识别、定位、描述范围更广的港口集或对其进行分类的作品。

2. 塔曼莎丽水宫(Taman Sari)就是“可见的荣耀”最昂贵的象征之一。凯瑟里坦比-威尔斯(Kathirithamby-Wells)将这座城堡兼欢乐花园和宗教场所描述为“喷泉、岩石花园、地道、隧道和人工湖构成的人间幻境”(Kathirithamby-Wells 1986:337)。

3. 将这些规则完全视为限制不是公正的,但也很难用其他方式来描述。规定谁能做什么买卖的规则为马尔加什人(Malagasy)的贸易行为建立了结构。这是一个促进贸易增长的组织系统,类似于公司是能大大加强一个团体从事贸易能力的系统。

第七章

东方的制度与英国的贸易

将英国东印度公司贸易所涉及的全部港口纳入考量，东方港口对英国在东方的贸易性质的贡献便清晰可见。在本章中，我将英国东印度公司船舶日志里记录的264个港口按前章所描述类别进行分类，以揭示英国与东方港口的一般互动模式。透过这些一般模式，可以发现，英国人一直受到商业水平发达且具有分散市场机制的社会吸引。正如在拜蒂克洛，港口的贸易集中化，通过正式禁令阻断了私人贸易商的机会。新几内亚仅仅是缺乏足够的市场机构。那些既商业成熟又权力分散的港口维持了英国私人贸易的存在。东方港口的权力分散加强了东印度公司的去中心化。它们对英国贸易网络快速、持续的扩张作出了必不可少的贡献。

东印度群岛简介

前一章所探讨的类别涵盖了东方贸易城市的主要类型；然而在

这些类别内部也存在很大差异。在此我将探讨类别内细分,提供更多关于不同港口的描述性材料,并概述港口被分为不同制度类型的基础:市场、皇家垄断、受管制的市场等。我对264个港口按区域进行了评估,必要时按港口划分进行评估。在一些地区,港口的异质性远大于在其他地区的。例如,印尼群岛的独特之处在于它集仓储港和运输港、公国和附属国以及欧洲殖民地为一体。在异质性更强的地区,我会考察塑造这一独特社会复合体的港口和王国的情况。我认为对地区进行准确描述就已足够了。例如,中国是一个内聚的政治单位,在此情形下,除了对广州的描述外,不必对该分类做进一步探讨。

大量港口与前述案例中给出的制度结构理想化典型描述相比,都不存在显著差异。桑给巴尔岛(Zanzibar)和奔巴岛(Pemba)类似于锡兰。这些岛屿是散布在东非沿海地区的斯瓦希里(Swahili)城邦体系的一部分。斯瓦希里社会精英经常与葡萄牙人发生冲突,最终被阿曼(Omani)精英所取代。[1]贸易掌握在这些不断更迭的统治阶级手中,大部分人口并不受影响。如果说有什么不同的话,那就是其底层的民众比锡兰的更远离商业生活,尽管他们在生产(而非贸易)中的作用尚不分明(Gilbert 2002:20)。大多数证据表明,精英商人从转运货物和参与运输贸易中获利,他们的活动仅限于从一个地方进口货物,通常是从非洲海岸和内陆,然后将货物运到另一个地方,即中东或印度次大陆。这种中转生意使得精英和常住人口之间的联系毫无商业上的必要性,因为广泛的商品生产不属于买卖等式的一部分。同样,在阿瑜陀耶王朝(Ayutthaya)(今泰国),大量农民被排除在对外贸易之外(Evers 1987:757, 764)。在苏禄(Sulu),弗朗西斯·沃伦

(Francis Warren)记叙了一个极为有趣的体制:精英们利用对外贸易独家特权获得的利润和武器来扩大自身政治基础,同时利用敲诈勒索来抑制国内贸易(Warren 1981:37, 41)。这些社会具有与拜蒂克洛相同的再分配结构和对贸易的集权控制。它们都属于"皇家垄断型"。

波斯从阿巴斯一世(Shah Abbas I, 1587—1629 年)统治下的皇家垄断,过渡到萨菲(Shah Safi, 1629—1642 年在位)时期的开放贸易政策(Ferrier 1973:41)。萨菲国王登基后,波斯港口拥有了许许多多发达的商业机构和现成的自由掮客、商人、银行家和放债人,其中许多是亚美尼亚人(Armenian)。印度的大部分地区也都有类似的制度和政策。这些地区的港口被列为"市场社会型"。古吉拉特和孟加拉分别于 1573 年和 1576 年被莫卧儿王朝征服,它们可能是印度商业最为发达的地区。孟加拉出口靛蓝、大麻、矿物、紫胶、鸦片、棉制品、硝石、丝绸、糖、各种食品和其他商品。孟加拉各地区专门生产一种或几种商品,并通过相互关联的市场体系连结成一个更大规模的经济体,至少到 18 世纪都是如此(Marshall 1987:13)。古吉拉特人和巴尼亚们(Baniyas)*(或者说英国人口中的"banyans")正是在这些地区经营的知名贸易者。不同于其他商业团体(例如亚美尼亚人)形成的有组织的政治阵线,巴尼亚们以内部分裂和相互竞争而闻名(Barendse 1998:179)。他们在印度次大陆西北部和东部的港口和城市中充当掮客、外贸商人、放债人(资本少的)和银行家(资本多的)。

---

* 巴尼亚(Baniya/banian,梵语和孟加拉语单词"商人"[banik]的英语化),指18—19 世纪为欧洲商人服务的孟加拉本地翻译员、中介和代理人。——译者注

掮客阶层并不是为了服务欧洲人的需求而诞生的——欧洲人很少掌握当地语言。他们对欧洲在印度的贸易是不可或缺的，是与当地生产者和分销商的重要联系，但掮客作为一个利益群体的存在远远早于欧洲人踏入东方。他们与海员和船长合作，将其与生产商和放债人的网络联系起来。有代理人抱怨道，巴尼亚们在港口出没，等待着天真的英国人，在后者走下船的那一刻就将他们拉进风险投资、高息贷款和奢华生活之中，毁掉了年轻的新员工(Barlow and Lubbock [1703] 1934:186)。

印度各地也有其他许多类型的生意人参与商业活动。不出所料，外贸商人们组成了一个国际化的团体。该地区大多数港口都是熟悉的穆斯林商人的家园，还有印地语中的瓦尼亚(Vaniyas)、泰米尔语(Tamil)和泰卢固语(Teluga)中的切蒂(Chettis)，以及犹太人、土耳其人、亚美尼亚人和刚刚皈依的基督徒(Subrahmanyam 1995:755)。在古吉拉特邦下面，密集的定居点布满了康坎(Konkan)地区。其中，英国人经常光顾大博(Dabhol)、加尔瓦尔和拉贾普尔(Rajapur)等地，那些地方土生土长的萨拉斯瓦特婆罗门(Saraswat-brahmin)和沿海渔民群体都参与了海外贸易(Barendse 1998:327—30)。

再往南走，情况就更是参差不齐。海岸上的一些独立王国不同于莫卧儿和毗奢耶那伽罗那样的体制。大型帝国往往依赖于土地税收和农村农业生产。沿海小国则通常依靠商业收入，因此为商人打造了开放的城市。另一些国家则与某一个商人团体(通常是穆斯林)形成密切的政治联系，而为其他群体设置准入障碍；我将把这种情况作为皇家垄断型的一个变种来讨论。

苏门答腊岛是另一个复杂多样的地区，其中部分地方属于荷兰殖民地和皇家垄断类型,其他地区的市场结构不完善,易被破坏。三个主要群体构成了岛上的分层社会组织。第一层是一个叠加在原有的马来人社会结构之上的苏丹国。苏丹向村长(peroatin)们索要地租。第二层是乡村,具有平等的结构和松散的组织,村民们并不习惯地主和直接征税。大多数居民都生产大米或胡椒。这些群体之内,对剩余商品的支配与在村里的地位有关,这种情况使英国人与村长们的直接互动变得更麻烦了(Kathirithamby-Wells 1977:32)。本质上,对这一层级的干涉——无论是通过贸易还是恐吓——都会威胁到群体内部权威合法性的基础。随之而来的社会秩序崩溃不利于对外贸易,也在苏门答腊社区内部造成了负面影响。沿海村庄还接待了苏门答腊岛上的第三大社会团体:包括廖内马来(Riau Malay)人、爪哇人或布吉人(Bugi)后裔的穆斯林移民。这些人都是岛上的居民,而不是四海为家的商人。他们都是有文化、有技术且充分融入当地的商人,可以担任英国人的中介。

情况持续到英国人试图排除中介,将在苏门答腊岛的市场运营彻底集权化。他们在做出这一决定时,似乎是在模仿荷兰在附近的巴达维亚使用的垄断控制手段,或依照亚齐人建立的模式(Kathirithamby-Wells 1969)。无论如何,他们这么做并没有取得成功。在西苏门答腊的英国定居点,他们一反常态地建立了殖民统治,利用自身权力推行了强迫种植制度。[2]他们计划的一部分,是要求治下村庄每户人家种植2 000株胡椒藤(Bastin 1965:xv)。不出所料,英国人缺乏维持这种行动的军事力量。1719年3月,苏门答腊人把他们赶出了这座岛。他们最终被允许回到自己的定居点,然而在这个港口从未取得多大的成功。岛上这些港口的条件不符合能使英国东印度公司在此蓬勃发展的情况。相反,误入歧途的中央集权尝试在两个方面都造成了冲突。其一,排除中间人导致了当地人普遍的不满,并破坏了村庄原有权力结构的稳定。其二,试图规范和控制一切商业往来侵犯了雇员的利益。公司在苏门答腊岛建立的垄断状况,几乎没有给私人贸易留下多少选择余地。其结果是造就了在东方明目张胆最为腐败的英国工厂之一(Bastin 1961:154—55,Kathirithamby-Wells 1977:152)。

英国东印度公司在与万丹高度相似的一系列繁荣的"开放城市"中更为成功。这类城市中有一些本身是独立的王国,比如卡利卡特。执政的扎莫林王室(Zamorins)已把这个港口打造成了一个重要的转运地。商人经营胡椒、肉桂、生姜、椰子、木材、糖、大米、槟榔、纺织品、鸦片和龙涎香等。王室的大部分收入就来自这些商品的海外贸易关税。东方其他结构类似的商业中心还有亚齐(在政治和经济上与苏门答腊的其他大多数定居点截然不同,尽管与之相关联)、亚丁(Aden)、阿巴斯港(Bandar Abbas)、巴士拉(Basra)、霍尔木兹、柔佛(Johore)、吉打(Kedah)、马六甲、马斯喀特(Muscat)、摩卡(Mokha)、吉达(Jiddah)、广南(Quang Nam)、俱兰(奎隆)(Quilon 或 Kollam)和马辰。

许多开放城市被奥斯曼帝国和萨法维(Safavid)帝国所统治。奥斯曼王朝统治的面积略大于现在所知的土耳其。萨法维帝国有一个更响亮的名字:波斯(Persia)。两大帝国都主要依靠贸易来充实朝廷的金库。他们有丰富的资源可以利用,因为都掌控着亚洲和欧洲之间的陆路通道以及上述许多重要的亚洲港口。

日本仍是最著名的公然敌视外商的国家。它负责对外贸易的商业组织与中国的十分相似。可归类于“受管制市场型”。日本的孤立主义已经融入了流传的神话中。鲜为人知的是,日本人从1609年到1641年在平户(Hirado)、从1641年到18世纪末在长崎(Nagasaki)继续与荷兰人进行贸易(Glamann 1981:168),一切交易都遵照严苛的法规执行。16世纪初,一群耶稣会会士(Jesuits)访问了日本,并成功地使一小部分人皈依了基督教。日本幕府将军认为他们的成功是一种威胁。[3]作为回应,他下令以传教罪将26名男子钉在十字架上,其中大多是耶稣会会士。

幕府将军的怀疑延伸到了所有基督徒身上,担心他们会试图进行类似的劝人皈依的行为。因此,欧洲商人受到严格监视,并与当地民众隔离。荷兰人在这种困难的、有时还受到威胁的条件下坚持了下来,以获得源源不断的日本白银。荷兰东印度公司的军事组织十有八九也为维持这种严格的隔离做了更好的准备。1623年,幕府将军德川家光(Tokugawa Iemitsu)将英国人赶出了日本(Van Leur 1955:172)。尽管日本拥有丰富的白银资源,但它对市场严格监管,将贸易集中在少数人手中以减少与欧洲人的接触,使它成为与英国人不兼容的地方。

“皇家垄断型”是单一类别内部呈现的差异最大的。许多皇家垄断形成于精英们从现成的商人团体手中夺取已经盈利的对外贸易的控制权。班达群岛在这方面是一个例外。这些岛屿是肉豆蔻树的唯一生长地,因此也是肉豆蔻和肉豆蔻干皮的唯一来源。它们长期以来一直处于名为“奥朗卡亚”(orang kaya)的商人寡头治下。这些人严格把控着强制耕种系统。“农民们只能在非常保密的情况下直接接触外国买家。”(Reid 1993:34)在这种情况下,国家控制似乎是由于贸易商试图垄断对外贸易的利润而产生的(Villiers 1990:83—106)。这些岛屿在国家建设方面提供了一个演进路径不同的有趣案例,但与其他发展模式平平无奇的港口显示出了相似的制度配置:权力高度集中,商业不甚发达。

“皇家垄断”一词也用于形容精英们不直接从事贸易,而是将这些权利委托给单一商人群体的港口。例如,萨法维皇室成员们受亚美尼亚商人的影响,后者作为一个组织良好的商人游说团体与帝国进行互动。商人的代表担任朱利法(Julfa)市长(或称“卡兰达”[qalantar])这一正式职务。卡兰达在宫廷亦有一席之地,代表社区出面谈判(Barendse 1998:64)。17 世纪上半叶,亚美尼亚人利用这一地位参与了萨法维家族的皇家专营贸易,充分利用了他们的政治权力创造了商人垄断特权。而荷兰人和英国人非常走运,当他们来到波斯时,亚美尼亚商人正巧在拓展他们在北欧的商业网络(Ferrier 1973:44)。这一事实再加上可以从依赖他们的欧洲人身上获得利润,使亚美尼亚人放弃了对大多数主要港口的垄断,欢迎荷兰人和英国人加入贸易领域(Ferrier 1973:45)。他们与英荷双方都建立了商业合作伙伴关系,指导他们的交易并通过担任中间人和翻译获利。结果,萨法维帝国的重要港口大多都对二者保持了开放状态。

一个来自马德拉斯的商人联盟在保护他们对苏门答腊岛北部纳达尔(Natal)和打巴奴里湾(Tapanuli Bay)的贸易垄断方面做得更到位。正如第六章所述,马德拉斯本身是权力分散型的。但在纳达尔和打巴奴里,不同的环境兼不同的利益驱动,促使商人们改变了他们的经营方式。作为一群几乎没有融入当地生产体系的外国外贸商人,马德拉斯商人们积极压制竞争。因为他们得到了亚齐苏丹的政治支持，并能在自己的联盟内部集中管控贸易，也就发挥了皇家垄断的作用（Kathirithamby-Wells 1977：156）。[4]有意思的是，荷兰人经常寻求获得类似的地位，即培植一个强大的、政治上扎根极深的商人团体作为殖民占领的先驱。譬如他们对占碑（Jambi）和巨港（Palembang）就遵循了这一途径，最初就是利用自身影响力在 17 世纪垄断了贸易。

东方有组织的商人群体可能会阻碍英国东印度公司的贸易，这取决于以下条件：他们的社会组织、与商品生产方的关系以及政治权力。如果一个商人团体掌握了强大的政治力量，满足前两个条件就可能会导致他们要么限制公司参与复杂商业实践（即那些在商人团体内部进行的商业行为），要么将公司（和其他人一道）排除在贸易之外。

若一个商人团体实行社会闭合（social closure），也就意味着加入或是与之建立联系都受到限制，从而使团体之外的任何人都更难参与贸易。商人们形成内向型联盟的原因有很多。他们组成联盟可能是为了建立垄断、提升利润，正如荷兰东印度公司在东印度群岛采取的策略；也可能是为了只在彼此之间进行交易，以便建立持久的信任关系——这在充满风险的海外贸易领域是无价之宝（Greif 1989，1993，1994，2006a，2006b）。无论哪种情况，高度的内部凝聚力都不可避免地会阻碍竞争。如果英国人遇到的是一群基于联盟高度团结的商人，他们参与港口贸易的能力就会被削弱。封闭的海外商人社区与其说是潜在的合作伙伴，不如说是有威胁的竞争对手。

然而，凝聚力的影响是通过一个群体在生产链中的位置发挥作用的。如果商人在生产链中处于或能够处于更高的位置，货物经由他们的手向英国贸易者们流动,那么英国的存在就是有利之事且多多益善。例如在阿拉伯海(Arabian Sea),只有一小群领航员掌握着用以驾驶船只顺利通过沿海水域的关键地理知识。这一群体的成员是世袭制的(Barendse 1998:12)。[5]这些领航员获益于服务需求的增长,所以新来的海外商人总是受到欢迎。

一个商业团体在生产链中的地位,往往反映了其在东道国社会中的融入程度。不同于阿拉伯海的领航员们,马达加斯加和锡兰多变的穆斯林商人社区对英国人几乎没有帮助,因为他们的商业活动仅限于进出口,这与英国人构成了利益竞争而不是互补。

当商人团体既在组织上形成闭合社区,又与分销而不是生产密切相关时,他们通常会利用政治和经济关系将其他商人排挤出贸易。古吉拉特豪商马利克·戈平纳什(Malik Gopinath)就以“利用国家机器暴虐对待当地穆斯林”而闻名(Subrahmanyam 1995:765)。古吉拉特人这样做的意图,既是排斥其他海外贸易商人,也是操纵当地政治为自己牟利。这些关键特征,包括社会组织和政治影响程度等,在很大程度上取决于土地劳动制度(land-labor system)和地理条件中隐含的要素,J.凯瑟里坦比-威尔斯(J. Kathirithamby-Wells)和约翰·维利尔斯(John Villiers)对于东南亚的研究(1990)以及亚瑟·斯廷奇库姆(Arthur Stinchcombe)(1995)对西印度群岛的研究都对此进行了分析。

对外贸易的政治壁垒与政府的两个特征密切相关:收入来源和官僚集权程度。如果政府有广泛的农业基础可供征税,它就不太可能容忍外国商人;如果收入完全仰仗对外商贸,官员们就很有可能为了吸引商人而扩大自己的权力范围。这种区别取决于沿海王国和内陆王国的差异,以及内陆水道通航程度高低(或说是“仓储式”还是

“运输式”)。在缺乏通行内陆的水道的沿海地区,税率往往会下降,对商人的法律保护也有所增强。然而,随着时间的推移,团体的优先级或将发生改变。当政府开始从事有利可图的海外贸易,外商面临的情况就有可能会恶化。相反的情况下,统治阶级可能源于商人通过贸易以使其身家倍增,如班达群岛及其商业寡头统治阶级“奥朗卡亚”(意为“富人”)(Villiers 1990:83—106)。上述任意一种情况下,皇家垄断都能带来贸易繁荣,却也对新来者关上了机会的大门。

在印度尼西亚群岛,生产地区常常经历由精英或是商人控制的循环,其周期长短随着拉贾和苏丹们的领土变化而有所不同,也经历着所有竞争政治局势中惯常出现的来回拉锯过程。在一个封建大帝国里,外国商人的生意不受皇帝关注,但必然处于地方总督的视线范围内。如果权力分散下放,地方总督就会决定如何榨取最高租金,这样他们就可以在将贸易收入转给更高级别的官员之前抽成,从而造成贸易壁垒。上述这些特点表现为外贸中集权化程度的高低。若海外贸易集中掌握在一个受精英认可的商人集团手中,其所处港口就归类为皇家垄断型。

接触频率

基于这幅快速绘制而成的东印度群岛制度地图,可就此提出问题:英国人在哪里取得了最大的成功?如果英国的长期存在随机分散于这许多类型中,那么港口本身对英国东印度公司的运营影响必然微乎其微;如果成功的英国工厂仅聚集于一种或两种类型的港口中,那么表明其制度配置更适合英国的特定贸易方式。评估受欢迎的和不受欢迎的港口之间的异同,可以更全面地了解哪些制度更适合英国东印度公司的去中心化组织体系。表 7.1 通过将港口按照不同的制度配置分类,给出了公司对不同类型港口的访问次数列表。

如果权力分散和商业成熟的水平能够左右英国人建立常规贸易联系的能力,那么他们前往市场社会型和开放城市型港口的比率应当高于皇家垄断类型,前往受管制互惠型、无管制互惠型和受管制市场型的比率也应相对较低。这些关联可以通过建立一个计数模型来发掘。[6]数据不满足使用泊松模型(Poisson model)所需的严格假设。然而此处使用的负二项式(negative binomial)允许过度分散,显然产生了更好的拟合。协变量当然更为可取,然而港口中的很大一部分可用数据极其有限。大多数情况下,可用数据都出自对旅行日志进行的简要考察,这些日志要么孤立存在(例如在无人定居的港口),要么采用了区域研究所获得的信息作为补充。历史记录无法涵盖所有港口,因此我将分析范围限制在我能够找到信息的 260 个港口之内。[7]时期的作用应作为控制因素包括在内,还使用了一个偏移量(offset variable)以控制各时期内的总流量变化。[8]

表 7.1　对不同类型港口访问次数的描述性数据

港口类型	访问次数
市场社会型	10 624
受管制市场型	2 819
非英国殖民地	1 704
开放城市型	817
受管制互惠型	596
皇家垄断型	346
无管制互惠型	66
无人定居型	12

许多港口在不同制度类型之间转换，最常见的需要考虑的是它们在某个时候成为殖民地港口。访问量按访问时港口的制度类型进行分类，所以同一个港口可能为不同的类别都贡献了访问量。例如毛里求斯（Mauritius）就出现在三种不同类型事件的概率统计中。一是该岛基本无人居住的时候，二是荷兰和法国殖民时期，三是落入英国人手中后。第一个时期前往港口算作对无人港的访问，第二个时期属于对殖民地的访问类别，最后一个时期的访问则纳入市场类的统计数目。尽管毛里求斯在最后一个时期是英国的殖民地，但殖民地这一分类旨在反映英国和其他欧洲控制中心之间的互动。此外，在毛里求斯随后的一段历史时期内，尽管公司内部的贸易受到越来越多的限制，但外部的私人贸易是被鼓励的。因此，毛里求斯作为英国殖民地，其外部条件比垄断情况下更接近于市场条件。统计模型反映了港口类型与英国东印度公司船只前往港口的次数之间的关联，并旨在对此进行描述。

还应注意的是，模型中仅包含英国东印度公司实际试图开展贸易的那些港口。我们有理由相信这将产生一个有偏样本，因为公司很可能只想与那些看起来会成为有利可图的贸易伙伴的港口建立贸易联系。这种偏见可能导致人为的事件高发率。然而，这里的目标不在于估算对所有港口的接触率，而是要明确英国东印度公司在东方不同类型港口花费的时间存在何种差异。偏见可以人为地拉高估值，但无法掩盖不同类型港口的差别。港口样本可被视为代表一系列英国人当作潜在贸易对象的候选港口集合。[9]

由于港口类型是分类变量（categorical variables），所以必须使用其中一个变量作为比较来产生其他估值。因此将殖民地港口作为港口类型的基线,殖民地时期作为时期类型的基线。即估值为正,表明对其接触频率高于对殖民地港口的接触频率;估值为负,则表明接触频率低于对殖民地港口的。表7.2显示的是按系数强度降序排列的结果。正如预期的那样,市场组织和前往港口的航行之间存在着最强烈的正相关关系。市场化的港口显然比其他类型的港口更有可能迎来公司船只的访问;受管制市场型的港口在这一点上表现并不明显,这表明它们与殖民地港口不存在显著差异。开放城市类型的港口估值为负且显著,但负率低于受管制互惠、皇家垄断、无管制互惠和无人港等类型——这几种类型的估值均显著为负。

表7.2　港口类型与访问次数

港口类型	估　值	Z　值
截距	6.909 ***	44.678
市场社会型	1.691 ***	8.499
受管制市场型	0.2	1.003
开放城市型	−0.432 ***	−2.167
受管制互惠型	−1.001 ***	−5.044
皇家垄断型	−1.336 ***	−6.683
无管制互惠型	−3.36 ***	−16.289
无人定居型	−4.981 ***	−21.538
探索阶段	−1.358 ***	0.13
私人贸易阶段	−0.751 ***	−6.213

* $p<0.10$，** $p<0.05$，*** $p<0.01$。

贸易对象

研究英国东印度公司与港口关系的第二种方法,是确定其与不同港口的定期往来模式。一些港口可能经历过短暂的流量爆发,但从长期来看却门庭冷落。这种模式可以产生很高的计数值，但却不能准确地反映出持久的贸易关系。因此，还需考虑英国公司是否能够与港口形成持续的商业关系。

在此分析中，将“东印度人”访问每个港口的平均时间间隔作为基线，辨别出两次访问之间异常长的间隔，这意味着定期交易的中断。每个港口重复访问的平均时间间隔的中位数约为 4 年。[10]4 年也是与港口建立定期贸易关系的自然分界点，因为它跨越了两个航运季节。据此安排的话，一艘船可以在一次航行中略过一个港口而在下一次返回那里，这种互动仍适合归为同一段时期的贸易。这种衡量方式的优势在于综合考察了贸易关系的频率和时间长短。如果过去的 4 年中没有一艘“东印度人”的船停靠在一个港口，就可视为一个定期交易时段的完结；与该港口的下一个持续交易时段可能会在接下来的某个日期开始。在英国东印度公司作为一个贸易组织存在的年份里，任何一个港口都有可能经历几次这样的时段。

英国“东印度人”访问过的 264 个港口中，有 143 个被重复拜访，或者说拥有与公司定期进行贸易的时段。[11]定期贸易的时段总长平均为 35 年。定期接触时段最长的港口是非洲东海岸外的一个岛屿约翰娜岛（Johanna），其时段足足跨越了 200 年。许多港口都经历了不止一个时段。其中共有 10 个港口与公司进行了三个不同时段的贸易，51 个进行了一个时段以上。这反映了近代贸易的一个实情：不稳定。港口往往会随着国内条件的变化在大型网络中进进出出。这种变化表明了在一个港口与英国东印度公司交汇的历史时间轴上确定贸易时段的重要性。

表 7.3 按港口类型分列，显示的是英国东印度公司与不同类型的

港口建立一个或多个定期贸易时段的百分比。表 7.3 按照英国人在与该类型港口建立至少一次持续贸易方面的成功程度,以递减顺序排列港口社会组织类别。此表中的案例总数超过 264 个,如前所述,有几个港口在不同类型之间转换。这样的港口将出现不止一个观察结果。

表 7.3　不同类型港口的定期贸易时段

港口类型	无定期贸易时段	经历过定期贸易	港口总数
开放城市型	19%(3)	81%(13)	16
市场社会型	46%(48)	54%(57)	105
非英国殖民地	47%(25)	53%(28)	53
受管制市场型	56%(15)	44%(12)	27
皇家垄断型	57%(32)	43%(24)	56
受管制互惠型	66%(8)	33%(4)	12
无人定居型	73%(8)	27%(3)	11
无管制互惠型	72%(13)	21%(5)	18
总　计	152	146	298

表 7.3 说明,在开放城市、市场社会和非英国殖民地这三个类型的港口,成功建立持续贸易的比率要高得多;其后是商业发达但对海外贸易有严格规定的港口,即受管制市场类型。以这种方式处理数据的另一个好处是对到港次数和东印度公司的选择范围都能有大体理解。例如表 7.3 显示,英国东印度公司试图与多个皇家垄断型港口展开贸易,这种类型流行于亚洲。皇家垄断型是公司船只访问量第二大的港口类型:有 56 个此类港口曾在公司组织历史上的某一时期进入其社交网络。然而,哪怕数量如此之多,英国东印度公司在这些地方建立持久贸易关系方面却不怎么成功,只与其中 43% 的港口定期有贸易往来。表 7.3 中排名更靠后的是遍布商品交换系统的地方和无人岛。

表7.4表明的是不同类型港口的时段平均数、进行定期交易的总年数以及这些时段的平均持续时间。表7.4按定期交易期间的平均持续时间长度排列,同样按照递减顺序排列。除了定期交易时段的平均数量外,市场社会型港口在所有方面都超过了其他类型;这个平均数值很低,是因为公司很少在这些地方结束交易。在英国东印度公司的社交网络中,这种类型的港口较多,而且与它们定期交流的时间跨度更长。

表7.4　不同类型港口的定期贸易时段平均数、年份和总年份

港口类型	定期贸易时段的平均数	定期贸易的总年份	定期贸易时段的平均时长
市场社会型	0.67	3 410	28.23
开放城市型	1.63	836.58	27.41
受管制互惠型	0.58	441.25	25.37
受管制市场型	0.52	528	18.65
非英国殖民地	0.98	1 620.92	16.17
皇家垄断型	0.55	476.5	6.65
无人定居型	0.45	74.83	3.86
无管制互惠型	0.28	57.58	3.2
总　　计	0.7	7 445.66	18.24

表7.4还指出,尽管贸易时段更多地始于皇家垄断型或由其他殖民大国控制的港口,但公司与相对不那么发达的受管制互惠型港口能够建立更为持久的联系。市场社会并不一定是商业成熟的缩影。皇家垄断、开放城市、受管制的中国市场和殖民地城市都可认为拥有类似的成熟商业实践水平。维持与公司贸易的关键,在于制度结构能让非精英享有某种程度上一视同仁的市场准入,虽然这在许多情况下可能只是为了避免直接冲突。开放的外贸市场组织的重要性,在于它能为公司及其雇员提供的机会模式。

社会组织和去中心化的贸易

英国东印度公司的特殊成功,来自公司上下各层级对贸易异常活跃的参与。对公司内部级别较低的参与者而言,他们需要组织之外的盟友以进行交易。公司及其雇员都是外国贸易商,因此,其所处社会——东方港口的贸易组织结构决定了这种联盟的可行性。亚洲的许多港口都由精英们控制着对外贸易。在这些港口,精英们与来自组织上层的少数高级职员进行贸易,满足了对地位的考量和社会定义(将对外贸易视为一种精英活动)的需求,并确保对贸易的持续控制。那些组织地位较低的人没有在贸易中分一杯羹的机会。为了维持雇员私人贸易的利益,即维护公司组织结构去中心化的关键因素,英国人需要在东道国的社会中找到非精英的贸易伙伴。

但代理人的需要并没有完全盖过委托人的需要。以当时的标准来看,英国的船只规模庞大,装载了数百吨货物。公司的贸易要取得成功,就必须有大量货物可供出售。只有拥有庞大生产者阶层的港口才能产出必需的数量。如果商品的生产全都是分散的,那么英国人既没有时间也没有知识来收集它们,因此要依靠中间商,这些人坐拥几条接入内陆生产系统的路径。

现成可用的先进金融工具(如汇票)和机构(如铸币厂)对于英国贸易的存续作出了巨大贡献,金融市场也至关重要。雇员和公司时常依赖当地商人的资金来开展业务。马德拉斯的一名年轻公司员工威廉·蒙森(William Monson)说道:“能够让那么多人都来跟他们做生意,这是他们(印度商人)自己的功劳。”(Mentz 2005:209)甚至连公司总部都承认,“没有来自首都 * 和朱利法的亚美尼亚商人的鼎力支持,(贸易)是不可能进行的”(Ferrier 1973:55)。就像美第奇家族(Medici)和富格尔家族(Fuggers)一样,这些东方商人利用自己庞大的信贷网络和汇票来为英国人提供必要的资金和担保贷款;而他们的金融网络又依赖于他们与大规模生产流程的联系。英国人往往不乐于见到这种情况,却没有意识到自己的成功正是取决于此。

在归纳范畴之内,权力分散程度和商业发达程度两个维度左右着整个东方与英国贸易的成败。这 8 种分类方式以不同途径结合了开放抑或是受限的市场准入以及商业水平是否发达。非英属的欧洲殖民地港口对商业活动进行官方监管,但在实践中难以执行,使它们处于权力分散的中等水平范围和商业成熟度的中等至高等水平;皇家垄断型通常具有中等水平的商业成熟度,该类别内部参差不齐。开放城市和开放市场中权力高度分散,相比之下,受管制市场的对外贸易被更多地集中管控。差异如图 7.1 所示。

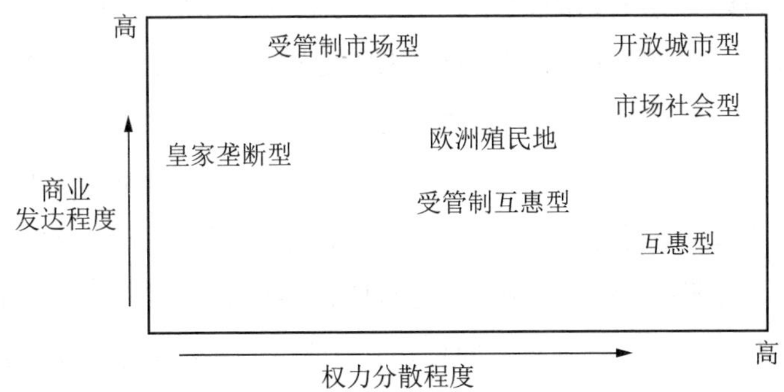

图 7.1　按商业发达程度和对外贸易的权力分散程度排列的不同港口类型

* 此处应指 1772 年成为英属东印度首府的加尔各答。——译者注

英国东印度公司和其他公司

鉴于私人贸易的重要性,英国东印度公司在权力分散的国际化港口发展良好合情合理,但这不符合历史书中长期记载的欧洲向未知领土扩张的神话进程。更有趣的是,这并不一定是英国东印度公司想要的。它是欧洲特许组织中唯一一个在东方采用了我们现在认为非常合理的策略的公司,即与人口密集的港口建立商业关系,而不是殖民关系。但即使是在英国东印度公司的案例中,这种策略也是组织结构弱的产物——缺乏必要的军事力量来强行占领港口,以及无法控制雇员。通过合作和伙伴关系,英国公司和它到访的许多港口一起创建了一种大获成功的崭新组织类型。

相比之下,葡萄牙人也从事商业活动,但只是为了追求政治目标。荷兰人则采取通过武力侵略实现商业垄断的战略。葡萄牙和荷兰的东印度公司都有着严格的等级秩序和浓厚的军事色彩。与它们相反,在本书所涉猎的时期,英国东印度公司与国家的关系紧张,军事化程度较低,对雇员活动的控制松散。[12]

不同的组织特征导致欧洲公司在不同类型的港口设立定居点,最终创造了不同类型的贸易网络。葡萄牙人不曾建立过新的港口,他们只征服现成的商业中心。他们瞄准这些商业中心,使用军事力量将其变成领地,并对已有的贸易活动征税。结果是他们的贸易网络由薄薄一串位于战略要地的定居点组成。[13]荷兰人也有等级森严的制度和穷兵黩武之举(Glamann 1981:7)。他们贸易战略的核心是强迫种植,生产商品以巩固军事强制垄断。为此,他们在巴达维亚这一中心枢纽建立了强大的军事和殖民组织，监督其势力范围内的货物生产和分销。这一战略产生了一个星形或者说辐射状的贸易网络，其中港脚贸易航行从权力中心巴达维亚向外辐射。这个网络可以有效地传播信息，但其核心却极易受到破坏或被管控举措所影响。

英国人的运营方式则有所不同。英国东印度公司的定居点集中于印度。直到 17 世纪晚期，这些定居点都是由当地统治者授予的，而非利用军事力量占据的。他们将业务设置在繁荣商业区的中心，往往通过几个相互竞争的商人团体与不同的地区经济体相联结。贸易通常经由当地中介进行，这些中介可看作该公司的合作伙伴或雇员。[14]通过船长们的私人贸易，港脚贸易网络与公司的官方贸易交织在一起，在形形色色的英国工厂之间建立了新的联系。其结果是形成了一张可塑性强、富有活力的去中心化多边商业关系网络，覆盖整个东印度群岛。

这些不同的网络形式根源于欧洲公司与其选择定居的港口之间的结构性关系。葡萄牙人征服国际化的城邦，以掌握对外贸易收入——这些钱在大多数情况下已经被城市里的其他精英占有。荷兰人取代了农业帝国的位置，从对当地生产的垄断控制中获利，也就是说，他们使自己成为商品的唯一买家以增强自身实力。英国人则寻求市场社会，以适应资本水平和商业才能高低不齐但富有进取心的代理人们的需求。

欧洲人的战场？

我强调公司去中心化的组织结构是其定居模式背后的推动力，

这与关于英国在东方扩张的另一种理论截然相反。有人提出,英国的贸易结构是为了避开其他欧洲人。具体来说是对荷兰人和葡萄牙人的恐惧,这可以用来解释英国人为什么在印度次大陆建立了大量定居点(Bassett 1998:3—4)。从这个角度来看,欧洲在东方的贸易反映的是源自西方的军事紧张局势。因此,欧洲在亚洲的贸易结构不会依赖于亚洲的环境,而是西方政治现实的表现,东方仅仅充当了欧洲列强力量平衡的舞台。

有两种理论可以解释暴力在英国东印度公司贸易中发挥的作用。第一种学派无视亚洲的背景。他们认为贸易军事化极为重要,因为英国东印度公司需要保护自己并抗衡其他敌对欧洲公司。以这种观点来看,欧洲向东方的贸易扩张由葡萄牙、荷兰、英国和法国等一系列民族国家之间的领土争夺组成。英国依靠其海军力量取得了成功(Dodwell 1920:xii, Roberts 1938:28—34, 91—128),或者用一种更微妙的说法,那就是英国的成功取决于欧洲政治和竞争的存在及其结果(Sinha 2002:30)。第二种学派更强调亚洲的制度和国家的重要性。他们认为,与其他欧洲组织相比,英国东印度公司的相对弱点促使其武装船只并在拥有强大政府的地区开展贸易。D.K.巴西特(D. K. Bassett)提出假设,称英国人依靠这些政府来保护他们免受富有侵略性的葡萄牙和荷兰东印度公司的攻击(Bassett 1998:3—4)。这两种理论或多或少都暗示了英国人并没有与其他欧洲人进行贸易或是合作。评估英国东印度公司访问的264个港口中英国与其他欧洲公司的重合情况,可见这些假设并不成立。

表7.1、表7.2、表7.3和表7.4中的数据已表明,欧洲人之间的冲突似乎并非贸易模式的主导要素。欧洲国家之间的冲突可能会使贸

易中断,但无论从绝对还是相对的角度来看,非英属欧洲殖民地港口都是英国东印度公司热门的航行目的地。该公司的船只并没有避开其他欧洲定居点;相反,它更倾向于在有其他欧洲人的港口建立工厂,而不是在没有欧洲人的地方。

在葡属印度正式占领的16个港口中,英国人与其中9个定期进行贸易。英国东印度公司与全部葡属港口定期交易的总时间长达420年。与荷兰人之间的贸易也采用了类似模式。在公司从事东方贸易的几个世纪中,英国和荷兰一再发生冲突,但30个荷属殖民地港口中有17个与英国人建立了定期贸易关系。荷属印度尼西亚的政治中心巴达维亚在持续了一个多世纪的定期贸易期间,迎接了498名英国的"东印度人"进入它的港口。

如表7.4所示,分布在其他欧洲列国所属的殖民地港口的定期贸易时长共计1620年,这一总额仅次于花在市场化港口上的时间。其他欧洲公司或许会避免彼此接触,例如荷兰人可能会避开跟葡萄牙人做生意,但英国人弥合了这些分歧。其他欧洲人的参与促进而非阻碍了英国的贸易。这一发现与有关在东方进行合作的历史文献相一致(例如:Ray 1999:112—20, Adams 1996:23—24)。据文献记载,在苏拉特,来自不同欧洲国家的人们一起吃饭,参加对方国民的葬礼,为彼此担任教父,还经常一起喝酒(Barendse 1998:102—3)。

这样的合作隐含了两种情况。一方面,其他欧洲人也被吸引到采取开放政策以鼓励对外贸易的港口。另一方面,荷兰东印度公司和葡萄牙东印度公司都是殖民组织。它们也瞄准了由农民耕种者和商人精英组成的具有双重性经济组织的港口。这些港口所属的国家大多已作为皇家垄断类型在贸易世界中运作。在这种情况下,荷兰东印度公司和葡萄牙东印度公司只是取代了先前的精英,接管了现成的分配制度,并继续充当垄断者。然而,不引进欧洲的商业惯例以及日常监管殖民地所必需的大量行政人员,无论如何都是不可能的。这些荷兰和葡萄牙雇员们是现成的商业合伙人,他们通过租金征收和土地税收系统,已自上而下地与生产系统联系在一起。其他欧洲人最终产生了有利于英国人的三方互动。他们的存在帮助克服了港口潜在的可能妨碍英国贸易模式的社会因素。

结　论

如果珍妮特·阿布卢霍德(Janet AbuLughod)(1989)和安德烈·冈德·弗兰克(Andre Gunder Frank)(1998)等作者已重构对近代亚洲繁荣的贸易和商业的普遍认知,那么东方制度环境的多样性以及这些环境与欧洲商业组织形式相互作用的方式就值得更多关注。国内体制对于对外贸易的发展至关重要。面对一系列不同制度环境,英国人不得不做出将资源集中在何处的战略决定。[15]要理解他们的战略和成功,就需要考量他们所面临的贸易环境复杂的制度多样性。

英国东印度公司的雇员越过公司的等级界限从事自己的贸易,迈出了关键的一步。但若没有地方性机制支持船员、船长和高级职员乃至公司本身的雄心壮志,他们富于变革性的投机行为就永远无法持续。事实上,自主性不是仅靠强制推行一套新的规章制度就能创造的。员工的自主权可以被组织的权力中枢限制,但不能完全由其建立。真正的自主性反而取决于某种外部控制基础——很可能是从组织之外获取资源的形式。因此,雇员与组织外部不同社会和机会的关系,是一切自主性强化的基石。东印度群岛的港口提供了重要的商业资源。作为结果,一个复杂度高、适应性强且持续激励创新的组织,先于现代社交网络时代几百年便已冉冉升起。

不幸的是,英国人似乎没有意识到他们对东方原有商业结构的依赖,但这些跨文化商业伙伴关系的积极面不应被过分强调。即便英国人依赖当地常驻商人作为个人和公司的代理,马德拉斯等殖民地港口仍产生了种族主义话语;即使在相对平和的英国贸易中,也时常出现紧张局势和暴力威胁(Subrahmanyam 1990a:280—81)。同商人的合作也未必会扩展到其余人群。普拉桑南·帕塔萨拉蒂的观点有理有据,即在 18 世纪,随着英国影响力的提升,印度半岛南部的织工和劳工们愈发受到强制措施束缚。帕塔萨拉蒂认为,实际上这可能正是沿海商人与英国人合作的原因之一,即更好地控制纺织工人(Parthasarathi 2001:6)。我们完全有理由相信,随着大英帝国在亚洲的扩张,它越来越多地采取强制性和歧视性政策,这不仅破坏了英国东印度公司自身商业发展的基础,还很可能妨碍了欧洲以及亚洲的经济增长。

注释

1. 阿曼人最初只有一个乡村基地。随着精英活动向海外扩张,权力平衡发生了变化,这个国家呈现出浓厚的重商主义色彩(Sheriff 1987:18—24)。

2. 这种殖民活动并非英国东印度公司头 150 年进行商业扩张的阶段里的特点,但在本书感兴趣的时期之后,殖民愈发成为公司特色。

3. 彼时,日本幕府经过几十年的战争和流血,才将将稳固形成一个统一的政府。幕府将军通过排除与外国商人之间可能存在的颠覆性联盟来巩固自身地位。宗教作为一种有凝聚力的社会势力,也会分散人们对王室的忠诚。当时,日本人对西方宗教的了解仅限于耶稣会士,这给他们留下了一个强有力且极具政治性的宗教秩序的印象。

4. 这些马德拉斯商人由高恩·哈罗普(Gowan Harrop)领导。马德拉斯的海外贸易十分国际化,这个联盟很可能由穆斯林、英国人、印度教教徒和亚美尼亚商人组成。

5. 直到今天,美国的海员们仍保留了专属会员制,这与他们在阿拉伯海的先辈没什么不同。

6. 计数不包括负数,如果使用的是基于正态分布的普通最小二乘法(ordinary least squares,OLS)模型,可能会导致系数估算失真;计数模型解决了这个问题。

7. 有时候缺漏的港口似乎是由于在特定的航海日志中使用了约定俗成的特殊命名,其他情况也包括拼写错误或记录错误等。

8. 偏移量将因变量转换为基于某个期间内外出船舶数量的对数产生的访问率。访问流量随着时间的推移而显著增加,所以周期是一个重要的控制因素。

9. 类似流行病学和计量经济学中的所谓"治疗对被治疗者的影响"。这是一种务实的方法。

10. 每个港口都能得出一个平均值。然而由于少数特殊港口的存在,这种航行间隔的加权平均时间显示出明显的偏差,这就是采用平均值中位数的原因。

11. 持续时间(duration)指的是两次访问的时间间隔。我不考虑同时抵达所产生的时段。此外,由于"东印度人"的船只有时会执行护航任务,因此我认为极短的持续时间并不能表示出现了重复访问;与重复访问相反,短暂的持续时间显示的是不止一艘船的一次航行。因此,长度少于1年的时间段不被纳入统计。这个时间框架是合理的,因为船舶经常被分散以及遇到延误。

12. 在头一个半世纪里的英国东印度公司都是如此,它当时正在进行商业扩张,但后来就不是这样了。

13. 同时代的人和历史学家们经常把葡萄牙在东方的殖民地比作一条珠链。

14. 同样，这种情况描述的是英国东印度公司在商业扩张期间发生的事情，而不是 18 世纪中期之后的殖民阶段。

15. 桑杰·苏布拉曼亚姆也提出了类似的观点，强调了商人国家的高度多元化，摒弃了将东方简单视为专制主义和掠夺性国家的概念。

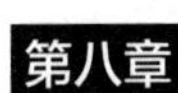

结论

东印度公司成立以前，欧洲虽然发展迅速，但相对而言仍较为落后。英国还是一个以农业经济为主的农村国家，不久后就加入了争先恐后摆脱荷兰黄金时代阴影的行列。而到公司解散时，印度已是英国的殖民地，英国已成为全球领先的政治强国。工业革命把英国变成了“世界工厂”，伦敦金融城则是全世界最具活力的金融机构所在地；英国的国家能力飞速增长；经济对于政治的影响力愈发显著；国家之间的不平等也急剧扩大。改变的不仅是英国在世界上的地位，还有世界本身。

英国东印度公司在这些事件中功不可没。它的成功创造了海量的财富，为英国化身全球帝国打下基础，并永久地改变了英国和亚洲的经济贸易。它将永远作为展现海外贸易重要性的一个例子。我在前述章节中提出，公司近两个世纪以来能够成功扩展业务的一个关键要素，就是凭借私人贸易者的商业野心和社交网络，将当地知识引入公司运作并提升因地制宜的能力。第三章强调，英国东印度公司与私人贸易间的关系独一无二。第四章指出,通过给予私人贸易津贴,员工的自主性得以增强,这与船舶之间通过社交网络的信息传递加强有关,其中相应机制涉及理性模仿、有条件选择、相互信任、时效性和信息扩散等。更强大的信息流也将新的港口纳入了常规贸易网络。第五章表明,追求私人贸易促使雇员探索新的港口,同时在港口之间编织了富有凝聚力的贸易网络,从而为公司打造了一个稳健而高效的通信网络。该过程是一系列机制的结合,包括在公司雇员中培养的利润最大化精神、缺乏组织控制导致的非程序性行为、小世界效应(其随机性增加了网络连接性),以及再次出现的信息扩散机制等。第四章和第五章都说明,公司雇员的自主性促进了对新港口和新货物的探索。在这一自主时期内,权力分散的去中心化通信网络兴起,使这些新商品和新市场得以进入更大的贸易体系。最终结果是公司持久不断的创新和扩张,直到殖民时期的重组。

本书书名“垄断与自由贸易之间”,表明了我的观点:雇员的私人贸易实践是如此普遍,且深深融入公司的运营,从而有效地改变了公司的组织结构。我认为,这并非人们通常理解的那种真正的垄断。从最严格的意义上讲,这也并不贴切。雇员贸易津贴的增加可能扩大了特许贸易者的范围,但实际上并未威胁到公司的独家垄断权力。垄断理论,即利润来自排他性市场准入资格,并不能充分解释东印度公司长期成功的基础。雇员的私人贸易并非微不足道,也不仅仅是一种对雇员的安抚。保守计算私人贸易规模的话,仅公司船只上的私人货物价值就达到公司货物的 11%(Mentz 2005:129);还有人更为慷慨地估算,到 18 世纪初,它的价值相当于或超过了公司的贸易额(Krishna 1924:125)。垄断是试图将市场准入集中化,但东印度公司的反应和创新能力遵循相反的原则，即在可控的框架内增加市场准入。

另外，包含了垄断特权的公司框架也使私人贸易商受益。1813年和1833年的议会法案剥夺了该公司的垄断权后，船长们的生意也受到了沉重打击（Sutton 2010：267—74）。一直以来，正是公司不断向政府提供贷款、大力起诉闯入者，承担了捍卫贸易特权的成本，这些特权也惠及了雇员。在法院作出一项有利裁决后，公司理事会对25名私人船主提出指控，认为这些人犯有与东印度群岛进行贸易的罪行，并支持打压另外65名私人船主（Stern 2011：59）。这些努力带来了极大优势。即使是闯入者，最初也更情愿被纳入垄断行列，而不是完全取消特权。这一点的证据是他们试图组建另一家特许垄断公司，新东印度公司。

工厂系统依赖于公司的正式框架以满足建立永久定居点所需的大量初始支出。这对于第四章中描述的英国商人之间更大规模的及时信息流动至关重要。这些工厂充当了多个枢纽，在更广大的去中心化网络中获取和传播商人之间的信息。在政治动荡时期，英国的堡垒、工厂和定居点还为英国乃至印度的商人提供了安全的避风港（Watson 1980a：82）。尽管存在相反的论点（Jones and Ville 1996a），但是没有证据表明小规模的独立商业，在不享受堡垒和工厂带来的好处的情况下，会比公司的贸易更成功。相反，私人贸易和官方贸易之间存在着明显的协同效应。

虽然英国东印度公司是一家垄断企业，但它并没有按照垄断的原则运作。尽管私人贸易与公司一道蓬勃发展，但这并不代表，没有了公司创建和维护的基础设施条件，参与东方贸易的自由商人能够生存下来。公司并没有在一个完全竞争的市场中运营,但也从未垄断过任何商品。它介于两者之间。

在接下来的小节中,我将以英国东印度公司为例,反思相关现有认知,包括海外贸易扩张、组织内部权力下放、背景条件在社交网络的出现及对其进行诠释中的重要性,还有在历史变革中从微观到宏观层面现象的向心性,等等。

历史、网络和分析社会学

背　景

现在有一种倾向,认为网络化的组织形式是组织设计变革的一部分,或者也可能是新的网络组织的一部分。这种观点遭到了反驳,反驳者认为组织的网络形式是社会和组织生活的持久特征。如果我们把社交网络看作将微观行为与宏观结果联系起来的模式,就能清楚地发现它们存在于所有的历史和社会之中。然而在另一种意义上,这一观点也暗示了社交网络——可理解为非正式关系——是社会生活的一个恒定特征,它是正式关系或市场关系的必要对立面或粘合剂(Granovetter 1985)。英国东印度公司提供了一个前所未有的契机,使人们得以探究随着其两个多世纪以来的成长,社交网络是如何被运用和发展的。它由是提供了机会来深化并提出关于非正式关系的更具体问题,比如它们在不同的环境中是否更普遍、更有效。其中一个更有趣的发现可能是非正式社交网络的影响随着公司历史沿革而变化,随着权力集中程度的增加而减弱。组织本身的结构对社交网络的使用和形成影响巨大。

东印度公司的结构是通过互不相同的社会和文化之间的接触发展而来的,因此在许多方面不同于我们今天在世界各地看到的那些组织结构,社会和文化背景的重要性比在当代语境下体现得更明显。例如,在斯图亚特王朝时期的英国,员工忠诚服务于公司的理念,与今天北美大型公司就有很大不同。东印度公司雇员和国际商业机器公司(IBM)员工的行为也是天差地别。考虑到近代公司对历史和文化版图的陌生,突出背景对于两家公司组织层面的实践和惯例的影响,[1]也满足对非正式社交网络使用模式的考察。尽管我认为,历史和跨国网络研究尤为适合增加我们对社会、文化和制度背景是如何影响网络的形成和使用的知识储备,这种研究方法也不仅限于东印度公司的案例。

网络研究可以说始于格奥尔格·齐美尔(Georg Simmel)的理论工作。齐美尔是一位新康德主义者(Neo-Kantian),他提出了先验的社会形式(priori social forms)理念,例如二元群体(dyad)(两个相互关联的个体)和三元群体(triad)(三个相互关联的个体)等(Simmel 1971:6—22)。根据齐美尔的说法,这些先验的社会形式对个人的思想、信仰和行为有着决定性的影响,独立于任何特定的历史或文化环境。

齐美尔关于社会形式的理论研究开辟了一条卓有成效的创新性网络研究路径,它侧重于可转换的社会关系模式的影响。然而,随着网络研究的发展,越来越多的人对不强调背景的研究形式提出了批评,认为这是以牺牲对社会行为者和社会环境特征的明确考虑为代价(DiMaggio 1992, Emirbayer and Goodwin 1994, Pachucki and Breiger 2010)。分析社会学的框架必然促使研究者广泛考虑代理人及其所处的社会文化环境,而不是对社交网络采取纯粹的形式主义方法。尽管分析社会学要求研究人员始终基于较低层面的观察进行解释,乍一看似乎排除了对行为者更大的环境背景的考量,但这一建议针对的那些社会科学研究,其解释完全依赖于非个人的宏观历史力量的层面。[2]分析社会学的分析策略,绝不是把解释放在社会个体的层面上,如形式主义的社会学或心理学那样,而是利用参与其中的个体的生活经验,来丰富对大规模社会进程的分析。这是研究者们在微观和宏观层面之间构筑分析之桥的过程的一部分。因此,文化背景和历史背景最终总是符合任何基于网络研究的分析框架的解释的重要组成部分。[3]

在英国东印度公司的案例中,通过同伴网络的个人层面的信息传递与权力分散有关,但这发生在两个层次的背景条件下。第一个是一个等级分明的组织。组织背景不能从同伴网络中分离出来,因为社交网络在不同地方产生的影响也不相同。例如,若市场已经是权力分散型的,社交网络很可能会在这种情况下抑制创新和新想法的采纳,即便它们为等级制组织增添了创新。这是解释分析的重要条件,并展示了背景巨大的潜在影响力;它也是一种对背景的描述,可以从具体的社会和历史环境中抽象出来。

但英国东印度公司效果斐然(即在公司内部有效传递有用信息)的社交网络的发展,也依赖于与东方包容性经济领域的接触。公司内部的同伴社交网络是依靠外部环境维持的,这意味着要维持网络化、权力分散化的企业,也就是高效且创新的公司,就必须要有开放的市场。乍听之下,这像是一个可以在不同背景下立足的概括性说法,然而,即使商业成熟且对外开放的社会能不断为组织的网络构建创造稳定的环境,也让自身得以持续发展,但是首先,开放社会能否出现,就几乎不可避免地取决于独特的历史环境,就像英国东印度公司诞生的环境一样。

权力去中心化与历史

是什么导致了经济增长?这个问题引发的争议声就更大了,即关于它是自上而下还是自下而上的社会变革过程的作用。英国东印度公司站在全球历史几条关键线索的交汇处,包括新型组织形式的诞生、英国崛起为世界霸主、全球市场的扩张乃至经济学的诞生,考察其历史之于世界历史转型,可谓窥一斑而见全豹。本书并不探讨东印度公司的历史意义,而是关注私人贸易在多大程度上影响了历史转型进程。

我认为,私人贸易在组织内部自行运作,从而将活力、因地制宜能力和调适能力注入一个大型官僚机构,使其免于被不断变化的市场甩在后面。公司的持续扩张导致了英国殖民印度,其私人贸易的拓展则使对欧洲的贸易成为亚洲海外贸易的最大组成部分(Steensgaard 1987:145)。[4]由于英国在亚洲的私人贸易依赖于公司的基础设施和特许权力(由亚洲统治者们以及英国君主授予),而私人贸易产生的纠葛推动了公司对印度的殖民化,这些历史发展不应孤立地与公司的正式结构或是英国的私人贸易单独相联系,相反,它们取决于私人贸易和公司之间的关系。变革的中心,是公司层次分明的合作形式,与怀揣不同欲望和野心的积极进取的个人之间悬而未决的"拔河赛"。在殖民阶段,私人贸易脱离了公司的支持,公司就开始了长期的衰落,并陷入了一种典型的非生产性剥削模式。这段历史对全球化和社会变革进程都产生了影响。

全球化最初被认为是一种不可遏止的力量,在“和气贸易”(doux-commerce)的同心圆抑或是在文化的创造性破坏循环中扩展(Guillén 2001, Hirschman 1997)。但研究表明,全球化,即国际商业和金融联系的建立,是一个不平衡、不稳定的过程,时而扩张时而萎缩(Fligstein 2001, Williamson 2006, Zelizer 2005),在某些地方集中发展,又将其他地方排除在外(Kim and Shin 2002)。标准的解释是将这种不均衡的进程归因于土地、劳动力和资本等要素的差异,使得世界上不同地区的商业机会增多抑或减少。换言之,企业会对市场条件作出反应。

一种反对意见是提出制度在塑造贸易方面发挥了作用。非正统派的经济学家和经济社会学家们都给出了这种解释,强调国家在构建国际市场中的作用。国家干预以贸易壁垒、税费、海关以及关税等形式产生负面影响(Becker 1957, MacDougall 1960)。但它也有积极的影响。海外贸易需要一系列制度,以将不确定性降低到可管理水平并建立交易规则(Fligstein 1996, Fligstein and Mara-Drita 1996)。各国插手国际商业往来以建立这些必要的制度,从而引导海外交易的流动(Gotham 2006, Duina 2005)。本书中,我研究了制度环境和这些流动的来源,也就是公司本身。英国东印度公司扩张的历史与其企业特性息息相关。公司的发展不仅仅受市场条件驱动。东方的制度环境使公司的权力分散化成为可能,一旦处在这种东方的制度环境下,公司内部的控制权力分散就促使贸易进入特定模式,这些模式随着组织结构的变化而改变。

雇员被赋予了高度自主权,在亚洲追寻个人商机,并对公司资源有相当大的控制权以达成这种私人贸易，此时社会网络就成了个人探索机制，扩充了更大的贸易网络规模。当雇员的自主权削弱时，社交网络对贸易的影响就会大大降低。内部的控制左右了个人层面的决策，从而塑造了英国贸易网络的结构，并通过它影响了更广大的全球化进程。公司各层级之间的控制权之争，影响了公司的扩张模式——由于它是一个大型海外企业，这也对全球商业扩张之路产生了影响。

一般来说，剥削是静态的。在一个剥削性体系中，有权有势之人利用权势收集资源，巩固自身地位。他们没有理由去改变或质疑一个自己从中受益的体系，哪怕它以牺牲他人为代价。相反，他们有充分的理由去保护现有体系，以维护自己在该体系中的特权地位。被压迫者往往因为资源匮乏而无法组织任何有效的抵抗。另外，一个完全自我组织的系统也不太可能产生实现真正变革所需的协调程度。当然，基本没有证据能证明，如果没有英国东印度公司的存在，英国的贸易还会如此繁荣昌盛。

鲜少可见这样的社会组织：既能充分地组织起来集体解决复杂任务，又能按劳分配奖励（或利润）——这是一种能够鼓励生产、促进增长的策略（Udy 1959）。社会系统倾向于陷入静态的寻租状态，这使得在商品分配稍微更均衡些的时刻识别其中的运作动态变得尤为重要。在这些时刻，寻租暂时中止，经济增长发生（Jones 1988）。在本书的案例中，权力去中心化通过影响英国与东印度的关系历程，微妙地改变了世界历史的方向。

多种条件聚合形成了这样一种状况，即英国私人贸易商可以在一个庞大的官僚组织中游刃有余地行动。用迈克尔·曼（1993）、哈里森·怀特(1992)和理查德·拉克曼(2000)的话来说，这个变革性的时刻，一个"紧要关头""出现间隙"或"一连串突发事件"，重组了东西方之间的关系，并影响了位于鸿沟两边的社会。最终，剥削制度在殖民时期被重新确立(这种制度削减了雇员的自主性，在更大程度上减少了殖民主体的自主性)，但由私人贸易推动的高速扩张已在全球经济中留下了印记。微观层面(即个人)与宏观层面(即公司形式和社会背景)之间的关系，可以通过网络研究进行分析，这是开放社会与经济发展相关性的框架下一个更为重大的难题。对我来说，这揭示了成功的组织内部的社交网络、员工自主权、利润分享和创新之间的密切联系，希望这将继续成为进一步研究的基础。

微观—宏观连结与历史变迁

由于社交网络是进行权力分散式协调和沟通的首要途径，因此边缘行动者会利用社交网络(即非正式沟通)作为协调活动的手段是十分合理的，他们既被排除在许多正式组织之外，又最有可能推动社会变革。这一事实表明，社交网络——可理解为一种去中心化的沟通机制——可能与社会变革存在内在的联系，也许是社会变革中单一或反复出现的因素，因为沟通对于协同是不可或缺的。社交网络在很大程度上是由其可塑性(mutability)定义的，归根结底，这就是使其不同于组织或机构的原因。它们将人们联系在一起，但仍保留了足够的灵活性来适应变化；而事实上，社交网络所推动进的变化，可能正是将新的群体联系在一起所产生的结果。

哈里森·怀特在20世纪60年代就富有先见之明地采用并推广

了社交网络研究。他将网络理论化,认为它是一个界面,通过连接不匹配的一对事物来创造身份。两个各不相同也不相干的事物调和创造出了一种身份感和存在感(White 2008:1—19)。这种洞见提供了一个广泛的理论框架,用以解释社交网络如何成为这个世界的创造性力量。基于关系主义(relationalist)理论,约翰·帕吉特和保罗·麦克莱恩令人信服地指出,社会转型是由新的和不同的网络交集产生的,如商业组织的合伙制度这一创新,就源自文艺复兴时期的佛罗伦萨婚姻和经济关系的转换。这两个网络的交集和随后的转变,使佛罗伦萨的经济充满活力——主要是由于新的伙伴关系系统能力大幅提高,从而改变了整个社会,使其成为更适宜公民人文主义(civic humanism)和共和主义(republicanism)兴起的温床(Padgett and McLean 2006:1522)。帕吉特和鲍威尔最近将这些关于社交网络和系统连结的见解发展成了制度产生的一般性理论(2012)。

社交网络对于这些变革性联系的建立至关重要,因为它们运行于官方机构和组织的里里外外。它们是跨越边界的载体,可以在相距遥远的人与人之间建立革命性的联系。因此,对于那些熟悉英国东印度公司历史的人来说,公司内部的动态网络要依赖于公司以外和位于亚洲的参与者社交网络就不足为奇。通过第六章和第七章中对这些关系的探讨,我希望能为强调这种全球性关系(Braudel 1972, 1977, Wallerstein 1974, 1980, Sassen 1991, Smith and White 1992, Curtin 1994)和亚洲历史(Lach and Kley 1965, Wong 1997, Pomeranz 2000)对于现代世界演进的重要作用的大量文献,贡献一份力量。

然而,我试图为极其宏观的结构性文献添砖加瓦,在很大程度上是基于当时个人微观层面的行动,我希望它展示出的分析方法能为社会科学的历史研究带来一些新的可能。分析个人之间的关系,无论是关于通信网络还是交易伙伴的可靠性,都可以为旧的历史困境提供新的线索。特别是网络模型给研究者们提供了一个工具,用来模拟和分析去中心化的组织协调。由于权力往往是集中的(例如在国家和帝国中),而现有的掌权者通常希望维持使他们保有权力的现状,因此,松散联系着的被剥夺权利的行动者之间的协调,可能是历史性变革的一个重要来源,譬如革命就是如此发生的。此处思考的案例中,权力分散下的行动者,即英国东印度公司的雇员们,并没有带来一场社会革命,但他们确实为公司注入了活力,改变了它在世界上的地位,进一步改变了欧洲和亚洲之间全球层面上的关系。

自年鉴学派(Annales school)将历史从对伟人的钻研中转移出来后,许多历史学家就致力于阐述精英圈以外大量个人的生活,但这些都必然聚焦于特定的故事和个人(例如 Ginzburg 1992, Davis 1983)。社交网络分析也为研究大群行动者之间的联系提供了一种新的方法。它还揭示了关系模式可能具有的因果力,因此为社会科学学者和历史学家们提供了一种新的手段,以理解非精英行动者是如何通过突发模式和目标导向行为来塑造历史进程的。

对于社会学家来说,本书所使用的方法,既提供了丰富多彩的概念框架,又给出了调查和测量具体社会机制的严格手段。它是可用于揭示个人生活是如何与更宏大的制度结构和历史模式相交并累积形成这些制度结构和历史模式的几种工具之一。

注释

1. 在某些方面,发现现代员工的无私忠诚模型,可能比看到英国公司雇员的渎职行为更令人奇怪(Sennett 1998)。

2. 这个较低的层面通常是个人的简称,即通过个人的行动来解释集体的结果;但也有人认为,分析社会学的相关社会动因实际上可能就是相互作用(Sawyer 2011)。

3. 分析社会学的贡献者们已经反复指出了这一观察结果(Hedström 1998, Rydgren 2009, Goldstein 2009:162, Manzo 2010:156, Demeulenaere 2011, Edling 2012)。文化背景对理解个人行为的重要性也在分析社会学之外得到了详细探讨(DiMaggio 1992, Martin 2011)。

4. 据斯坦斯加德估计,18 世纪上半叶,欧洲海外贸易增长超过了亚洲海外贸易——当时英国东印度公司的私人贸易呈指数级增长,其他公司要么停滞不前(比如荷兰东印度公司)、保持稳定,要么相对增幅较小。

附录

Between Monopoly and Free Trade

港　口

历史名称	现用名称	类　型
亚齐(Aceh)	亚齐(Aceh)	开放城市
亚丁(Aden)	亚丁(Aden)	开放城市
安波那(Amboina)	安汶(Ambon)	殖民地，葡属/荷属(1609年)
厦门(Amoy)	厦门(Xiamen)	受管制市场
阿姆斯特丹岛(Amsterdam Island)	阿姆斯特丹岛(Ile Amsterdam)	无人定居
安达曼(Andamans)	安达曼群岛(Andaman Islands)	独家垄断
安金戈(Anjengo)	安楚滕古(Anchuthenge)	市场社会
安耶尔(万丹苏丹国)(Anjer[Sultan of Banten])	安耶尔(Anyer)	皇家垄断(荷兰)
阿姆甘(Armagaon)	阿鲁姆甘(Arumugam)	市场社会
阿萨达(Assada)	诺西贝(Nosy Be)	受管制互惠

续表

历史名称	现用名称	类　型
阿瑜陀耶(Ayutthaya)	阿瑜陀耶(Ayutthaya)	皇家垄断
巴齐安(Bachian)	巴占(Bacan)	殖民地,荷属(1609年)
巴贾拉(Bajalar)	巴贾瓦(Bajawar)	市场社会
巴兰班根岛(Balambangan)		皇家垄断
巴拉索尔(Balasore)	巴拉施瓦尔(Baleshwar)	市场社会
巴厘岛(Bali)	巴厘岛(Bali)	皇家垄断
巴兰博安(Ballamboan)	巴兰班(Balamban)	殖民地,西(班牙)属
班纳加(Banaca)	邦加岛(Bangka Island)	皇家垄断/英属(1812年)
班库特(安格莱)(Bancoot [Angre])		皇家垄断/市场(1755年)
班达(Banda)		皇家垄断/殖民地,荷属(1621年)
阿巴斯港(Bandar Abbas)	阿巴斯港(Bandar-Abbas)	皇家垄断/开放城市(萨菲在位期间,1628年)
曼谷(Bangkok)	曼谷(Bangkok)	皇家垄断
班贾尔马辛(Banjarmassin)	马辰(Banjermasin)	开放城市
班塔尔(Bantal)	班塔尔(Bantal)	市场社会
万丹(Bantam)	万丹(省)(Banten)	开放城市/殖民地,荷属(1756年)
巴拉布拉(印度)(Barrabulla, India)		市场社会
堡岛(澳大利亚)(Barrier Islands, Australia)	堡岛(Barrier Islands)	受管制互惠
巴士拉(Basra)	巴士拉(Basra)	开放城市
勃生(Bassein)	瓦赛(Vasai)	殖民地,葡属/市场社会(1739年)
巴达维亚(Batavia)	雅加达(Jakarta)	市场社会/殖民地,荷属(1619年)
拜蒂克洛(Batticaloa)	拜蒂克洛(Batticaloa)	皇家垄断
拜德塔尔(Bedthar)	(未识别)	(未定)

续表

历史名称	现用名称	类　型
明古连(Benkulen)	明古鲁(Bengkulu)	市场社会
播图南(西苏门答腊)(Bertoonan, West Sumatra)		市场社会
比姆利伯德姆(Bimlipatam)	比穆尼帕特南(Bheemunipatnam)	市场社会
虎门(Bocca Tigris)	虎门(Bocca Tigris)	受管制市场
布通(Boeton)	布顿岛(Buton)	皇家垄断(荷属)
孟买(Bombay)	孟买(Mumbai)	殖民地,荷属/英属(市场社会)(1662年)
博鲁姆(Borrum)		(未定)
波旁岛(Bourbon)	留尼旺(Reunion)	无人定居/殖民地,法属(1638年)
布罗(Bouro)	布罗(Bouro)	殖民地,荷属(1658年)
伯恩港(马达加斯加)(Boyne Habour, Madagascar)		受管制互惠
布林琼(Brinjoan)		市场社会
破土岛(Broken Ground)		市场社会
布什尔(Bushire)	布什尔(Busehr)	皇家垄断/市场社会(萨菲在位期间,1628年)
卡加延苏禄(Cagayan Sulu)	马潘(Mapun)	皇家垄断
加尔各答(Calcutta)	加尔各答(Kolkata)	市场社会
卡尔德隆湾(科罗曼德尔)(Calderoon Bay, Coromandel)		市场社会
卡利卡特(Calicut)	科日科德(Kozhikode)	开放城市
卡林加城(Calingapatam)	卡林加城南(Kalingapatam)	市场社会
坎纳诺尔(Cannanore)	坎努尔(Kannur)	市场社会/殖民地,荷属(1663年)/市场社会(1772年)/英属(1790年)

续表

历史名称	现用名称	类　型
广州（黄埔）（Canton [Whampoa]）	广州（Guangzhou）	受管制市场
汲水门（Cap Sing Moon）		受管制市场
卡普希湾（Capshee Bay）		受管制市场
卡尔尼科巴（Carnicobar）	卡尔尼科巴岛（Car Nicobar）	独家垄断
甲米地（Cavite）	甲米地（Cavite）	殖民地，西属
塞兰（Ceram）	斯兰岛（Seram）	殖民地，荷属（1650年）
焦尔（Chaul）	焦尔（Chaul）	殖民地，葡属/市场社会（1740年）
切杜巴（Cheduba）	切杜巴岛（Cheduba Island）	皇家垄断
吉大港（Chittagong）	吉大港（Chittagong）	市场社会
穿鼻（中国）（Chumpee, China）		受管制市场
舟山（Chusan）	舟山（Zhoushan）	受管制市场
科钦（Cochin）	科钦（Kochi）	殖民地，葡属/荷属（1663—1795年）
考克里（Cockelee）	（未识别）	（未定）
科伦坡（Colombo）	科伦坡（Colombo）	殖民地，葡属/荷属（1656—1796年）
康尼梅尔（科罗曼德尔）Connimere（Coromandel）		市场社会
古邦湾（Copang Bay）	古邦（Kupang）	殖民地，葡属/荷属（1619—1796年）
科林加（Coringa）		市场社会
科威隆（Covelong）	科瓦兰（Kovalam）	市场社会
科克斯岛（Cox's Island）	科克斯巴扎尔（Cox's Bazaar）	皇家垄断/英属（1799年）
克鲁伊（西苏门答腊）（Crooe, West Sumatra）		市场社会
卡尔匹（Culpee）	加尔比（Kalpi）	市场社会

续表

历史名称	现用名称	类　　型
卡奇(Cutch)	卡奇(Kutch)	市场社会
达波尔(Dabhol)	达波尔(Dabhol)	市场社会
达曼(Daman)	达曼(Daman)	殖民地,葡属(1535年)
佐法尔(Dhufar)	佐法尔(Dhofar)	皇家垄断
戴蒙德港(Diamond Harbour)		市场社会
钻石岛(Diamond Island)		皇家垄断
钻石尖(苏门答腊)(Diamond Point, Sumatra)	钻石尖(Diamond Point)	皇家垄断
迪戈加西亚岛(Diego Garcia)	迪戈加西亚岛(Diego Garcia)	无人定居
第乌(Diu)	第乌(Diu)	殖民地,葡属(1535年)
邓德罗吉坡(Dunderogipore)	栋格尔布尔(Dungarpur)	市场社会
东航道(Eastern Channel)	(未识别)	(未定)
大蠔(First Bar)		受管制市场
海豚堡(Fort Dauphin)	陶拉纳鲁(Taolagnaro)	殖民地,法属(1643—1674年)/受管制互惠
圣大卫堡/古德洛尔(Fort St David/Cuddalore)	古德洛尔(Cuddalore)	市场社会
富尔塔(Fultah)		市场社会
恒河(Ganges)	恒河(Ganges)	市场社会
根贾姆(Ganjam)	根贾姆(Ganjam)	市场社会
加力亚(安格莱)(Geriah, Angre)		皇家垄断/市场(1756年)
果阿(Goa)	果阿(Goa)	殖民地,葡属
戈卡(Gogha)	戈卡(Ghogha)	市场社会
戈麦斯岛(苏门答腊)(Gomez Island,也写作Gamispola、Pulau Gomez, Sumatra)		无管制互惠

续表

历史名称	现用名称	类　型
格雷西(锦石)(Gressik)	格雷西(锦石)港 Gresik-Djaratan)	
海南(Hainan)	海南(Hainan)	受管制市场
平户(Hirado)	平户(Hirado)	受管制市场
霍巴特(Hobart)	霍巴特(Hobart)	无管制互惠
猪河(孟加拉)(Hog River, Bengal)		市场社会
香港(Hong Kong)	香港(Hong Kong)	受管制市场
霍尔木兹(Hormuz)	霍尔木兹(Hormuz)	殖民地,葡属/开放城市(1622年)
豪拉(Howrah)	豪拉(Haora)	
胡格利(Hugli)	胡格利(Hooghly)	殖民地,葡属/市场(1631年)
南安由(Indramayo)	南安由(Indramayu)	皇家垄断
因德拉普拉(苏门答腊)(Indrapura, Sumatra)	因德拉普拉(Indrapura)	皇家垄断(荷属)
因格利(Ingeli)		市场社会
怡保(马来西亚)(Ipoh, Malaysia)		市场社会
贾甘奈克布尔(Jaggernaickpuram)	卡基纳达(Kakinada)	市场社会/殖民地,荷属(1734—1795年,1818—1825年)
占碑(Jambi)	占碑(Jambi)	皇家垄断(荷属)
贾帕拉(Japara)	贾帕拉(Japara)	皇家垄断/殖民地,荷属(1746年)
贾斯克(Jask)	贾斯克(Jask)	皇家垄断/市场社会(萨菲在位期间,1628年)
爪哇角(java_head)	爪哇角(Java Head)	殖民地,荷属(1619年)
吉达(Jiddah)	吉达(Jeddah)	开放城市
约翰娜(Johanna)	昂儒昂岛(Anjouan)	受管制互惠
柔佛(Johore)	柔佛(Johor)	开放城市

续表

历史名称	现用名称	类 型
坎贝洛(Kambelu)	塞里坎贝洛(Serikkembelo)	殖民地,荷属(1608 年)
卡穆雷路(Kamree Roads)		皇家垄断
加拉加尔(Karakaul)	加里加尔(Karaikal)	市场社会
加尔瓦尔(Karwar)	加尔瓦尔(Karwar)	市场社会
吉打(Kedah)	吉打(Kedah)	开放城市
凯吉里(Kedgeree)	凯吉里(Kedgeree)	市场社会
坎德里(Khanderi)	坎德里(Khanderi)	市场社会
哈尔克(Kharg)	哈尔克(Kharg)	皇家垄断/市场社会(萨菲在位期间,1628 年)
基迪尔浦(孟加拉)(Kidderpore, Bengal)	加迪尔布尔(Khidirpur)	市场社会
基斯纳城(Kisnapatam)	克里什纳城(Krishnapatam)	市场社会
基托角(Kitow Point)		受管制市场
九龙(Kowloon)	九龙(Kowloon)	受管制市场
克拉卡托亚(Krakatoa)	(无人定居)	无管制互惠
马安岛(Lagundy)	勒贡迪岛(Legundi)	市场社会
浪白滘(Lampacao)	浪白滘(Lampacau)	受管制市场
龙穴(Lankeet Flat)	龙穴岛(Lankeet Island)	受管制市场
大屿山岛(Lantau Island)	大屿山岛(Lantau Island)	受管制市场
莱耶(苏门答腊)(Laye, Sumatra)		市场社会
伶仃山(Lintin)	内伶仃岛(Nei Lingding Island)	受管制市场
龙目岛(Lombok)	龙目岛(Lombok)	皇家垄断
澳门(Macao)	澳门(Macau)	葡萄牙人留居
望加锡(Macassar)	望加锡(Makassar)	开放城市/殖民地,荷属(1667 年)
马达坡兰(Madapollam)	马达坡兰(Madapollam)	市场社会
马德拉斯(Madras)	金奈(Chennai)	市场社会

续表

历史名称	现用名称	类　型
马都拉(Madura)	马都拉(Madura)	皇家垄断/殖民地，荷属(1706年)
马埃(Mahe)	马埃(Mahe)	无人定居/殖民地，法属(1742—1812年)
马胡瓦(Mahuwa)	默胡瓦(Mahuva)	市场社会
马基安(Makian)	马基安(Makian)	皇家垄断(荷属)
马六甲(Malacca)	马六甲(Malacca)	殖民地，葡属/荷属(1641—1798年)
马尔代夫(Maldives)	马尔代夫(Maldives)	皇家垄断
马尔瓦(Malwa)	马尔文(Malvan)	市场社会
马纳布尔(马达加斯加)(Manabulle, Madagascar)		受管制互惠
门格洛尔(Mangalore)	门格洛尔(Mangalore)	殖民地，葡属/市场社会(1640年)
马尼拉(Manila)	马尼拉(Manila)	殖民地，西属
曼那(西苏门答腊)(Manna, West Sumatra)		市场社会
马西拉(Masirah)	马西拉(Masirah)	皇家垄断
马萨累(莫坎巴岛，小马萨累)(Massalege, Island of Mokamba, Petit Massaily)		受管制互惠
默苏利珀德姆(Masulipatam)	默吉利伯德讷姆(Machilipatnam)	市场社会
毛里求斯(Mauritius)	毛里求斯(Mauritius)	无人定居/殖民地，荷属(1638年)/法属(1715年)/英属(1810年)
默亚坡(Myapore)	默亚普尔(Myapur)	市场社会
缪湾(爪哇)(Mew Bay, Java)		无人定居
莫科莫科(Moco Moco)		市场社会
莫埃利(Moheli)	莫埃利(Moheli)	受管制互惠

续表

历史名称	现用名称	类　型
穆合(Mokha)	穆合(Mocha)	开放城市
孟苏尔科塔(Monsourcot-tah)		市场社会
蒙塔格岛(Montague Is-land)	蒙塔格岛(Montague Is-land)	无管制互惠
穆龙达瓦(Morandava)	穆龙达瓦(Morandava)	受管制互惠
莫罗泰岛(Morotai)	莫罗泰岛(Morotai)	皇家垄断
莫伦加里(马达加斯加)(Morungary, Madagascar)		受管制互惠
莫桑比克(Mozambique)	莫桑比克岛(Mozambique Island)	殖民地,葡属
马斯喀特(Muscat)	马斯喀特(Muscat)	殖民地,葡属/开放城市(1650年)
长崎(Nagasaki)	长崎(Nagasaki)	受管制市场
纳西坡(Narsipore)	讷尔萨布尔(Narsapur)	市场社会
纳塔尔(Natal)	纳塔尔(Natal)	皇家垄断
尼加城(Negapatam)	纳格伯蒂讷姆(Nagappatti-nam)	市场社会/殖民地,荷属(1658年)/英属(1781年)
内格雷斯角(Negrais Cape)	内格雷斯(Negrais)	皇家垄断
新几内亚(New Guinea)	新几内亚(New Guinea)	无管制互惠
新年岛(New Year Island)	新年岛(New Year Island)	无管制互惠
诺福克岛(Norfolk Island)	诺福克岛(Norfolk Island)	无管制互惠
北岛(婆罗洲)(North Is-land, Borneo)		皇家垄断
冲绳(Okinawa)	冲绳(Okinawa)	受管制市场
霍纳瓦(Onore)	霍纳沃尔(Honnavar)	市场社会
忙岛(Onroot)(也写作恩日斯岛[Onrust],爪哇)		殖民地,荷属(1619年)
大岛(Oshima)	大岛(Oshima)	受管制市场

续表

历史名称	现用名称	类　型
巴东(Padang)	巴东(Padang)	殖民地,荷属(1663 年)
旧港(Palembang)	巨港(巴邻旁)(Palembang)	皇家垄断(荷属)
班诗兰(Pangasinan)	班诗兰(Pangasinan)	殖民地,西属
帕西拉(Parcelar)	朱格鲁(Jugru)	皇家垄断
北大年(Pattani)	北大年(Pattani)	皇家垄断
奔巴(Pemba)	奔巴岛(Pemba Island)	皇家垄断
槟城(槟榔屿)(Penang)	槟城(Penang)	开放城市(归属于吉打期间,到 1786 年)
渔人岛(Pescadores)	澎湖列岛(Peng-Hu)	受管制市场
佩塔波里(Petapoli)	尼赞伯德讷姆(Nizampatnam)	市场社会
比布利(Pipli)	比布利(Pipli)	市场社会
皮桑(香蕉岛)(Pisang)	沙里尔(Syahrir)	殖民地,荷属(1621 年)
加勒角(Point de Galle)	加勒(Galle)	殖民地,葡属/荷属(1640—1796 年)
本地治里(Pondicherry)	本地治里(Pondicherry)	殖民地,法属(1674 年)
菲利普港(Port Philip)	菲利普港(Port Philip)	无管制互惠
新港(Porto Novo)	帕兰吉佩泰(Parangipettai)	市场社会
普劳达尔(马达加斯加)(Prawdar, Madagascar)		受管制互惠
帕里亚曼(Priaman)	帕里亚曼(Pariaman)	市场社会
王子岛(Prince's Island)		无人定居
普林(西苏门答腊)(Pring, West Sumatra)		市场社会
普利卡特(Pulicat)	普利卡特(Pulicat)	市场社会
奥尔岛(Pulo Auroe)	奥尔岛(Pulau Aur)	无管制互惠
普洛湾(苏门答腊)(Pulo bay, Sumatra)		市场社会
昆岛(Pulo Condore)	昆岛群岛(Con Dao Islands)	无管制互惠

续表

历史名称	现用名称	类　型
劳特岛(Pulo Laurott)	劳特岛(Laut Island)	无管制互惠
马塞岛(Pulo Masey)		皇家垄断
伦岛(Pulo Run)	伦岛(Run)	殖民地,荷属(1620年)
刁曼岛(Pulo Timan)	刁曼岛(Tioman Island)	无管制互惠
格什姆岛(Qishm)	格什姆岛(Qeshm)	皇家垄断/市场社会(萨菲在位期间,1628年)
广南(Quang Nam)	广南(Quang Nam)	开放城市
俱兰(Quilon)	奎隆(Kollam)	殖民地,葡属/荷属(1661—1795年)
拉贾巴萨(Rajah Basa)	拉贾巴萨(Rajabasa)	皇家垄断
拉贾布尔(Rajapur)	拉贾布尔(Rajapur)	市场社会
仰光(Rangoon)	仰光(Yangon)	皇家垄断
约会岛(婆罗洲)(Rendez-vous, Borneo)		无人定居
决议岛(Resolution)	决议湾(Resolution Bay)	无管制互惠
罗德里格斯岛(Rodrigues)	罗德里格斯岛(Rodrigues)	无人定居/殖民地,法属(1691年)
罗格斯河(孟买)(Rogues River, Bengal)		市场社会
茹特拉(Ruttera)		市场社会
罗亚坡(Ryapore)	罗亚普尔(Royapur)	市场社会
琉球群岛(Ryukyu Islands)	琉球群岛(Nansei Islands)	受管制市场
萨杰岛(Sajo Island)	(未识别)	(未定)
萨卢姆(西苏门答腊)(Salloomah, West Sumatra)		市场社会
萨尔赛特(Salsette)	萨尔赛特岛(Salsette Island)	市场社会
萨姆考克岛(帕克雷特)(Samkoke Island, Packlate)		皇家垄断
三明治岛(Sandwich)	夏威夷、埃法特或库克群岛(Hawaii, Efate, or Cook Islands)	无管制互惠

续表

历史名称	现用名称	类　型
圣多美(Sao Thome)	圣多美(Sao Tome)	市场社会
萨皮湾(Sapi Bay)		无管制互惠
萨格尔(萨格尔岛)(Saugor[Sagor Island])	萨格尔岛(Sagar Island)	市场社会
信地(Scindy)	信德(Sindh)	市场社会
蠔整淺(Second Bar)		受管制市场
三宝垄(Semarang)		皇家垄断/殖民地(1705年)/英属(1811年)
塞文德鲁格(安格莱)(Severndroog, Angre)		皇家垄断/市场社会(1755年)
塞舌尔(Seychelles)		无人定居
西勒巴(Silebar)		市场社会
新加坡(Singapore)	新加坡(Singapore)	开放城市(归属柔佛期间,到1819年)
索科特拉岛(Socotra)	索科特拉岛(Socotra)	皇家垄断
苏哈尔(Sohar)	苏哈尔(Sohar)	皇家垄断/市场社会(萨菲在位期间,1628年)
圣奥古斯丁岛(St Augustines)	图莱亚尔(Tulear)	受管制互惠
苏卡达纳(Sukadana)	苏卡达纳(Sukadana)	皇家垄断
苏禄岛(Sulu)	苏禄岛(Sulu)	皇家垄断
松巴哇岛(Sumbawa)	松巴哇岛(Sumbawa)	皇家垄断
泗水(Surabaya)	泗水(Surabaya)	皇家垄断/殖民地,荷属(1743年)
苏拉特(Surat)	苏拉特(Surat)	市场社会
悉尼(Sydney)	悉尼(Sydney)	无管制互惠
塔希提岛(Tahiti)	塔希提岛(Tahiti)	无管制互惠
台湾岛(Taiwan)	台湾岛(Taiwan)	受管制市场
坦婆罗(Tamborneo)		皇家垄断
丹加央(Tanjayang)	唐格朗(Tangerang)	皇家垄断/殖民地,荷属(1746年)

续表

历史名称	现用名称	类　型
达巴努里湾(Tappanooly Bay)	打巴奴里湾(Tapanuli Bay)	皇家垄断
塔维拉城(印度)(Taverapatam, India)		市场社会
天津(Teinchin)	天津(Tianjin)	受管制市场
泰利治里(Tellicherry)	塔拉治里(Thalassery)	市场社会
特尔纳特(Ternate)	特尔纳特(Ternate)	皇家垄断(荷属)
蒂多雷(Tidore)	蒂多雷(Tidore)	皇家垄断(荷属)
提库(Tiku)	提库(Tiku)	皇家垄断(荷属)
汤加(Tonga)	汤加(Tonga)	无管制互惠
东京(北圻)(Tonkin)	东京(湾)(Tonkin)	受管制市场
提兰克巴(Tranquebar)	塔拉甘巴蒂(Tharamgambadi)	殖民地,丹(麦)属(1620年)
丁加奴(Trengannu)	登嘉楼(Terengganu)	皇家垄断
亭可马里(Trincomalee)	亭可马里(Trincomalee)	殖民地,荷属(1639—1795年)
涂罗亚(马达加斯加)(Tuloa, Madagascar)		受管制互惠
图马拉岛(Tumala Punta)	图马拉岛(Thummalapenta)	市场社会
杜蒂戈林(Tuticorin)	杜蒂戈林(Thoothukudi)	殖民地,葡属/荷属(1658—1825年)
龙鼓水道(Urmstons Bay)	龙鼓水道(Urmston Road)	受管制市场
维扎加城(Vizagapatam)	维沙卡城(Vishakapatnam)	市场社会
桑给巴尔(Zanzibar)	桑给巴尔(Zanzibar)	殖民地,荷属(1698年)/皇家垄断

参考文献

Abeyasekere, Susan. 1987. *Jakarta: A History*. Oxford: Oxford University Press.

Abu-Lughod, Janet L. 1989. *Before European Hegemony: The World System A.D. 1250–1350*. New York: Oxford University Press.

Acemoglu, Daron, and Simon Johnson. 2005. "Unbundling Institutions." *Journal of Political Economy* 113(5): 949–95.

Acemoglu, Daron, Simon Johnson, and James A. Robinson. 2005a. "Institutions as a Fundamental Cause of Long-Run Growth." In *Handbook of Economic Growth*, edited by Philippe Aghion and Steven N. Durlauf. Amsterdam: Elsevier, 385–472.

———. 2005b. "The Rise of Europe: Atlantic Trade, Institutional Change, and Economic Growth." *American Economic Review* 95(3): 546–79.

Adams, Julia. 1994a. "The Familial State: Elite Family Practices and State-Making in the Early Modern Netherlands." *Theory and Society* 23(4): 505–39.

———. 1994b. "Trading States, Trading Places: The Role of Patrimonialism in Early Modern Dutch Development." *Comparative Studies in Society and History* 36 (2): 319–55.

———. 1996. "Principals and Agents, Colonialists and Company Men: The Decay of Colonial Control in the Dutch East India Company." *American Sociological Review* 61: 12–28.

———. 2005. *The Familial State: Ruling Families and Merchant Capitalism in Early Modern Europe*. Ithaca, N.Y.: Cornell University Press.

Allen, Robert C., Jean-Pascal Bassino, Debin Ma, Christine Moll-Murata, and Jan Liuten van Zanden. 2011. "Wages, Prices, and Living Standards in China 1738–1925: In Comparison with Europe, Japan, and India." *Econonic History Review* 64(s1): 8–38.

Almeida, Paul, and Anupama Phene. 2004. "Subsidiaries and Knowledge Creation: The Influence of the MNC and Host Country on Innovation." *Strategic Management Journal* 25(8/9): 847–64.

Anderson, Gary M., Robert E. McCormick, and Robert D. Tollison. 1983. "The Economic Organization of the English East India Company." *Journal of Economic Behavior and Organization* 4: 221–38.

Anderson, Gary M., and Robert D. Tollison. 1982. "Adam Smith's Analysis of Joint-Stock Companies." *Journal of Political Economy* 90(6): 1237–56.

参考文献

Anon. 1812. *Shipwrecks and Disasters at Sea*. Vol. 3 Edinburgh: Archibald Constable.

Appleby, Joyce Oldham. 1978. *Economic Thought and Ideology in Seventeenth Century England*. Princeton, N.J.: Princeton University Press.

Arasaratnam, Sinnappah. 1967. "Dutch Commercial Policy in Ceylon and Its Effect on Indo-Ceylon Trade (1690–1750)." *Indian Economic and Social History Review* 4: 109–30.

———. 1979. "Trade and Political Dominion in South India, 1750–1790: Changing British, Indian Relationships." *Modern Asian Studies* 13(1): 19–40.

———. 1985. "Elements of Social and Economic Change in Dutch Maritime Ceylon (Sri Lanka) 1658–1796." *Indian Economic and Social History Review* 22(1): 35–54.

———. 1986. *Merchants, Companies and Commerce on the Coromandel Coast, 1650–1740*. Delhi: Oxford University Press.

———. 1989. "Coromandel Revisited: Problems and Issues in Indian Maritime History." *Indian Economic and Social History Review* 26: 101–10.

———. 1995. *Maritime Trade, Society and European Influence in South Asia, 1600–1800*. Aldershot: Variorum.

Babu, S. 1995. "Commodity Composition of the English Trade on the Coromandel Coast (1611–1652)." In *Merchants, Mariners, and Oceans: Studies in Maritime History*, edited by K. S. Mathew. New Delhi: Manohar, 261–72.

Bagchi, Amiya Kumar. 1976. "Deindustrialization in India in the Nineteenth Century: Some Theoretical Implications." *Journal of Development Studies* 12(2): 135–64.

Baker, Wayne. 1984. "The Social Structure of a National Securities Market." *American Journal of Sociology* 89: 775–811.

Balfour, Edward. 1885. *Cyclopedia of India and of Eastern and Southern Asia*. 3rd ed. London: Barnard Quaritch.

Barber, William J. 1975. *British Economic Thought and India, 1600–1858: A Study in the History of Development Economics*. Oxford: Clarendon.

Barbosa, Duarte. 1918. *The Book of Duarte Barbosa: An Account of the Indian Ocean and Their Inhabitants, Written by Duarte Barbosa and Completed about the Year 1518*. Translated by Mansel Longworth Dames. London: Hakluyt Society.

Barendse, R. J. 1998. *The Arabian Seas, 1640–1700*. Leiden: Leiden University and International Institute of Asian Studies Leiden.

Barkey, Karen. 1994. *Bandits and Bureaucrats: The Ottoman Route to State Centralization*. Ithaca, N.Y.: Cornell University Press.

———. 2009. "Historical Sociology." In *The Oxford Handbook of Analytical Sociology*, edited by Peter Hedström and Peter Bearman. Oxford: Oxford University Press, 712–33.

Barlow, Edward, and Basil Lubbock. [1703] 1934. *Barlow's Journal of His Life at Sea in King's Ships, East & West Indiamen & Other Merchantmen from 1659 to 1703*. London: Hurst and Blackett.

Barnard, Chester Irving. 1938. *The Functions of the Executive*. Cambridge, Mass.: Harvard University Press.

Bartlett, Christopher A., and Sumantra Ghoshal. 1989. *Managing across Borders: The Transnational Solution*. Boston: Harvard Business School Press.

Bassett, D. K. 1960. "The Trade of the English East India Company in the Far East, 1623–84: Part I: 1623–65." *Journal of the Royal Asiatic Society of Great Britain and Ireland* 1/2: 32–47.

———. 1989. "British 'Country' Trade and Local Trade Networks in the Thai and Malay States, c. 1680–1770." *Modern Asian Studies* 23(4): 625–43.

———. 1998. "Early English Trade and Settlement in Asia, 1602–1690." In *Trade, Finance, and Power*, edited by Patrick J. N. Tuck. London: Routledge, 1–25.

Bastiampillai, Bertram E.S.J. 1995. "Maritime Relations of Sri Lanka (Ceylon) up to the Arrival of the Westerners." In *Mariners, Merchants, and Oceans: Studies in Maritime History*, edited by K. S. Mathew. New Delhi: Manohar, 79–95.

Bastin, John Sturgus. 1961. *Essays on Indonesian and Malayan History*. Singapore: Eastern Universities Press.

———. 1965. *The British in West Sumatra, 1685–1825*. Kuala Lumpur: University of Malaya Press.

Bates, Douglas, Martin Maechler, and Ben Bolker. 2013. "Lme4: Linear Mixed-Effects Models." Version 0.999999–2; published April 15, 2013. http://lme4.r-forge.r-project.org/.

Bayly, Christopher A. 1983. *Rulers, Townsmen, and Bazaars: North Indian Society in the Age of British Expansion, 1770–1870*. Cambridge: Cambridge University Press.

———. 2000. "South Asia and the 'Great Divergence.'" *Itinerario* 24(3–4): 89–103.

Bearman, Peter S. 1993. *Relations into Rhetorics: Local Elite Social Structure in Norfolk, England, 1540–1640*. New Brunswick, N.J.: Rutgers University Press.

Becker, Gary. 1957. *The Economics of Discrimination*. Chicago: University of Chicago Press.

Benner, M. J., and M. Tushman. 2003. "Exploitation, Exploration, and Process Management: The Productivity Dilemma Revisited." *Academy of Management Journal* 28(2): 238–56.

Bingham, Hiram. 1906. "The Early History of the Scots Darien Company." *Scottish Historical Review* 3(10): 210–17.

Birkinshaw, Julian. 1997. "Entrepreneurship in Multinational Corporations: The Characteristics of Subsidiary Initiatives." *Strategic Management Journal* 18(3): 207–29.

Blakeney, Richard. 1841. *The Journal of an Oriental Voyage in His Majesty's Ship Africaine*. London: Marshall Simpkin.

Blussé, Leonard. 1986. *Strange Company: Chinese Settlers, Mestizo Women and the Dutch in VOC Batavia*. Dordrecht: Foris.

Bonney, Richard. 1995. "The Eighteenth Century. II. The Struggle for Great Power Status and the End of the Old Fiscal Regime." In *Economic Systems and State Finance*, edited by Richard Bonney. Oxford: Oxford University Press, 315–86.

Borsa, Giorgio. 1990. "Recent Trends in Indian Ocean Historiography 1500–1800." In *Trade and Politics in the Indian Ocean: Historical and Contemporary Perspectives*, edited by Giorgio Borsa. New Delhi: Manohar, 3–14.

Bosher, J. F. 1995. "Huguenot Merchants and the Protestant International in the Seventeenth Century." *William and Mary Quarterly*, Third Series 52(1), 77–102.
Boulle, P. H. 1981. "French Mercantilism, Commercial Companies and Colonial Profitability." In *Companies and Trade: Essays on Overseas Trading Companies during the Ancien Régime*, edited by Léonard Blussé and F. S. Gaastra. Leiden: Leiden University Press, 97–117.
Bowen, H. V. 1989. "Investment and Empire in the Later Eighteenth Century: East India Stockholding, 1756–1791." *Economic History Review* 42(2): 186–206.
———. 1996. "The East India Company and Military Recruitment in Britain, 1763–1771." In *The Organization of Interoceanic Trade in European Expansion, 1450–1800*, edited by Pieter Emmer and Femme Gaastra. Aldershot: Variorum/Ashgate, 351–64.
———. 2002. "'No Longer Mere Traders': Continuities and Change in the Metropolitan Development of the East India Company, 1600–1834." In *The Worlds of the East India Company*, edited by H. V. Bowen, Margarette Lincoln, and Nigel Rigby. Suffolk: Boydell Press, 19–32.
———. 2006. *The Business of Empire: The East India Company and Imperial Britain, 1756–1833*. Cambridge: Cambridge University Press.
Bower, J. L., and C. M. Christensen. 1995. "Disruptive Technologies: Catching the Wave." *Harvard Business Review* 73: 43–53.
Boxer, C. R. 1965. *The Dutch Seaborne Empire, 1600–1800*. London: Hutchinson.
———. 1969. *The Portuguese Seaborne Empire, 1415–1825*. New York: Knopf.
———. 1974. *The Anglo-Dutch Wars of the 17th Century, 1652–1674*. London: HM Stationery Office.
Brass, Daniel J., Joseph Galaskiewicz, Henrich R. Greve, and Wenpin P. Tsai. 2004. "Taking Stock of Networks and Organizations: A Multilevel Perspective." *Academy of Management Journal* 47(6): 795–817.
Braudel, Fernand. 1972. *The Mediterranean and the Mediterranean World in the Age of Philip II*. New York: Harper & Row.
———. 1977. *Afterthoughts on Material Civilization and Capitalism*. Baltimore: Johns Hopkins University Press.
———. 1992a. *The Perspective of the World: Civilization and Capitalism, 15th–18th Century*. Vol. 3. New York: HarperCollins.
———. 1992b. *Structures of Everyday Life: The Limits of the Possible: Civilization and Capitalism, 15th–18th Century*. Vol. 1. New York: HarperCollins.
———. 1992c. *The Wheels of Commerce: Civilization and Capitalism, 15th–18th Century*. Vol. 2. New York: HarperCollins.
Breen, Timothy H. 1985. *Tobacco Culture: The Mentality of the Great Tidewater Planters on the Eve of Revolution*. Princeton, N.J.: Princeton University Press.
Brenner, Robert. 1976. "Agrarian Class Structure and Economic Development in Pre-Industrial Europe." *Past & Present* 70: 30–75.
———. 2003. *Merchants and Revolution Commercial Change, Political Conflict, and London's Overseas Traders, 1550–1653*. London: Verso.

Broadberry, Stephen, and Bishnupriya Gupta. 2006. "The Early Modern Great Divergence: Wages, Prices and Economic Development in Europe and Asia, 1500–1800." *Economic History Review* 59(1): 2–31.

———. 2010. "Indian GDP before 1870: Some Preliminary Estimates and a Comparison with Britain." CEPR Discussion Paper No. DP8007.

Bruijn, Jaap R., and Femme S. Gaastra. 1993. *Ships, Sailors and Spices: East India Companies and Their Shipping in the 16th, 17th and 18th Centuries*. Amsterdam: NEHA.

Bruijn, Jaap R., F. S. Gaastra, and Ivo Schöffer. 1979–87. *Dutch-Asiatic Shipping in the 17th and 18th Centuries*. Vols. 1–3. The Hague: Martinus Nijhoff.

Buchan, P. Bruce. 2003. "The Emergence of the Technostructure: Lessons from the East India Company, 1713–1836." *Management Decision* 41(1): 105–16.

Buckeridge, Nicholas. 1973. *Journal and Letter Book of Nicholas Buckeridge, 1651–1764*. Edited by John R. Jenson. Minneapolis: University of Minnesota Press.

Bunge, Frederica M. 1984. *Malaysia: A Country Study*. Washington, D.C.: Government Printing Office.

Burke, Edmund, and P. J. Marshall. 1981. *The Writings and Speeches of Edmund Burke*. Vols. 5–7. Oxford: Clarendon.

Burt, Ronald S. 2004. "Structural Holes and Good Ideas." *American Journal of Sociology* 110(2): 349–99.

Burt, Ronald S., and Marc Knez. 1995. "Kinds of Third-Party Effects on Trust." *Rationality and Society* 7(3): 255–92.

Cain, P. J., and A. G. Hopkins. 1986. "Gentlemanly Capitalism and British Expansion Overseas I. The Old Colonial System, 1688–1850." *Economic History Review* 39(4): 501–25.

Callon, Michel. 1998. *The Laws of the Markets*. Oxford: Blackwell.

Campbell, Gwyn. 1993. "The Structure of Trade in Madagascar, 1750–1810." *International Journal of African Historical Studies* 26: 111–48.

Carlos, Ann M., and Jamie Brown Kruse. 1996. "The Decline of the Royal African Company: Fringe Firms and the Role of the Charter." *Economic History Review* 49(2): 291–313.

Carlos, Ann M., and Stephen Nicholas. 1988. "'Giants of an Earlier Capitalism': The Chartered Trading Companies as Modern Multinationals." *Business History Review* 62(3): 398–419.

———. 1990. "Agency Problems in Early Chartered Companies: The Case of the Hudson's Bay Company." *Journal of Economic History* 50(4): 853–75.

———. 1996. "Theory and History: Seventeenth-Century Joint-Stock Chartered Trading Companies." *Journal of Economic History* 56: 916–24.

Carruthers, Bruce G. 1996. *City of Capital: Politics and Markets in the English Financial Revolution*. Princeton, N.J.: Princeton University Press.

Cartwright. Charles. 1788? *An Abstract of the Orders and Regulations of the Honourable Court of Directors, and of Other Documents*. London?

Castells, Manuel. 1996. *The Rise of the Network Society*. Cambridge, Mass.: Blackwell.
Chandler, Alfred D., Jr. [1962] 2003. *Strategy and Structure: Chapters in the History of the American Industrial Enterprise*. Washington, D.C.: Beard Books.
Chandra, Satish, ed. 1987. *The Indian Ocean: Explorations in History, Commerce and Politics*. New Delhi: Sage.
Charrad, Mounira A., and Julia Adams. 2011. "Patrimonialism, Past and Present." *Annals of the American Academy of Political and Social Science* 636: 6–15.
Chaudhuri, K. N. 1965. *The English East India Company: The Study of an Early Joint-Stock Company, 1600–1640*. New York: Reprints of Economic Classics.
———. 1978. *The Trading World of Asia and the English East India Company, 1660–1760*. Cambridge: Cambridge University Press.
———. 1981. "The English East India Company in the 17th and 18th Centuries: A Pre-Modern Multinational Organization." In *Companies and Trade: Essays on Overseas Trading Companies during the Ancien Régime*, edited by Léonard Blussé and F. S. Gaastra. Leiden: Leiden University Press, 29–46.
———. 1985. *Trade and Civilization in the Indian Ocean: An Economic History from the Rise of Islam to 1750*. Cambridge: Cambridge University Press.
———. 1986. "The English East India Company and Its Decision-Making." In *East India Company Studies: Papers Presented to Professor Sir Cyril Philips*, edited by Kenneth Ballhatchet and John Harrison. Hong Kong: Asian Studies Monograph Series, 97–121.
———. 1993. "The English East India Company's Shipping (c. 1660–1760)." In *Ships, Sailors, and Spices: East India Companies and Their Shipping in the 16th, 17th, and 18th Centuries*, edited by J. R. Bruijn and F. S. Gaastra. Amsterdam: NEHA, 49–80.
Cheong, W. E. 1979. *Mandarins and Merchants: Jardine, Matheson, & Co., a China Agency of the Early Nineteenth Century*. London: Curzon.
———. 1997. *The Hong Merchants of Canton: Chinese Merchants in Sino-Western Trade*. London: Curzon.
Clark, Gregory. 2001. "The Secret History of the Industrial Revolution." Unpublished manuscript, Department of Economics, University of California, Davis.
Clingingsmith, David, and Jeffrey G. Williamson. 2008. "Deindustrialization in 18th and 19th Century India: Mughal Decline, Climate Shocks and British Industrial Ascent." *Explorations in Economic History* 45(3): 209–34.
Clough, Shepard Bancroft. 1968. *European Economic History: The Economic Development of Western Civilization*. New York: McGraw-Hill.
Cole, Juan R. I. 1987. "Rival Empires of Trade and Imami Shiism in Eastern Arabia, 1300–1800." *International Journal of Middle East Studies* 19(2): 177–203.
Cole, W. A. 1958. "Trends in Eighteenth-Century Smuggling." *Economic History Review*, New Series 10 (3), 395–410.
Coleman, James. 1990. *Foundations of Social Theory*. Cambridge, Mass.: Belknap.
Colombijn, Freek. 2003. "The Volatile State in Southeast Asia: Evidence from Sumatra, 1600–1800." *Journal of Asian Studies* 62(2): 497–529.

Copland, Samuel. 1970. *A History of the Island of Madagascar, Comprising a Political Account of the Island, the Religion, Manners, and Customs of Its Inhabitants, and Its Natural Productions; with an Appendix Containing a History of the Several Attempts to Introduce Christianity into the Island*. Westport, Conn.: Negro Universities Press.

Cortes, Rosario Mendoza. 1974. *Pangasinan, 1572–1800*. Quezon City: University of the Philippines Press.

Cotton, Evan. 1949. *East Indiamen: The East India Company's Maritime Service*. London: Batchworth Press.

Crafts, N.F.R. 1985. *British Economic Growth during the Industrial Revolution*. Oxford: Clarendon.

Cranmer-Byng, John L., and John E. Wills, Jr. 2011. "Trade and Diplomacy with Maritime Europe, 1644–c. 1800." In *China and Maritime Europe, 1500–1800: Trade, Settlement, Diplomacy and Missions*, edited by John E. Wills, Jr. Cambridge: Cambridge University Press.

Curtin, Philip D. 1994. *Cross-Cultural Trade in World History*. Cambridge: Cambridge University Press.

Dale, Stephen F. 1990. "Trade, Conversion and the Growth of the Islamic Community of Kerala, South India." *Studia Islamica* 71: 155–75.

Das Gupta, Ashin. 1979. *Indian Merchants and the Decline of Surat, c. 1700–1750*. Wiesbaden: Franz Steiner.

———. 1998. "Trade and Politics in 18th Century India." In *Trade, Finance, and Power*, edited by Patrick J. N. Tuck. London: Routledge, 46–81.

Das Gupta, Ashin, and M. N. Pearson. 1987. *India and the Indian Ocean, 1500–1800*. Delhi: Oxford University Press.

Datta, K. K., ed. 1958. *Fort William—India House Correspondence and Other Contemporary Papers Relating Thereto (Public Series)*. Delhi: National Archives of India.

Davis, Natalie Zemon. 1983. *The Return of Martin Guerre*. Cambridge, Mass.: Harvard University Press.

Davis, Ralph. 1962. "English Foreign Trade, 1700–1774." *Economic History Review* 15(2): 285–303.

De Vries, Jan. 1976. *The Economy of Europe in an Age of Crisis, 1600–1750*. Cambridge: Cambridge University Press.

Deane, Phyllis, and William Alan Cole. 1967. *British Economic Growth, 1688–1959: Trends and Structure*. London: Cambridge University Press.

Demeulenaere, Pierre, ed. 2011. *Analytical Sociology and Social Mechanisms*. Cambridge: Cambridge University Press.

Deshpande, Anirudh. 1995. "The Bombay Marine: Aspects of Maritime History 1650–1850." *Studies in History* 11(2): 281–301.

Dickson, P.G.M. 1967. *The Financial Revolution in England: A Study in the Development of Public Credit, 1688–1756*. London: St. Martin's.

DiMaggio, Paul. 1992. "Nadel's Paradox Revisited: Relational and Cultural Aspects of Organizational Structure." In *Networks and Organizations: Structure,*

Form, and Action, edited by Nitin Nohria and Robert G. Eccles. Boston: Harvard Business School Press, 118–42.

———, ed. 2009. *The Twenty-First-Century Firm: Changing Economic Organization in International Perspective*. Princeton, N.J.: Princeton University Press.

Dincecco, Mark. 2011. *Political Transformations and Public Finances: Europe, 1650–1913*. Cambridge: Cambridge University Press.

Disney, A. R. 1977. "The First Portuguese India Company, 1628–33." *Economic History Review* 30(2): 242–58.

Dodwell, George. 1773. *A Narrative of the Principal Transactions betwixt the Agents, and Officers of the Hon. East India Company, and George Dodwell, Esq. Commander of the Ship Patty; Respecting a Voyage to Sooloo in 1765 and 1766: With an Appendix, Containing the Original Papers*. London.

Dodwell, Henry. 1920. *Dupleix and Clive: The Beginning of Empire*. London: Methuen.

Don, P., G. L. Balk, Matthijs van Otegem, and M. Gosselink. 2012. *Atlas of Mutual Heritage Project*. http://www.atlasofmutualheritage.nl.

Duina, Francesco. 2005. *The Social Construction of Free Trade: The European Union, NAFTA, and MERCOSUR*. Princeton, N.J.: Princeton University Press.

East India Company. 1689. "Instructions to Captain Brown Commander of the Benjamin." Log of the *Benjamin*. India Office Records, British Library. L/MAR/A/XCVII.

———. 1752. Log of the *Dragon*. India Office Records, British Library. L/MAR/B/598D.

———. 1760. Log of the *Princess Augustus*. India Office Records, British Library. L/MAR/B/590C.

———. 1843. *The Asiatic Journal and Monthly Miscellany*. Vol. 17. London: Wm. H. Allen.

East India Company, George Christopher Molesworth Birdwood, and William Foster. 1893. *The Register of Letters, &c., of the Governour and Company of Merchants of London Trading into the East Indies, 1600–1619*. London: B. Quaritch.

Edling, Christopher. 2012. "Analytical Sociology Is a Research Strategy." *Sociologica* 1. http://www.sociologica.mulino.it/journal/article/index/Article/Journal:ARTICLE:544/Item/Journal:ARTICLE:544.

Ekelund, Robert B., Jr., and Robert D. Tollison. 1980. "Mercantilist Origins of the Corporation." *Bell Journal of Economics* 11(2): 715–20.

Emigh, Rebecca Jean. 2004. "[The] Transition(s) to Capitalism(s)? A Review Essay." *Comparative Studies in Society and History* 46(1): 188–98.

———. 2005. "The Great Debates: Transitions to Capitalisms." In *Remaking Modernity: Politics, History, and Sociology*, edited by Julia Adams, Elisabeth S. Clemens, and Ann Shola Orloff. Durham, N.C.: Duke University Press, 355–80.

Emirbayer, Mustafa, and Jeffrey Goodwin. 1994. "Network Analysis, Culture, and the Problem of Agency." *American Journal of Sociology* 99(6): 1411–54.

Emmer, P. C., and Femme Gaastra, eds. 1996. *The Organization of Interoceanic Trade in European Expansion, 1450–1800*. Aldershot: Variorum.

England and Wales, Sovereign (1660–1685: Charles II), and Charles. 1665. "By the King. A Proclamation for the Due Observance of the Charter and Priviledges Lately Granted to the Governour and Company of Merchants Trading to the Canaria-Islands." London: John Bill and Christopher Barker.

Erikson, Emily, and Peter Bearman. 2006. "Malfeasance and the Foundations for Global Trade: The Structure of English Trade in the East Indies, 1601–1833." *American Journal of Sociology* 112: 195–230.

Evers, Hans-Dieter. 1987. "Trade and State Formation: Siam in the Early Bangkok Period." *Modern Asian Studies* 21(4): 751–71.

Fang, Christina, Jeho Lee, and Melissa A. Schilling. 2010. "Balancing Exploration and Exploitation through Structural Design: The Isolation of Subgroups and Organizational Learning." *Organization Science* 21(3): 625–42.

Farrington, Anthony. 1999a. *Biographical Index of East India Company Maritime Service Officers, 1600–1834*. London: British Library.

———. 1999b. *Catalogue of East India Company Ships' Journals and Logs, 1600–1834*. London: British Library.

———. 2002a. "Bengkulu: An Anglo-Chinese Partnership." In *The Worlds of the East India Company*, edited by H. V. Bowen, Margarette Lincoln, and Nigel Rigby. Suffolk: Boydell Press, 111–18.

———. 2002b. *Trading Places: the East India Company and Asia, 1600–1834*. London: British Library.

Faulkner, Robert, and Andy B. Anderson. 1987. "Short-Term Projects and Emergent Careers: Evidence from Hollywood." *American Journal of Sociology* 92(4): 879–909.

Feldbæk, Ole. 1969. *India Trade under the Danish Flag 1772–1808: European Enterprise and Anglo-Indian Remittance and Trade*. Lund: University of Copenhagen.

Ferrier, R. W. 1973. "The Armenians and the East India Company in Persia in the Seventeenth and Early Eighteenth Centuries." *Economic History Review* 26(1): 38–62.

Findlay, Ronald, and Kevin O'Rourke. 2007. *Power and Plenty: Trade, War, and the World Economy in the Second Millennium*. Princeton, N.J.: Princeton University Press.

Finkelstein, Andrea. 2000. *Harmony and the Balance: An Intellectual History of Seventeenth-Century English Economic Thought*. Ann Arbor: University of Michigan Press.

Fitzgerald, Keane. 1777. *A Letter to the Directory of the East India Company*. London: T. Payne.

Fligstein, Neil. 1990. *The Transformation of Corporate Control*. Cambridge, Mass.: Harvard University Press.

———. 1996. "Markets as Politics: A Political-Cultural Approach to Market Institutions." *American Sociological Review* 61(4): 656–73.

———. 2001. *The Architecture of Markets: An Economic Sociology of Twenty-First-Century Capitalist Societies*. Princeton, N.J.: Princeton University Press.

Fligstein, Neil, and Iona Mara-Drita. 1996. "How to Make a Market: Reflections on the Attempt to Create a Single Market in the European Union." *American Journal of Sociology* 102(1): 1–33.

Foreman, John. 1890. *The Philippine Islands: A Historical, Geographical, Ethnographical, Social and Commercial Sketch of the Philippine Archipelago and Its Political Dependencies*. London: S. Low, Marston.

Foster, William, ed. 1899. *The Embassy of Sir Thomas Roe to the Court of the Great Mogul 1615–1619*. London: Hakluyt Society.

———. 1912. "An English Settlement in Madagascar in 1645–6." *English Historical Review* 27(106): 239–50.

Fourcade, Marion, and Sarah L. Babb. 2002. "The Rebirth of the Liberal Creed: Paths to Neoliberalism in Four Countries." *American Journal of Sociology* 108(3): 533–79.

Frank, Andre Gunder. 1998. *ReORIENT: Global Economy in the Asian Age*. Berkeley: University of California Press.

Freese, Jeremy. 2009. "Preferences." In *The Oxford Handbook of Analytical Sociology*, edited by Peter Hedström and Peter Bearman. Oxford: Oxford University Press, 94–114.

Fried, Vance, and Robert Hisrich. 1994. "Toward a Model of Venture Capital Investment Decision Making." *Financial Management* 23(3): 28–37.

Fryer, John. 1698. *A New Account of East-India and Persia, in Eight Letters Being Nine Years Travels Begun 1672 and Finished 1681: Containing Observations Made of the Moral, Natural and Artificial Estate of Those Countries*. London: Chiswell.

Furber, Holden. 1948. *John Company at Work: A Study of European Expansion in India in the Late Eighteenth Century*. Cambridge, Mass.: Harvard University Press.

———. 1965. *Bombay Presidency in the Mid-Eighteenth Century*. New York: Asia Pub. House.

———. 1976. *Rival Empires of Trade in the Orient, 1600–1800*. Minneapolis: University of Minnesota Press.

Furber, Holden, and Rosane Rocher. 1997. *Private Fortunes and Company Profits in the India Trade in the 18th Century*. Brookfield, Vt.: Variorum.

Gaastra, Femme S. 2003. *The Dutch East India Company: Expansion and Decline*. Zutphen: Walburg Pers.

Gambetta, Diego. 1998. "Concatenation of Mechanisms." In *Social Mechanisms: An Analytical Approach to Social Theory*, edited by Peter Hedström and Richard Swedberg. Cambridge: Cambridge University Press, 102–24.

Génaux, Maryvonne. 2002. "Early Modern Corruption in English and French Fields of Vision." In *Political Corruption: Concepts and Contexts*, 3rd ed., edited by Arnold J. Heidenheimer and Michael Johnston. New Brunswick, N.J.: Transaction, 107–22.

Gilbert, Erik. 2002. "Coastal East Africa and the Western Indian Ocean: Long-Distance Trade, Empire, Migration and Regional Unity, 1750–1970." *History Teacher* 36: 7–34.

Ginzburg, Carlo. 1992. *The Cheese and the Worms: The Cosmos of a Sixteenth-Century Miller.* Baltimore: Johns Hopkins University Press.

Glamann, Kristof. 1981. *Dutch-Asiatic Trade, 1620–1740*. Copenhagen: Martinus Nijhoff.

Go, Julian. 2011. *Patterns of Empire: The British and American Empires, 1688 to the Present*. Cambridge: Cambridge University Press.

Goldstein, Daniel G. 2009. "Heuristics." In *The Oxford Handbook of Analytical Sociology*, edited by Peter Hedström and Peter Bearman. Oxford: Oxford University Press, 140–67.

Goldstone, Jack A. 1998. "The Problem of the 'Early Modern' World." *Journal of the Economic and Social History of the Orient* 41(3): 249–84.

———. 2000. "The Rise of the West—or Not? A Revision to Socio-economic History." *Sociological Theory* 18(2): 175–94.

———. 2002. "Efflorescences and Economic Growth in World History: Rethinking the 'Rise of the West' and the Industrial Revolution." *Journal of World History* 13(2): 323–89.

———. 2003. "Europe vs. Asia: Missing Data and Misconceptions." *Science & Society* 67(2): 184–95.

Gorski, Philip S. 2003. *The Disciplinary Revolution: Calvinism and the Rise of the State in Early Modern Europe*. Chicago: University of Chicago Press.

Gotham, Kevin Fox. 2006. "The Secondary Circuit of Capitalism Reconsidered: Globalization and the U.S. Real Estate Sector." *American Journal of Sociology* 112(1): 231–75.

Gould, Roger V. 1995. *Insurgent Identities: Class, Community, and Protest in Paris from 1848 to the Commune*. Chicago: University of Chicago Press.

Granovetter, Mark. 1985. "Economic-Action and Social-Structure: The Problem of Embeddedness." *American Journal of Sociology* 91(3): 481–510.

Greenberg, Michael. 1951. *British Trade and the Opening of China, 1800–42*. Cambridge: Cambridge University Press.

Greif, Avner. 1989. "Reputation and Coalitions in Medieval Trade: Evidence on the Maghribi Traders." *Journal of Economic History* 49: 857–82.

———. 1993. "Contract Enforceability and Economic Institutions in Early Trade: The Maghribi Traders' Coalition." *American Economic Review* 83: 525–48.

———. 1994. "Cultural Beliefs and the Organization of Society: A Historical and Theoretical Reflection on Collective and Individualist Societies." *Journal of Political Economy* 102: 912–50.

———. 2006a. "Institutions, Markets, and Games." In *The Economic Sociology of Capitalism*, edited by Victor Nee and Richard Swedberg. Princeton, N.J.: Princeton University Press, ix–xxxii.

———. 2006b. *Institutions and the Path to the Modern Economy: Lessons from Medieval Trade*. Cambridge: Cambridge University Press.

Grofman, Bernard, and Janet Landa. 1983. "The Development of Trading Networks Among Spatially Separated Traders as a Process of Proto-Coalition Formation: The Kula Trade." *Social Networks* 5: 347–65.

Gross, Neil. 2009. "A Pragmatist Theory of Social Mechanisms." *American Sociological Review* 74: 358–79.

Guillén, Mauro. 2001. "Is Globalization Civilizing, Destructive or Feeble? A Critique of Five Key Debates." *Annual Review of Sociology* 27: 235–60.

Gulati, Ranjay. 1995. "Social Structure and Alliance Formation: A Longitudinal Analysis." *Administrative Science Quarterly* 40: 619–52.

———. 1998. "Alliances and Networks." *Strategic Management Journal* 19(4): 293–317.

Halliday, Terence C., and Bruce G. Carruthers. 2007. "The Recursivity of Law: Global Norm Making and National Lawmaking in the Globalization of Corporate Insolvency Regimes." *American Journal of Sociology* 112(4): 1135–202.

Hamilton, Alexander, and William Foster. [1732] 1930. *A New Account of the East Indies*. London: Argonaut Press.

Hansard, T. C. 1812. *The Parliamentary Debates*. Hansard.

Harris, Ron. 2009. "The Institutional Dynamics of Early Modern Eurasian Trade: The *Commenda* and the Corporation." *Journal of Economic Behavior and Organization* 71(3): 606–22.

Hedström, Peter. 1998. "Rational Imitation." In *Social Mechanisms: An Analytical Approach to Social Theory*, edited by Peter Hedström and Richard Swedberg. Cambridge: Cambridge University Press, 306–27.

———. 2005. *Dissecting the Social: On the Principles of Analytical Sociology*. Cambridge: Cambridge University Press.

Hedström, Peter, and Peter Bearman, eds. 2009. *The Oxford Handbook of Analytical Sociology*. Oxford: Oxford University Press.

Hedström, Peter, and Richard Swedberg, eds. 1998. *Social Mechanisms: An Analytical Approach to Social Theory*. Cambridge: Cambridge University Press.

Hejeebu, Santhi. 2005. "Contract Enforcement in the English East India Company." *Journal of Economic History* 65(2): 496–523.

Herbert, William, and Samuel Dunn. 1791. *A New Directory for the East-Indies: Containing, I. The First Discoveries Made in the East-Indies by European Voyagers VI. Directions for Sailing to and from the East-IndiesThe Whole Being a Work Originally Begun upon the Plan of the Oriental Neptune, Augmented and Improved by Mr. Will. Herbert, Mr. Will. Nichelson, and Others; and Now Methodised, Corrected, and Further Enlarged*. 6th ed. London: Gilbert and Wright.

Hertz, Gerald B. 1907. "England and the Ostend Company." *English Historical Review* 22(86): 255–79.

Hill, S. C. 1905. *Bengal in 1756–1757*. London: J. Murray.

Hirschman, Albert O. 1997. *The Passions and the Interests: Political Arguments for Capitalism Before Its Triumph*. Princeton, N.J.: Princeton University Press.

Hodacs, Hanna. 2013. "The Scandinavian East India Companies: Company and Private Trade." Unpublished manuscript.

Horsburgh, James. 1841. *The India Directory, or, Directions for Sailing to and from the East Indies, China, Australia, and the Interjacent Ports of Africa and South America*. London: W.H. Allen.

Hunt, Margaret H. 1996. *The Middling Sort: Commerce, Gender, and the Family in England, 1680–1780*. Berkeley: University of California Press.
Irwin, Douglas A. 1991. "Mercantilism as Strategic Trade Policy: The Anglo-Dutch Rivalry for the East India Trade." *Journal of Political Economy* 99: 1296–1314.
———. 1992. "Strategic Trade Policy and Mercantilist Trade Rivalries." *American Economic Review* 82(2): 134–39.
Israel, Jonathan I. 1998. *The Dutch Republic: Its Rise, Greatness and Fall, 1477–1806*. Oxford: Clarendon.
Jackson, R. V. 1990. "Government Expenditure and British Economic Growth in the Eighteenth Century: Some Problems of Measurement." *Economic History Review* 43(2): 217–35.
Johnson, E.A.J. 1937. *Predecessors of Adam Smith: The Growth of British Economic Thought*. New York: Prentice Hall.
Jones, E. L. 1988. *Growth Recurring: Economic Change in World History*. Oxford: Clarendon.
———. 2003. *The European Miracle: Environments, Economies, and Geopolitics in the History of Europe and Asia*. Cambridge: Cambridge University Press.
Jones, S.R.H., and Simon P. Ville. 1996a. "Efficient Transactors or Rent-Seeking Monopolists? The Rationale for Early Chartered Trading Companies." *Journal of Economic History* 56: 898–915.
———. 1996b. "Theory and Evidence: Understanding Chartered Trading Companies." *Journal of Economic History* 56: 925–26.
Kathirithamby-Wells, J. 1969. "Achehnese Control over West Sumatra up to the Treaty of Painan, 1663." *Journal of Southeast Asian History* 10(3): 453–79.
———. 1977. *The British West Sumatran Presidency, 1760–1785: Problems of Early Colonial Enterprise*. Kuala Lumpur: Penerbit Universiti Malaya.
———. 1986. "The Islamic City: Melaka to Jogjakarta, c. 1500–1800." *Modern Asian Studies* 20(2): 333–51.
———. 1990. "Banten: A West Indonesian Port and Polity during the Sixteenth and Seventeenth Century." In *The Southeast Asian Port and Polity: Rise and Demise*, edited by J. Kathirithamby-Wells and John Villiers. Singapore: Singapore University Press, 107–25.
Kathirithamby-Wells, J., and John Villiers. 1990. *The Southeast Asian Port and Polity: Rise and Demise*. Singapore: Singapore University Press.
Kent, R. K. 1968. "Madagascar and Africa: II. The Sakalava, Maroserana, Dady and Tromba before 1700." *Journal of African History* 9: 517–46.
Khan, Shafaat Ahmad. 1975. *The East India Trade in the XVIIth Century in Its Political and Economic Aspects*. New Delhi: S. Chand.
Kieser, Alfred. 1989. "Organizational, Institutional, and Societal Evolution: Medieval Craft Guilds and the Genesis of Formal Organizations." *Administrative Science Quarterly* 34(4): 540–64.
Kim, Sangmoon and Eui-Hang Shin. 2002. "A Longitudinal Analysis of Globalization and Regionalization in International Trade: A Social Network Approach." *Social Forces* 81(2): 445–71.

Kling, Blair B., M. N. Pearson, and Holden Furber. 1979. *The Age of Partnership: Europeans in Asia before Dominion*. Honolulu: University of Hawaii Press.

Knaap, Gerrit. 2003. "Headhunting, Carnage and Armed Peace in Amboina, 1500–1700." *Journal of the Economic and Social History of the Orient* 46(2): 165–92.

Knight, Jack and Itai Sened, eds. 1995. "Introduction." In *Explaining Social Institutions*, edited by Jack Knight and Itai Sened. Ann Arbor: University of Michigan Press, 1–14.

Koninckx, Christian. 1980. *The First and Second Charters of the Swedish East India Company (1731–1756): A Contribution to the Maritime, Economic, and Social History of North-western Europe in Its Relationships with the Far East*. Kortrijk, Belgium: Van Ghemmert.

Körner, Martin. 1995. "Public Credit." In *Economic Systems and State Finance*, edited by Richard Bonney. Oxford: Oxford University Press, 507–32.

Krippner, Greta R. 2011. *Capitalizing on Crisis: The Political Origins of the Rise of Finance*. Cambridge, Mass.: Harvard University Press.

Krishna, Bal. 1924. *Commercial Relations between India and England (1601 to 1757)*. London: Routledge.

Lach, Donald F., and Edwin J. Van Kley. 1965. *Asia in the Making of Europe*. Chicago: University of Chicago Press.

Lachmann, Richard. 2000. *Capitalists in Spite of Themselves: Elite Conflict and Economic Transitions in Early Modern Europe*. New York: Oxford University Press.

Lahiri, Shompa. 2002. "Contested Relations: The East India Company and Lascars in London." In *The Worlds of the East India Company*, edited by H. V. Bowen, Margarette Lincoln, and Nigel Rigby. Suffolk: Boydell Press, 169–81.

Landa, Janet. 1981. "A Theory of the Ethnically Homogeneous Middleman Group: An Institutional Alternative to Contract Law." *Journal of Legal Studies* 10(2): 349–62.

Lane, Frederic Chapin. 1966. *Venice and History*. Baltimore: Johns Hopkins University Press.

———. 1979. *Profits from Power: Readings in Protection Rent and Violence-Controlling Enterprises*. Albany: State University of New York Press.

Lawson, Philip. 1993. *The East India Company: A History*. London: Longman.

Lazarsfeld, Paul, and Robert K. Merton. 1954. "Friendship as a Social Process: A Substantive and Methodological Analysis." In *Freedom and Control in Modern Society*, edited by Morroe Berger, Theodore Abel, and Charles H. Page. New York: Van Nostrand, 18–66.

Lemire, Beverly. 2011. "Revising the Historical Narrative: India, Europe, and the Cotton Trade, c. 1300–1800." *The Spinning World: A Global History of Cotton Textiles, 1200–1850*, edited by Giorgio Riello and Prasannan Parthasarathi. New York, Oxford: Oxford University Press, 205–26.

Letwin, William, Josiah Child, and Thomas Culpeper. 1959. *Sir Josiah Child, Merchant Economist*. Boston: Baker Library.

Levitt, Barbara, and James G. March. 1988. "Organizational Learning." *Annual Review of Sociology* 14: 319–40.

Levy, Jack S. 1989. "Great Power Wars, 1495–1815" [Computer file]. New Brunswick, N.J.: Jack S. Levy and T. Clifton Morgan [producers], 1989. Ann Arbor, Mich.: Inter-university Consortium for Political and Social Research [distributor], 1994.

Lieberman, Victor. 1997. "Transcending East-West Dichotomies: State and Culture Formation in Six Ostensibly Disparate Areas." *Modern Asian Studies* 31(3): 463–546.

Little, Daniel. 2012. "Analytical Sociology and the Rest of Sociology." *Sociologica* 1. http://www.sociologica.mulino.it/doi/10.2383/36894.

Lombard, Denys. 1981. "Questions on the Contact between European Companies and Asian Societies." In *Companies and Trade: Essays on Overseas Trading Companies during the Ancien Régime*, edited by Léonard Blussé and F. S. Gaastra. Leiden: Leiden University Press, 179–87.

Loten, Joan Gideon. 1935. *Selections from the Dutch Records of the Ceylon Government: Memoirs of Joan Gideon Loten*. Translated by E. Reimers. Colombo: Ceylon Government Press.

Luhmann, Niklas. 1995. *Social Systems*. Stanford, Calif.: Stanford University Press.

MacDougall, G.D.A. 1960. "The Benefits and Costs of Private Investment from Abroad: A Theoretical Approach." *Bulletin of the Oxford University Institute of Economics & Statistics* 22(3): 189–211.

Machamer, Peter, Lindley Darden, and Carl F. Craver. 2000. "Thinking about Mechanisms." *Philosophy of Science* 67(1): 1–25.

MacKenzie, Donald A., Fabian Muniesa, and Lucia Siu. 2007. *Do Economists Make Markets? On the Performativity of Economics*. Princeton, N.J.: Princeton University Press.

MacLeod, Christine. 1983. "Henry Martin and the Authorship of 'Considerations upon the East India Trade.'" *Historical Research* 56(134): 222–29.

Mahoney, James. 2010. *Colonialism and Postcolonial Development*. Cambridge: Cambridge University Press.

Malinowski, Bronislaw. 1984. *Argonauts of the Western Pacific: An Account of Native Enterprise and Adventure in the Archipelagoes of Melanisian New Guinea*. Prospect Heights, Ill.: Waveland.

Maneschi, Andrea. 2002. "The Tercentenary of Henry Martyn's Considerations upon the East-India Trade." *Journal of the History of Economic Thought* 24(2): 233–49.

Mann, Michael. 1986. *The Sources of Social Power*. Vol. 1. Cambridge: Cambridge University Press.

———. 1993. *The Sources of Social Power*. Vol. 2. Cambridge: Cambridge University Press.

Manning, Catherine. 1996. *Fortunes à Faire: The French in Asian Trade, 1719–48*. Aldershot: Variorum.

Manzo, Gianluca. 2010. "Analytical Sociology and Its Critics." *European Journal of Sociology*, 51(1): 129–70.

March, James. 1991. "Exploration and Exploitation in Organizational Learning." *Organization Science* 2: 71–87.

Marco, Pilar Nogués, and Camila Vam Malle-Sabouret. 2007. "East India Bonds, 1718–1763: Early Exotic Derivatives and London Market Efficiency." *European Review of Economic History* 11(3): 367–94.

Marshall, P. J. 1965. *The Impeachment of Warren Hastings*. Oxford: Oxford University Press.

———. 1976. *East Indian Fortunes: The British in Bengal in the Eighteenth Century*. Oxford: Clarendon.

———. 1987. *Bengal: The British Bridgehead: Eastern India, 1740–1828*. Cambridge: Cambridge University Press.

———. 1993. *Trade and Conquest: Studies on the Rise of British Dominance in India*. Aldershot: Variorum.

Martin, John Levi. 2011. *The Explanation of Social Action*. New York: Oxford University Press.

Marx, Karl, and Shlomo Avineri. 1969. *Karl Marx on Colonialism and Modernization; His Despatches and Other Writings on China, India, Mexico, the Middle East and North Africa*. Garden City, N.Y.: Doubleday.

Mathew, K. M. 1988. *History of the Portuguese Navigation in India, 1497–1600*. Delhi: Mittal.

McGilvary, George K. 2008. *East India Patronage and the British State: The Scottish Elite and Politics in the Eighteenth Century*. London: Tauris Academic Studies.

McGrath, Charles Ivar, and Chris Fauske, eds. 2008. *Money, Power, and Print: Interdisciplinary Studies on the Financial Revolution in the British Isles*. Newark: University of Delaware Press.

McLean, Paul D. 2007. *The Art of the Network: Strategic Interaction and Patronage in Renaissance Florence*. Durham, N.C. Duke University Press.

McPherson, Kenneth. 1990. "Chulias and Klings: Indigenous Trade Diasporas and European Penetration of the Indian Ocean Littoral." In *Trade and Politics in the Indian Ocean*, edited by Giorgio Borsa. New Delhi: Manohar Press, 33–46.

McPherson, M., L. Smith-Lovin, and J. Cook. 2001. "Birds of a Feather: Homophily in Social Networks." *Annual Review of Sociology* 27: 415–44.

Menard, R. 1991. "Transport Costs and Long-Range Trade, 1300–1800: Was There a European 'Transport Revolution' in the Early Modern Era?" In *Political Economy of Merchant Empires*, edited by James D. Tracy. Cambridge: Cambridge University Press, 228–75.

Mentz, Søren. 2005. *The English Gentleman Merchant at Work*. Copenhagen: Museum of Tusculanum Press.

Midlarsky, Manus I., and Kun Y. Park. 1991. "Major-Minor Power Wars, 1495–1815" [Computer file]. Champaign-Urbana, Ill.: Data Development in International Research [producer], 1991. Ann Arbor, Mich.: Inter-university Consortium for Political and Social Research [distributor], 1994.

Milburn, William. 1813. *Oriental Commerce; Containing a Geographical Description of the Principal Places in the East Indies, China, and Japan, with Their Produce, Manufactures, and Trade*. London: Black Parry.
Milburn, William, and Thomas Thornton. 1825. *Oriental Commerce, or, The East India Trader's Complete Guide Containing a Geographical and Nautical Description of the Maritime Parts of India, China, Japan, and Neighbouring Countrieswith an Account of Their Respective Commerce*. London: Kingsbury Parbury and Allen.
Mische, Ann. 2008. *Partisan Publics: Communication and Contention across Brazilian Youth Activist Networks*. Princeton, N.J.: Princeton University Press.
Mishra, Rupali. 2010. "Merchants, Commerce, and the State: The East India Company in Early Stuart England." Ph.D. diss., Princeton University.
Misselden, Edward. 1622. *Free Trade, or, The Meanes to Make Trade Florish. Wherein, the Causes of the Decay of Trade in This Kingdome Are Discouered and the Remedies Also to Remooue the Same Are Represented*. London: John Legatt for Simon Waterson.
———. 1623. *The Circle of Commerce. Or the Ballance of Trade in Defence of Free Trade: Opposed to Malynes Little Fish and His Great Whale, and Poized Against Them in the Scale. Wherein Also, Exchanges in Generall Are Considered: and Therein the Whole Trade of This Kingdome with Forraine Countries, Is Digested into a Ballance of Trade, for the Benefite of the Publique. Necessary for the Present and Future Times*. London: Iohn Dawson, for Nicholas Bourne.
Modelski, George, and William R. Thompson. 1988. *Seapower in Global Politics, 1494–1993*. Hampshire: Macmillan.
Mokyr, Joel. 1999. "Editor's Introduction: The New Economic History and the Industrial Revolution." In *The British Industrial Revolution: An Economic Perspective*, edited by Joel Mokyr. Boulder, Colo.: Westview, 1–127.
———. 2003. "Industrial Revolution." In *The Oxford Encyclopedia of Economic History*. Oxford: Oxford University Press. http://www.oxford-economichistory.com/entry?entry=t168.e0369.
Moody, James. 2004. "The Structure of a Social Science Collaboration Network: Disciplinary Cohesion from 1963 to 1999." *American Sociological Review* 68: 213–38.
Moody, James, and Douglas R. White. 2003. "Social Cohesion and Embeddedness: A Hierarchical Conception of Social Groups." *American Sociological Review* 68: 103–27.
Moreland, W. H. 1923. *From Akbar to Aurangzeb: A Study in Indian Economic History*. London: Macmillan.
Morse, Hosea Ballou. 1926. *The Chronicles of the East India Company, Trading to China 1635–1834*. Oxford: Clarendon.
Mortimer, Thomas. [1772] 1780. *The Elements of Commerce, Politics and Finances, in Three Treatises on Those Important Subjects*. London: Baldwin.
Muchmore, Lynn. 1970. "A Note of Thomas Mun's 'England's Treasure by Forraign Trade.'" *Economic History Review*, New Series 23(3): 498–503.
Mukund, Kanakalatha. 1999. *The Trading World of the Tamil Merchant*. Himayatnagar: Orient Longman.

———. 2005. *The View from Below: Indigenous Society Temples and the Early Colonial State in Tamilnadu, 1700–1835*. Himayatnagar: Orient Longman.

Neal, Larry. 1977. "Interpreting Power and Profit in Economic History: A Case Study of the Seven Years War." *Journal of Economic History* 37(1): 20–35.

———. 1990. "The Dutch and English East India Companies Compared: Evidence from the Stock and Foreign Exchange Markets." In *The Rise of Merchant Empires: Long-Distance Trade in the Early Modern World, 1350–1750*, edited by James D. Tracy. Cambridge: Cambridge University Press, 195–223.

Nierstrasz, Chris. 2012. *In the Shadow of the Company: The Dutch East India Company and its Servants in the Period of its Decline, 1740–1796*. Leiden: Brill.

Nightingale, Carl H. 2008. "Before Race Mattered: Geographies of the Color Line in Early Colonial Madras and New York." *American Historical Review* 113(1): 48–71.

Nightingale, Pamela. 1985. *Fortune and Integrity: A Study of the Moral Attitudes in the Indian Diary of George Paterson*. Delhi: Oxford University Press.

Nordenflycht, Andrew von. 2002. "The Theory of the Firm Meets the 17th Century: The Case of the Chartered Trading Companies." Working paper, MIT.

North, Douglass C. 1973. *The Rise of the Western World: A New Economic History*. Cambridge: Cambridge University Press.

———. 1981. *Structure and Change in Economic History*. New York: Norton.

———. 1990. *Institutions, Institutional Change, and Economic Performance*. Cambridge: Cambridge University Press.

North, Douglass C., and Robert Paul Thomas. 1973. *The Rise of the Western World: A New Economic History*. Cambridge: Cambridge University Press.

North, Douglass C., John Joseph Wallis, and Barry R. Weingast. 2009. *Violence and Social Orders: A Conceptual Framework for Interpreting Recorded Human History*. Cambridge: Cambridge University Press.

North, Douglass C., and Barry R. Weingast. 1989. "Constitutions and Commitment: The Evolution of Institutions Governing Public Choice in Seventeenth-Century England." *Journal of Economic History* 49(4): 803–32.

Nutting, P. Bradley. 1978. "The Madagascar Connection." *American Journal of Legal History* 22(3): 202–15.

O'Brien, Patrick. 1982. "European Economic Development: The Contribution of the Periphery." *Economic History Review* 35(1): 1–18.

———. 2000. "The Reconstruction, Rehabilitation and Reconfiguration of the British Industrial Revolution as a Conjuncture in Global History." *Itinerario* 24(3–4): 117–34.

O'Brien, Patrick, Trevor Griffiths, and Philip Hunt. 1991. "Political Components of the Industrial Revolution: Parliament and the English Cotton Textile Industry, 1660–1774." *Economic History Review* 44(3): 395–423.

O'Brien, Patrick, and Philip A. Hunt. 1999. "England, 1485–1815." In *The Rise of the Fiscal State in Europe, c.1200–1815*, edited by Richard Bonney. Oxford: Oxford University Press, 53–100.

Ogborn, Miles. 2007. *Indian Ink: Script and Print in the Making of the English East India Company*, Chicago: University of Chicago Press.
Ogilvie, Sheilagh. 2011. *Institutions and European Trade: Merchants Guilds, 1000–1800*. Cambridge: Cambridge University Press.
O'Reilly, C. A., and M. Tushman. 2004. "The Ambidextrous Organization." *Harvard Business Review* 82(2): 74–81.
O'Rourke, Kevin H., and Jeffrey G. Williamson. 2002. "After Columbus: Explaining Europe's Overseas Trade Boom, 1500–1800." *Journal of Economic History* 62(2): 417–56.
———. 2005. "From Malthus to Ohlin: Trade, Industrialisation and Distribution since 1500." *Journal of Economic Growth* 10(1): 5–34.
Ovington, John. [1689] 1976. *India in the Seventeenth Century, Being an Account of the Two Voyages to India by Ovington and Thevenot, to Which Is Added the Indian Travels of Careri*. Edited by J. P. Guha. New Delhi: Associated Pub. House.
Pachucki, Mark, and Ronald Breiger. 2010. "Cultural Holes: Beyond Relationality in Social Networks and Culture." *Annual Review of Sociology* 36: 205–24.
Padgett, John F., and Christopher K. Ansell. 1993. "Robust Action and the Rise of the Medici, 1400–1434." *American Journal of Sociology* 98(6): 1259–319.
Padgett, John F., and Paul McLean. 2006. "Organizational Invention and Elite Transformation: The Birth of Partnership Systems in Renaissance Florence." *American Journal of Sociology* 111(5): 1463–568.
Padgett, John F., and Walter W. Powell. 2012. *The Emergence of Organizations and Markets*. Princeton, N.J.: Princeton University Press.
Parker, Geoffrey. 1991. "Europe and the Wider World." In *Political Economy of Merchant Empires*, edited by James D. Tracy. Cambridge: Cambridge University Press, 161–95.
Parthasarathi, Prasannan. 2001. *The Transition to a Colonial Economy: Weavers, Merchants and Kings in South India, 1720–1800*. Cambridge: Cambridge University Press.
Parthesius, Robert. 2010. *Dutch Ships in Tropical Waters: The Development of the Dutch East India Company (VOC) Shipping Network in Asia 1595–1660*. Amsterdam: Amsterdam University Press.
Pearson, M. N. 1987. *The Portuguese in India*. Cambridge: Cambridge University Press.
———. 1988a. *Before Colonialism: Theories on Asian-European Relations, 1500–1750*. Delhi: Oxford University Press.
———. 1988b. "Brokers in Western Indian Port Cities: Their Role in Servicing Foreign Merchants." *Modern Asian Studies* 22: 455–72.
———. 1996. "The People and the Politics of Portuguese India during the Early Sixteenth and Seventeenth Centuries." In *The Organization of Interoceanic Trade in European Expansion, 1450–1800*, edited by P. C. Emmer and Femme Gaastra. Aldershot: Variorum, 25–29.

Perlin, Frank. 1983. "Proto-industrialization and Pre-colonial South Asia." *Past & Present* 98: 30–95.

Petersen, Trond. 2009. "Opportunities." In *The Oxford Handbook of Analytical Sociology*, edited by Peter Hedström and Peter Bearman. Oxford: Oxford University Press, 115–39.

Philips, C. H. 1937. "The East India Company 'Interest' and the English Government, 1783–4." *Transactions of the Royal Historical Society* 20: 83–101.

———. 1940. "The New East India Board and the Court of Directors, 1784." *English Historical Review* 55(219): 438–46.

———. 1951. *The Correspondence of David Scott, Director and Chairman of the East India Company Relating to Indian Affairs, 1787–1805, Vol. 1*. London: Offices of the Royal Historical Society.

Pieris, P. E., and R. B. Naish. 1920. *Ceylon and the Portuguese, 1505–1658*. Tellippalai: American Ceylon Mission Press.

Pincus, Steven C. A. 1992. "Popery, Trade and Universal Monarchy: The Ideological Context of the Outbreak of the Second Anglo-Dutch War." *English Historical Review* 107(422): 1–29.

———. 1995. "'Coffee Politicians Does Create': Coffeehouses and Restoration Political Culture." *Journal of Modern History* 67(4): 807–34.

Pires, Tome. 1944. *The Suma Oriental of Tome Pires: An Account of the East, from the Red Sea to Japan, Written in Malacca and India in 1512–1515*. London: Hakluyt Society.

Plane, David A., and Peter A. Rogerson. 1994. *The Geographical Analysis of Population with Applications to Planning and Business*. New York: John Wiley.

Platt, Virginia Bever. 1969. "The East India Company and the Madagascar Slave Trade." *William and Mary Quarterly* 26: 548–77.

Polanyi, Karl. 2001. *The Great Transformation: The Political and Economic Origins of Our Time*. Boston: Beacon.

Pomeranz, Kenneth. 2000. *The Great Divergence: China, Europe, and the Making of the Modern World Economy*. Princeton, N.J.: Princeton University Press.

Pond, Shepard. 1941. "The Spanish Dollar: The World's Most Famous Coin." *Bulletin of the Business Historical Society* 15(1): 12–16.

Powell, Walter W. 1990. "Neither Market nor Hierarchy: Network Forms of Organization." *Research in Organizational Behavior* 12: 295–336.

Powell, Walter, Kenneth W. Koput, and Laurel Smith-Doerr. 1996. "Interorganizational Collaboration and the Locus of Innovation: Networks of Learning in Biotechnology." *Administrative Science Quarterly* 41: 116–45.

Prakash, Om. 1976. "Bullion for Goods: International Trade and the Economy of Early Eighteenth Century Bengal." *Indian Economic and Social History Review* 13(2): 159–86.

———. 1979. "Asian Trade and European Impact." In *The Age of Partnership: Europeans in Asia before Dominion*, edited by Blair B. Kling, M. N. Pearson, and Holden Furber. Honolulu: University of Hawaii Press, 43–70.

———. 1985. *The Dutch East India Company and the Economy of Bengal, 1630–1720*. Princeton, N.J.: Princeton University Press.
———. 1991. "European and Asian Merchants in Asian Maritime Trade, 1500–1800: Some Issues of Methodology and Evidence." *Revista de Cultura* 13/14: 131–39.
———. 1994a. "The European Factories in India: A Blessing or a Curse?" In *International Conference on Shipping, Factories, and Colonization*, edited by Everaert J. Parementier. Brussels: Wetenschappelijk Comité voor Maritieme Geschiedenis Koninklijke Academie, 14–20.
———. 1994b. *Precious Metals and Commerce: The Dutch East India Company in the Indian Ocean Trade*. Aldershot: Variorum.
———. 1997. *European Commercial Expansion in Early Modern Asia*. Aldershot: Variorum.
———. 2002. "The English East India Company and India." In *The Worlds of the East India Company*, edited by H. V. Bowen, Margarette Lincoln, and Nigel Rigby. Suffolk: Boydell Press, 1–17.
———. 2005. "The Great Divergence: Evidence from Eighteenth Century India." Paper presented at the Seventh GEHN Conference at Istanbul, September 11–12.
Price, Jacob M. 1989. "What Did Merchants Do? Reflections on British Overseas Trade, 1660–1790." *Journal of Economic History* 49(2): 267–84.
Pritchard, Earl Hampton. 1930. *Anglo-Chinese Relations during the Seventeenth and Eighteenth Centuries*. Urbana: University of Illinois.
———. 1970. *The Crucial Years of Early Anglo-Chinese Relations, 1750–1800*. New York: Octagon Books.
Raub, Werner, and Jeroen Weesie. 1990. "Reputation and Efficiency in Social Interactions: An Example of Network Effects." *American Journal of Sociology* 96(3): 626–54.
Rauch, James E. 1999. "Networks versus Markets in International Trade." *Journal of International Economics* 48(1): 7–35.
Reed, Isaac Ariail. 2012. "Analytical Sociology: Appreciation and Ambivalence." *Sociologica* 1. http://www.sociologica.mulino.it/journal/article/index/Article/Journal:RWARTICLE:36901/Item/Journal:RWARTICLE:36901.
Reid, Anthony. 1993. *Southeast Asia in the Early Modern Era: Trade, Power, and Belief*. Ithaca, N.Y.: Cornell University Press.
Ricklefs, M. C. 1974. *Jogjakarta under Sultan Mangkubumi, 1749–1792: A History of the Division of Java*. Oxford: Oxford University Press.
Roberts, P. E. 1938. *History of British India under the Company and the Crown*. Oxford: Clarendon.
Rodger, Nicholas A. M. 2004. *The Command of the Ocean: A Naval History of Britain, 1649–1815*. London: Allen Lane.
Rolfe, Meredith. 2009. "Conditional Choice." In *The Oxford Handbook of Analytical Sociology*, edited by Peter Hedström and Peter Bearman. Oxford: Oxford University Press, 419–46.

Roover, Raymond de. 1951. "Monopoly Theory Prior to Adam Smith: A Revision." *Quarterly Journal of Economics* 4: 492–524.

Roy, Tirthankar. 2010. "Economic Conditions in Early Modern Bengal: A Contribution to the Divergence Debate." *Journal of Economic History* 70(1): 179–94.

Rydgren, Jens. 2009. "Beliefs." In *The Oxford Handbook of Analytical Sociology*, edited by Peter Hedström and Peter Bearman. Oxford: Oxford University Press, 72–93.

Sainsbury, Ethel Bruce. 1922. *A Calendar of the Court Minutes of the East India Company, 1660–1663*. Oxford: Clarendon.

———. 1925. *A Calendar of the Court Minutes of the East India Company, 1664–1667*. Oxford: Clarendon.

———. 1929. *A Calendar of the Court Minutes of the East India Company, 1668–1670*. Oxford: Clarendon.

———. 1932. *A Calendar of the Court Minutes of the East India Company, 1671–1673*. Oxford: Clarendon.

Sassen, Saskia. 1991. *The Global City: New York, London, Tokyo*. Princeton, N.J.: Princeton University Press.

Sawyer, Keith. 2011. "Conversation as Mechanism: Emergence in Creative Groups." In *Analytical Sociology and Social Mechanisms*, edited by Pierre Demeulenaere. Cambridge: Cambridge University Press, 78–98.

Saxe, Elizabeth Lee. 1979. "Fortune's Tangled Web: Trading Networks of English Entrepreneurs in Eastern India, 1657–1717." Ph.D. diss., Yale University.

Scammel, G. V. 1988. "The Pillars of Empire: Indigenous Assistance and the Survival of the 'Estado da India' c. 1600–1700." *Modern Asian Studies* 22(3): 473–89.

Schieffelin, Edward. 1981. "Evangelical Rhetoric and the Transformation of Traditional Culture in Papua New Guinea." *Comparative Studies in Society and History* 23(1): 150–56.

Schrikker. Alicia. 2007. *Dutch and British Colonial Intervention in Sri Lanka, 1780–1815: Expansion and Reform*. Vol. 7. Leiden: Brill.

Scott, James. 1972. *Comparative Political Corruption*. Englewood Cliffs, NJ: Prentice Hall.

Scott, William Robert. 1910. *The Constitution and Finance of English, Scottish and Irish Joint-Stock Companies to 1720*. Cambridge: Cambridge University Press.

Semmel, Bernard. 1970. *The Rise of Free Trade Imperialism: Classical Political Economy, the Empire of Free Trade and Imperialism 1750–1850*. Cambridge: Cambridge University Press.

Sennett, Richard. 1998. *The Corrosion of Character: The Personal Consequences of Work in the New Capitalism*. New York: Norton.

Sewell, William H., Jr. 2012. "The Irreducibility of Cultural Structures." *Sociologica* 1. http://www.sociologica.mulino.it/journal/article/index/Article/Journal:ARTICLE:540/Item/Journal:ARTICLE:540.

Sharma, Yogev. 1998. "A Life of Many Parts: Kasi Viranna—A Seventeenth Century South Indian Merchant Magnate." *Medieval History Journal* 1(2): 261–90.

Sheriff, Abdul. 1987. *Slaves, Spices & Ivory in Zanzibar: Integration of an East African Commercial Empire into the World Economy, 1770–1873*. London: Ohio University Press.

Sherman, Arnold A. 1976. "Pressure from Leadenhall: The East India Company Lobby, 1660–1678." *Business History Review* 50(3): 329–55.

Silva, Chandra Richard de. 1974. "The Portuguese East India Company 1628–1633." *Luso-Brazilian Review* 11(2): 152–205.

Silver, Morris. 1983. "Karl Polanyi and Markets in the Ancient Near East: The Challenge of the Evidence." *Journal of Economic History*43(4): 795–829.

Simmel, Georg. 1971. *On Individuality and Social Forms: Selected Writings*. Edited by Donald N. Levine. Chicago: University of Chicago Press.

Simon, Herbert. 1997. *Administrative Behavior*. New York: Free Press.

Sinha, Arvind. 2002. *The Politics of Trade, Anglo-French Commerce on the Coromandel Coast, 1763–1793*. New Delhi: Manohar.

Smith, Adam. [1776] 1999. *The Wealth of Nations*. New York: Penguin.

Smith, David, and Douglas R. White. 1992. "Structure and Dynamics of the Global Economy: Network Analysis of International Trade 1965–1980." *Social Forces* 70(4): 857–93.

Sood, Gagan D. S. 2007. "'Correspondence Is Equal to Half a Meeting': The Composition and Comprehension of Letters in Eighteenth-century Islamic Eurasia." *Journal of the Economic and Social History of the Orient* 50: 172–214.

Sorenson, Olav. 2003. "Social Networks and Industrial Geography." *Journal of Evolutionary Economics*, 13: 513–27.

Sperber, Dan. 2011. "A Naturalistic Ontology for Mechanistic Explanations in the Social Sciences." In *Analytical Sociology and Social Mechanisms*, edited by Pierre Demeulenaere. Cambridge: Cambridge University Press, 64–77.

Stasavage, David. 2003. *Public Debt and the Birth of the Democratic State: France and Great Britain, 1688–1789*. Cambridge: Cambridge University Press.

———. 2011. *States of Credit: Size, Power, and the Development of European Polities*. Princeton, N.J.: Princeton University Press.

Staunton, George Leonhard. 1797. *An Authentic Account of an Embassy from the King of Great Britain to the Emperor of China*. London: G. Nicol.

Steensgaard, Niels. 1974. *The Asian Trade Revolution of the Seventeenth Century: The East India Companies and the Decline of the Caravan Trade*. Chicago: University of Chicago Press.

———. 1981. "The Companies as a Specific Institution in the History of European Expansion." In *Companies and Trade: Essays on Overseas Trading Companies during the Ancien Régime*, edited by Léonard Blussé and F. S. Gaastra. Leiden: Leiden University Press, 245–64.

———. 1987. "The Indian Ocean Network and the Emerging World-Economy, c. 1500–1750." In *The Indian Ocean: Explorations in History, Commerce, and Politics*, edited by Satish Chandra. New Delhi: Sage, 125–50.

———. 1990. "The Growth and Composition of the Long-Distance Trade of England and the Dutch Republic before 1750." In *The Rise of Merchant Empires:*

Long-Distance Trade in the Early Modern World, 1350–1750, edited by James D. Tracey. Cambridge: Cambridge University Press, 102–52.

———. 1996. "The Dutch East India Company as an Institutional Innovation." In *The Organization of Interoceanic Trade in European Expansion, 1450–1800*, edited by P. C. Emmer and Femme Gaastra. Aldershot: Variorum, 133–55.

Stein, Burton. 1990. "A Decade of Historical Efflorescence." *South Asia Research* 10(2): 125–38.

Stern, Philip J. 2011. *The Company-State: Corporate Sovereignty and the Early Modern Foundations of the British Empire in India*. Oxford: Oxford University Press.

Steuart, James. [1966] 1759. *Inquiry into the Principles of Political Economy*. Edinburgh: Oliver & Boyd.

Stevens, Robert. 1775. *The New and Complete Guide to the East-India Trade Containing a Table of East-India Interest, Tables to Reduce Rupees into Sterling, Tables of Bombay MaundsBy the Late Mr. Robert Stevens*. London: D. Steel, S. Bladon, and S. Hooper.

Stinchcombe, Arthur L. 1995. *Sugar Island Slavery in the Age of Enlightenment: The Political Economy of the Caribbean World*. Princeton, N.J.: Princeton University Press.

Strathern, Andrew. 1971. *The Rope of Moka: Big-men and Ceremonial Exchange in Mount Hagen, New Guinea*. Cambridge: Cambridge University Press.

Studer, Roman. 2008. "India and the Great Divergence: Assessing the Efficiency of Grain Markets in Eighteenth- and Nineteenth-Century India." *Journal of Economic History* 68(2): 393–437.

Subrahmanyam, Sanjay. 1988. "Asian Trade and European Affluence? Coromandel, 1650–1740." *Modern Asian Studies* 22(1): 179–88.

———. 1990a. *The Political Economy of Commerce: Southern India, 1500–1650*. Cambridge: Cambridge University Press.

———. 1990b. "Rural Industry and Commercial Agriculture in Late Seventeenth-Century South-Eastern India." *Past & Present* 126: 76–114.

———. 1995. "Of Imarat and Tijarat: Asian Merchants and State Power in the Western Indian Ocean, 1400 to 1750." *Comparative Studies in Society and History* 37(4): 750–80.

Subramanian, Lakshmi. 1987. "Banias and the British: The Role of Indigenous Credit in the Process of Imperial Expansion in Western India in the Second Half of the Eighteenth Century." *Modern Asian Studies* 21(3): 473–510.

———, ed. 1999. *The French East India Company and the Trade of the Indian Ocean: A Collection of Essays by Indrani Ray*. Calcutta: Munshiram Manoharlal.

Supple, Barry. 1959. *Commercial Crisis and Change in England, 1600–1642: A Study in the Instability of a Mercantile Economy*. Cambridge: Cambridge University Press.

Sutherland, Lucy. 1952. *The East India Company in Eighteenth Century Politics*. London: Oxford University Press.

Sutton, Jean. 1981. *Lords of the East: The East India Company and Its Ships*. London: Conway Maritime Press.

———. 2010. *The East India Company's Maritime Service, 1746–1834: Masters of the Eastern Seas*. Suffolk: Boydell Press.

Tana, Li. 1998. "An Alternative Vietnam? The Nguyen Kingdom in the Seventeenth and Eighteenth Centuries." *Journal of Southeast Asian Studies* 29(1): 111–21.

Tate, H. R. 1944. "A Mediaeval Navigator: Vasco da Gama." *Journal of the Royal African Society* 43(171): 61–65.

Taylor, Jean Gelman. 1983. *The Social World of Batavia: European and Eurasian in Dutch Asia*. Madison: University of Wisconsin Press.

Tennent, James Emerson. 1860. *Ceylon: An Account of the Island, Physical, Historical, and Topographical, with Notices of Its Natural History, Antiquities and Productions*. London: Longman Green Longman and Roberts.

Thévenot, Jean de. [1684] 1976. *India in the Seventeenth Century, Being an Account of the Two Voyages to India by Ovington and Thevenot, to Which Is Added the Indian Travels of Careri*. Edited by J. P. Guha. New Delhi: Associated Pub. House.

Thomas, James H. 1999. *The East India Company and the Provinces in the Eighteenth Century: Portsmouth and the East India Company, 1700–1815*. Lewiston: Edwin Mellen Press.

Tracy, James D. 1990. *The Rise of Merchant Empires: Long-Distance Trade in the Early Modern World, 1350–1750*. Cambridge: Cambridge University Press.

Tripathi, Amales. 1956. *Trade and Finance in the Bengal Presidency, 1793–1833*. Bombay: Orient Longmans.

Udovitch, Abraham L. 1962. "At the Origins of the Western Commenda: Islam, Israel, Byzantium?" *Speculum* 37(2): 198–207.

Udy, Stanley H. 1959. *Organization of Work: A Comparative Analysis of Production among Nonindustrial Peoples*. New Haven, Conn.: HRAF Press.

Van Doosselaere, Quentin. 2009. *Commercial Agreements and Social Dynamics in Medieval Genoa*. Cambridge: Cambridge University Press.

Van Dyke, Paul Arthur. 2005. *The Canton Trade: Life and Enterprise on the China Coast, 1700–1845*. Hong Kong: Hong Kong University Press.

Van Goens, Ryckloff. 1932. *Selections from the Dutch Records of the Ceylon Government: Memoirs of Ryckloff Van Goens, 1752–1757*. Colombo: Ceylon Government Press.

Van Klaveren, Jacob. 2002. "Corruption as a Historical Phenomenon." In *Political Corruption: Concepts and Contexts*, 3rd ed., edited by Arnold J. Heidenheimer and Michael Johnston. New Brunswick, N.J.: Transaction, 83–94.

Van Leur, J. C. 1955. *Indonesian Trade and Society: Essays in Asian Social and Economic History*. The Hague: W. Van Hoeve.

Van Niel, Robert. 1988. "II. Dutch Views and Uses of British Policy in India around 1800." *Itinerario* 12(Special Issue 1): 17–32.

Van Veen, Ernst. 2001. "VOC Strategies in the Far East (1605–1640)." *Bulletin of Portuguese/Japanese Studies* 3: 85–105.

Vaughn, James M. 2009. "The Politics of Empire: Metropolitan Development and the Imperial Transformation of the British East India Company, 1675–1775." Ph.D. diss., University of Chicago, History Department.

Vermeulen, A.C.J. 1996. "The People on Board." In *The Organization of Inter-oceanic Trade in European Expansion, 1450–1800*, edited by P. C. Emmer and Femme Gaastra. Aldershot: Variorum, 321–50.

Villiers, John. 1990. "The Cash-Crop Economy and State Formation in the Spice Islands in the Fifteenth and Sixteenth Centuries." In *The Southeast Asian Port and Polity: Rise and Demise*, edited by J. Kathirithamby-Wells and John Villiers. Singapore: Singapore University Press, 83–105.

Walker, C. E. 1931. "The History of the Joint Stock Company." *Accounting Review* 6(2): 97–105.

Wallerstein, Immanuel Maurice. 1974. "The Rise and Demise of the Capitalist World System: Concepts for Comparative Analysis." *Comparative Studies in Society and History* 16: 387–415.

———. 1976. *The Modern World-System I: Capitalist Agriculture and the Origins of the European World-Economy in the Sixteenth Century*. New York: Academic Press.

———. 1980. *The Modern World-System II: Mercantilism and the Consolidation of the European World-Economy, 1600–1750*. New York: Academic Press.

———. 1983. "European Economic Development: A Comment on O'Brien." *Economic History Review* 36(4): 580–83.

———. 1986. "Incorporation of Indian Subcontinent into Capitalist World-Economy." *Economic and Political Weekly* 21(4): 28–39.

———. [1989] 2011. *The Modern World-System III: The Second Era of Great Expansion of the Capitalist World-Economy, 1730–1840s*. Berkeley, Los Angeles, London: University of California Press.

Warren, James Francis. 1981. *The Sulu Zone, 1768–1898: The Dynamics of External Trade, Slavery, and Ethnicity in the Transformation of a Southeast Asian Maritime State*. Singapore: Singapore University Press.

Washbrook, D. A. 1988. "Progress and Problems: South Asian Economic and Social History c.1720–1860." *Modern Asian Studies* 22(1): 57–96.

Watson, I. Bruce. 1980a. "Fortifications and the 'Idea' of Force in Early English East India Company Relations with India." *Past & Present* 88: 70–87.

———. 1980b. *Foundation for Empire: English Private Trade in India 1659–1760*. New Delhi: Vikas.

Watts, Duncan J. 1999. "Networks, Dynamics, and the Small-World Phenomenon." *American Journal of Sociology* 105(2): 493–527.

Weber, Max. 1978. *Economy and Society: An Outline of Interpretive Sociology*. Berkeley: University of California Press.

———. 1991. *From Max Weber: Essays in Sociology*. Edited by Hans Heinrich Gerth, C. Wright Mills, and Bryan S. Turner. London: Routledge.

Webster, Anthony. 1990. "The Political Economy of Trade Liberalization: The East India Company Charter Act of 1813." *Economic History Review* 43: 404–19.

———. 2007. *The Richest East India Merchant: The Life and Business of John Palmer of Calcutta, 1767–1836*. Suffolk: Boydell Press.

Wellington, Donald C. 2006. *French East India Companies: A Historical Account and Record of Trade*. Lanham, Md.: Hamilton.
White, Douglas, and Frank Harary. 2001. "The Cohesiveness of Blocks in Social Networks: Node Connectivity and Conditional Density." *Sociological Methodology* 31: 305–59.
White, Harrison C. 1992. *Identity and Control: A Structural Theory of Social Action*. Princeton, N.J.: Princeton University Press.
———. 2008. *Identity and Control: How Social Formations Emerge*. Princeton, N.J.: Princeton University Press.
Willan, T. S. 1953. "The Russia Company and Narva, 1558–81." *Slavonic and East European Review* 31(77): 405–19.
Williamson, Jeffrey G. 2006. "Globalization, Convergence, and History." *Journal of Economic History* 56(2): 277–306.
Wills, John E. 1993. "Review: Maritime Asia, 1500–1800: The Interactive Emergence of European Domination." *American Historical Review* 98(1): 83–105.
Wilson, Nicholas Hoover. 2012. "Economies, Moralities, and State Formations in British Colonial India." Ph.D. diss., University of California, Berkeley.
Winius, George D., and Marcus P. M. Vink. 1994. *The Merchant-Warrior Pacified: The VOC (The Dutch East India Company) and Its Changing Political Economy in India*. Delhi: Oxford University Press.
Winship, Christopher. 2009. In *The Oxford Handbook of Analytical Sociology*, edited by Peter Hedström and Peter Bearman. Oxford: Oxford University Press, 498–520.
Wolff, Robert S. 1998. "De Gama's Blundering: Trade Encounters in Africa and Asia during the European 'Age of Discovery,' 1450–1520." *History Teacher* 31: 297–318.
Wong, R. Bin. 1997. *China Transformed: Historical Change and the Limits of European Experience*. Ithaca, N.Y.: Cornell University Press.
Wright, Gabriel, and Herbert W. Gilbert. 1804. *A New Nautical Directory for the East-India and China Navigation*. London: W. Gilbert.
Yapp, M. E. 1986. "'The Brightest Jewel': The Origins of a Phrase." In *East India Company Studies: Papers Presented to Professor Sir Cyril Philips*, edited by Kenneth Ballhatchet and John Harrison. Hong Kong: Asian Research Service, 31–68.
Yarshater, Ehsan, ed. 1990. *Encyclopedia Iranica*. Vol. 4. London: Routledge.
Zelizer, Viviana. 2005. "Circuits within Capitalism." In *The Economic Sociology of Capitalism*, edited by Victor Nee and Richard Swedberg. Princeton, N.J.: Princeton University Press, 289–322.

图书在版编目(CIP)数据

垄断与自由贸易之间:英国东印度公司:1600—1757/(美)埃米莉·埃里克松(Emily Erikson)著;王利莘译. —上海:上海人民出版社,2024
书名原文:Between Monopoly and Free Trade: The English East India Company, 1600 - 1757
ISBN 978 - 7 - 208 - 18699 - 6

Ⅰ.①垄… Ⅱ.①埃… ②王… Ⅲ.①东印度公司(英国)-历史- 1600 - 1757 Ⅳ.①F755.619

中国国家版本馆 CIP 数据核字(2024)第 002124 号

责任编辑 史桢菁
封面设计 赤 徉

垄断与自由贸易之间:英国东印度公司(1600—1757)
[美]埃米莉·埃里克松 著
王利莘 译

出 版 上海人民出版社
(201101 上海市闵行区号景路 159 弄 C 座)
发 行 上海人民出版社发行中心
印 刷 苏州工业园区美柯乐制版印务有限责任公司
开 本 890×1240 1/32
印 张 10.5
插 页 2
字 数 225,000
版 次 2024 年 5 月第 1 版
印 次 2025 年 9 月第 2 次印刷
ISBN 978 - 7 - 208 - 18699 - 6/F · 2860
定 价 68.00 元

Between Monopoly and Free Trade: The English East India Company, 1600—1757
By Emily Erikson